山东体育学院·人文社会科学研究文库

身体锻炼熟虑与冲动双系统模型

许 昭 著

山 东 大 学 出 版 社

图书在版编目(CIP)数据

身体锻炼熟虑与冲动双系统模型/许昭著.—济南：山东大学出版社，2015.12

ISBN 978-7-5607-5449-9

Ⅰ.①身… Ⅱ.①许… Ⅲ.①体育锻炼—系统模型—研究 Ⅳ.①G806

中国版本图书馆 CIP 数据核字(2015)第 321071 号

责任编辑：唐　棣
封面设计：张　荔

出版发行：山东大学出版社
社　址　山东省济南市山大南路 20 号
邮　编　250100
电　话　市场部(0531)88364466
经　销：山东省新华书店
印　刷：泰安金彩印务有限公司
规　格：720 毫米×1000 毫米　1/16
12 印张　221 千字
版　次：2015 年 12 月第 1 版
印　次：2015 年 12 月第 1 次印刷
定　价：26.00 元

前　言

身体锻炼严重不足带来了一系列公共卫生问题，如肥胖、糖尿病、心脑血管疾病等。身体锻炼的身心效益已广为人知，但参与规律锻炼的人数却与其效益不匹配。运动科学领域的专家学者围绕"如何推动人们参与身体锻炼"展开了广泛而深入的研究，锻炼心理学在其中也占据了一席之地。

健康行为促进领域的专家在考查健康行为的决定因素方面取得了很大进展。该领域从社会心理学中获得启发，提出许多健康行为改变的理论模型，如认知冲突理论、逆反理论、自我效能理论、社会认知理论、合理行动理论、计划行为理论、保护动机理论、健康信念模型、转换理论模型、健康行动过程取向理论等。

锻炼心理学领域的学者将这些理论引入到身体锻炼领域，用来解释人们不参与身体锻炼或退出身体锻炼的原因。但是，这些理论对于人们参与身体锻炼的解释率都不理想。建立在这些理论上的身体锻炼干预方法，能很好地解释人们的身体锻炼意图方差，但却不能很好解释人们的身体锻炼行为方差。

人们知道身体锻炼的好处就必定去锻炼吗？这其实是对"纯理性人"的期待。弗洛伊德在他的理论中早已阐述，人的行为既受以享乐为原则的本我的驱动，也受以理想为原则的超我的监督，经济学领域的研究也早已表明，人并非纯理性的，认知和情绪共同影响着人的行为。在解决"知而不行"这一问题时，也存在三条路径，一是增加人们有关行为的知识，为行为决策提供充足的信息；二是认为有一个以上的规则控制人们的行动；三是认为以生理需要引发的需求为行为的内驱力，这些内驱力会迫使人们不顾行为价值而快速决定行为。

人的行为是理性的观点仅部分成立，行为不仅由它所期望的结果决定，也由理性控制之外的力量驱动，仅关注任何一方面都不够。人类的行为由两个过程驱动的观点引发了许多研究，并出现了许多双加工理论。所有的模型都提出信息加工有两种方式，笼统而言即：理性决策和非理性决策，这两种方式有着本质区别。

综观已有的身体锻炼行为理论，均是沿着理性决策路线，其共同点是假设健康行为是对行为价值期望和可能的应激反应进行认知评价的结果，在评价过程中，形成了以减轻健康损害为目的的行为决策。这些决策和目标定向的行为被看作是理性的、有意识的，需要个体的意志控制去执行。然而，如前所述，行为并非完全由理性决策控制，还受非理性决策的影响。

熟虑-冲动模型是针对社会行为提出的双加工模型，该模型整合了已有双加工理论的因素，并且对这些因素在加工的不同阶段如何相互作用作了描述。该模型认为双加工的两个过程并列进行，这两个过程同时激活并且竞相控制一个行为反应。该模型中还加入了动机成分，认为行为是图式的功能，由环境输入和高级注意共同控制，动机定向是行为趋避的刺激因素。该模型认为行为由几个因素共同决定，这些因素在执行时相互一致或产生冲突。如果两者是相容的，如渴了喝水，没有自我控制冲突，行为会被顺利执行。对许多健康行为而言，两种系统的行为涵义是不相容的，如节食者被邀请享受高热量的大餐，既体验到诱惑刺激的冲动，同时又需要克制冲动；知道身体活动的益处，但是冲动系统中疲劳、单调等的情感联结又激活归避身体活动的行为图式。

本书先对身体锻炼的心理效益进行了梳理，随后详细介绍了熟虑—冲动模型提出的背景、基本内容、在健康领域中的应用，在此基础上以该模型为基本理论框架，构建了应用于身体锻炼领域的熟虑冲动模型，并检验模型、考查调节变量、检验干预效果，最后提出了身体锻炼的干预方法。

本书提出在锻炼心理学领域要从理性和非理性两个视角解决人们“知道身体锻炼的好处，但不愿意去锻炼”的问题，有助于了解锻炼行为如何执行，在非完美情境下如何促进锻炼行为。

作者
2015 年 12 月

目　录

第一章　身体锻炼的心理效益

身体锻炼心理学的研究主要有两个重要的主题：身体锻炼的心理前因（psychological antecedents）和身体锻炼的心理效益（psychological consequences）。身体锻炼心理前因的研究主要集中于身体锻炼的理论。

身体锻炼不仅有益于人的身体健康，也能带来心理效益。身体锻炼心理效益的研究一直是身体锻炼心理学研究的热点。但以往这方面研究给人的印象是：结果繁多，众说不一。Landers 和 Arent（2001）指出，身体锻炼能积极影响心理健康，但科学家无法得出确切的因果关系的结论，主要原因包括：第一，大的流行病学的研究以及长期追踪的纵向试验研究较少；第二，该领域研究结果不一，大量研究表明有效益，同时存在大量研究表明没有效益。但元分析（meta analysis）这种方法出现后，我们可以实施跨研究、大样本的数据统计，从而得出相应的结论。如今研究者已经开始注意通过大样本的流行病学研究以及元分析的方法，并且将不同的研究结果联系起来考虑，以期在众说纷纭的结论中寻找共同的答案。可以认为，这类研究已经取得了阶段性成果，有了整体性的结论。现在许多研究者提出体育活动能跨年龄降低焦虑（Gorman，2002）和抑郁症状（Mayo Clinic Staff，2005），跨年龄提高心理功能（Mayo Clinic Staff，2005；Warner，2004）。这与 1996 年美国健康和公共事业部发表的《美国卫生总署关于身体锻炼和健康的报告》中"身体锻炼似乎能减轻抑郁、焦虑症状，提高心境"，以及"有规律的身体锻炼或许减轻产生抑郁的风险，尽管在这一问题上需进一步研究"有了很大变化。

试验研究常用效果量（effect size，ES）来计算结果，比起来源于单个研究中的效果量，元分析中的计算值更具稳定性和代表性。并且由于跨研究的综合被试，元分析大大提高了发现潜在重要差异的可能性。元分析还有着其他显著的优点，如清楚界定操作步骤，使其可重复。元分析还能检验影响身体锻炼与心理效益关系的调节变量，这是叙事性综述所不能比的。

元分析中使用效果量可以对研究设计不同、收集数据方法不同、因变量不同、统计手段也不同的各项研究结果进行比较。效果量的计算：试验组（或处理组）减去非处理组（控制组），或处理前减去处理后，再除以控制组或试验前的标准差。从概念上，效果量是对关系大小的衡量，并可能最终被用于推断意义的大小。效果量的范围从负无穷到正无穷，正负号代表二者之间关系的方向，绝对值代表关系的强度。绝对值的取值区间及意义：小效果量 0.20～0.40，中等程度 0.41～0.70，大效果量 0.71 以上（Cohen，1992）。

第一节　身体锻炼的认知效益

身体锻炼的认知效益主要关注两个群体：儿童青少年和老年人。儿童青少年正处于认知快速发展时期，主要探讨身体锻炼能否促进认知能力的提高，如增强记忆力，提高注意力，提高信息加工处理能力等。老年人处于认知衰退时期，主要关注身体锻炼能否延缓认知老化，如延缓记忆力衰退，防止老年痴呆等。

许多家长担心身体锻炼会占用儿童青少年学习时间而导致学业成绩下降，但研究已表明，身体锻炼让孩子的四肢更发达，头脑也不简单。在美国芝加哥内帕维尔高中，一群体育教师进行了一系列教育试验，其中一项是"零点体育课"，即在第一节文化课之前安排一节体育课，希望确定文化课之前进行大量的身体锻炼是否能提高学生的阅读能力以及其他学科的学习能力。半个学期后发现，参加"零点体育课"的学生的阅读和理解能力提高了 17%，且情绪获得改善。这段时间睡觉以及参加正常体育课的学生们，阅读能力、理解能力提高了 10.7%。除了提高学生的认知能力，这个体育课向学生传授了健身之道，帮助学生养成了良好的健康习惯，已超越了运动项目的教授。而学生也培养了兴趣爱好，了解了自我检测和保持自身健康的方法，这也令他们受益终生。美国加州教育部的研究表明，体能成绩好的学生考试成绩也同样好。身体锻炼让我们的大脑做好准备，提高了大脑记录和处理新信息的潜能。

一、身体锻炼改变认知功能的总效益

目前，许多研究对认知功能的界定观点不一。有研究认为，认知功能涉及感知、思维和记忆的各个方面（Mosby's Medical Dictionary，2008）。Etnier 等实施了一项包含 134 篇研究的元分析，认知任务主要包括反应时、记忆、推理以及学业成绩测验等。研究结果显示，相对于非身体锻炼者，身体锻炼对认知功能有一个较小但显著的效应，效果量为 0.29。Sibley 和 Etnier（2003）实施了一项包含 44 项研究的元分析，被试群体是 4～18 岁儿童青少年。研究结果显示，总体效果量为 0.32，身体锻炼组的效果量为 0.52，高于非身体锻炼组的效果量 0.12。

纵向研究也显示了同样的效益。Colcombe 和 Kramer 研究发现，通过一段时间的干预，身体锻炼组的效果量为 0.48，比起控制组的 0.16 有着更显著的提高。Heyn 研究中的总体效果量为 0.62，该研究同时考察了调节变量，结果显示，身体锻炼平均 23 周，每周 3.6 次，每次 45 分钟，在有认知损伤的中年人群中的行为表现上有一个显著的积极效应，效果量为 0.69。和控制组比起来，认知损伤的中年人参加力量训练提高了力量素质(ES=0.75)、心肺功能(ES=0.62)、功能表现(ES=0.59)、行为表现(ES=0.54)和认知任务(ES=0.57)。

由此可知，无论何种研究设计、年龄群体，有无认知损伤，身体锻炼均能提高认知功能，效果量为小到中等水平(ES=0.29～0.62)。

二、身体锻炼改变认知功能调节变量的检验

调节变量(moderator)所要解释的是自变量在何种条件下会影响因变量，也就是说，当自变量与因变量的相关大小或正负方向受到其他因素的影响时，这个其他因素就是该自变量与因变量之间的调节变量。它界定了自变量和因变量之间关系的边界条件，既可以是质化形式的变量(如民族)，也可以是量化形式的变量(如学业成绩)。身体锻炼对认知功能影响的调节变量主要包括项目类型、身体锻炼的时间、人群、认知任务等。

Etnier 等(1997)的研究结果显示，剧烈运动的效果(ES=0.16)小于慢节奏运动(ES=0.33)。Colcombe 和 Kramer(2003)发现以下结论：①有氧和力量训练结合起来的效果(ES=0.59)要好于单独使用有氧训练(ES=0.41)；②比起 4～6个月的训练，1～3 个月的训练也有认知效益，但是这些认知效果的提高不如 6 个月的训练好；③身体锻炼时间少于 30 分钟在认知功能上没有显著效果，相反的，超过 30 分钟的训练确实可以提高认知功能。

Colcombe 和 Kramer(2003)同样发现，医院人群和普通人群在效果量上没有本质差别，其中医院人群指抑郁症患者、老年精神患者、有心肺阻塞障碍的患者。这些研究结果与对痴呆和老年痴呆患者的纵向观察研究结果一致。Fratiglioni 等(2004)在一项叙事研究中指出，在人生早期参加身体锻炼会减少患老年痴呆的风险，此叙事研究包含 9 篇大规模老龄人群(样本量从 469 人到 4615 人不等)的纵向研究，其中 6 篇支持 Fratiglioni 等的观点，尽管其中一些研究因为研究时间较短(3～7 年)而受到指责。一项流行病学研究经过 21 年的追踪表面，中年阶段身体锻炼至少每周两次，才能够降低患痴呆的风险。

不同类型的认知任务也对身体锻炼效益产生影响。Colcombe 和 Kramer (2003)研究发现，身体锻炼对年龄大的被试产生了较大的认知效益，身体锻炼后被试在所有类型的认知任务上成绩都有所提高(包括速度、视觉空间、控制加工、

执行控制加工），但执行控制过程的效果量（0.68）明显大于其他类型的认知任务效果量（ES＝0.27～0.46）。

三、身体锻炼认知效益的机制解释

身体锻炼的认知效益不仅从行为上得到了检验，生理学研究也得到了同样的结果。身体锻炼认知效益机制的研究最早始于动物试验，包括分子学、生物化学、形态学、生理学变化的研究。动物试验的结果支持了人类行为学的研究结果。随着研究技术的不断进步、研究手段的不断提高，出现了越来越多关于身体锻炼对人类认知功能机制改变的研究。

Tong 等（2001）和 Lazarov 等（2005）分别以大鼠和小鼠为被试，在转轮上进行长距离自主运动后对 DNA 进行微观检测分析，结果显示了选择性基因转录表达，而表达转录与学习记忆、大脑中的毛细血管及突触和神经的发生发展、细胞的生存通路、神经元的可塑性、甘丙肽的合成等有关。这些改变主要发生在与记忆和学习有关的海马中。

Cotman 和 Engesser-Cesar（2002）的研究发现，主动跑步会导致脑源性神经营养因子（BDNF）、胰岛素样生长因子 1（IGF-1）、神经生长因子（NGF）的增长。每天至少跑 500 米、持续 2～7 天的大鼠比不爱活动的大鼠的 BDNF 增长了20％。有研究还发现，经过身体锻炼的小鼠更快学会穿过迷宫，并且比不锻炼身体的小鼠的记忆力更好。

有研究发现，在身体锻炼环境（动物笼子中有转轮、彩色隧道等玩具）中的动物的记忆功能有所提高（Fordyce，Wehner，1993），齿状回里的新生细胞的存活率也有所提高（Kempermann，Kuhn & Gage，1997），树突分支的数量增加，每个神经元突触的数量增加（Fratiglioni et al.，2004）。

在动物身上发现的模型适用于人类的心理功能。有研究让被试进行 3 个月的杂耍，或者环伦敦骑自行车并尝试记住街道路线，核磁成像结果显示，富含神经细胞的海马中的灰质伴随着大脑中的白质扩大了（Draganski et al.，2004；Maguire et al.，2000）。Hillman 等（2004）研究发现，中等以及高等身体锻炼强度的老年人，在不相容条件下的控制任务中，与记忆和注意过程相关的 P3 幅度增大。在大学生被试群体中也发现了同样的结果。因此，身体锻炼会使人类血管形成增加，并为大脑中需要认知任务的区域重新分配血液供给，从而增强大脑的活动性。身体锻炼有助于提高神经的效率，以及神经的可塑性。神经刺激模型学者也认为身体锻炼可以抵消年龄增长造成的认知老化，例如，神经传递介质的形成，神经结构的改变，以及中央焦虑系统的降低等。

ERP 技术和影像学方法也得到了相同的研究结果。在 ERP 技术中，视觉刺激激发的P3成分代表了对刺激的评估决策过程，在特定的范式中，P3峰值的大小反映了抑制能力的高低。Hillman(2009)研究发现，在跑台上进行20分钟中等强度运动的青少年对抑制任务的反应正确率提高，P3波幅升高，并且学业成绩也提高。

Drollette(2014)发现身体锻炼对抑制功能的促进效果具有选择性，对抑制能力低的儿童促进效果最佳。在ERP技术上观察到的脑电的活跃表现，是源于身体锻炼对大脑结构的重塑和对其功能的改善。影像学的研究验证了这一点。研究发现，经过12个月的运动训练后，基底神经节的体积显著增大。基底神经节是控制动作的重要脑区，研究结果证明了身体锻炼的康复作用很可能是对脑结构的改变或对脑功能的修复。

尽管在动物、人体上有大量关于身体锻炼效益的证据，但是缺乏动物与人类关于增强认知功能最理想的身体锻炼量的研究结果。身体锻炼的剂量问题，身体锻炼在人类认知功能效益上内在的分子学、生物化学、形态学以及生理学变化等问题仍需进一步研究。

四、认知的评价方式

Colcombe和Kramer(2003)提出了4种不同类别的认知任务，分别是：

1. 加工速度

这是一种低级的神经系统功能和认知支持系统，如手指尽可能快地敲击或者再认回忆。

2. 视觉空间处理

这是一种转化或者回忆视觉和空间信息的认知系统，需要意识努力地加工，如复制记忆中的一幅图画。

3. 控制加工

开始时，任务需要有控制和意识努力的加工，但是通过练习可以被自动化加工，如二择一的反应时任务。

4. 执行控制

依靠脑的计划、调度、协调、抑制和工作记忆功能，需要意识努力的任务。

这些不同的认知类型类似于不断需要满足的自动化机械，在不同的水平上有不同的需要。执行控制是认知需要的最高水平，它对于老龄化也特别敏感。神经影像学研究结果表明，用来调节执行控制功能的大脑前额叶，随着年龄的增长萎缩加剧(Colcombe et al.,2003)。

Schaie提出使用5个指标来衡量成年人认知功能的变化，分别是归纳推理能力(inductive reasoning)、空间定向能力(spatial orientation)、数字能力(number skill)、语义能力(verbal ability)和词汇流畅能力(word fluency)。

第二节 身体锻炼的自我意识效益

自我意识效益指标主要包括自尊(self-esteem)、自我观念(self-conception)、主观幸福感(subject well-being)、生活满意感(life satisfication)、自我效能(self-efficacy)。

一、身体锻炼的自尊效益及机制、测量

自尊/自我价值被定义为对于个体自我描述中好的或有价值的评价。自尊有别于自我观念,自我观念是自我描述,而自尊是对于自己如何进行自我评价。自尊水平被认为是反馈、动机、行为的重要预测反应(Fox, 2000)。

自尊被看作与人的心理健康相关,是因为它是人情绪稳定性和适应生活需求的关键指标和主观幸福感的最有力的预测(Fox, 2000)。自尊还与其他积极质量(如生活满意感、积极社会适应、应激适应力),以及在一系列成就、健康行为中的选择与坚持性有关(Fox, 2000)。有研究报告,高自尊与情绪稳定性(Sonstroem, 1998)、生活满意感、整体健康行为相关。从另一方面来讲,低自尊与超重/肥胖、抑郁和焦虑相关(Fox, 2000)。

自尊也是儿童时期心理问题发作的重要缓冲器,与儿童心理健康密切相关(Ekeland et al., 2005)。而身体锻炼是提高身体自尊的有价值的工具(Fox, 2000)。因此,有必要研究身体锻炼对提高儿童青少年自尊的效益。

自尊、自我观念有着明显区别,但在身体锻炼领域的研究中,自尊和自我观念常被放在一起混用。本书中,不再试图将二者区分开,只是从身体锻炼对二者心理效益的角度进行综述。

(一)身体锻炼的自尊效益

早期关于身体锻炼和整体自尊的综述(Sonstroem, 1984)一般得出这样的结论:大约一半的试验、准试验和前试验表明,身体锻炼带来了自尊的显著性提高,其中大多数研究检验了整体自尊,得出的结论相当不一致或身体锻炼项目(非锻炼本身)与被试自尊分数的显著提高相关(Sonstroem, 1984)。一些只针对随机控制研究的元分析和近期一些综述研究,呈现了该领域文献的更多客观的观点,并提供了身体自我观念和整体自尊的信息。

目前有 5 项身体自我观念的元分析(Calfas & Taylor, 1994; Ekeland et al., 2004; Gruber, 1986; McDonald & Hodgdon, 1991; Spence, McGannon & Poon, 2005)。元分析中研究的数量从 10(Calfas & Taylor, 1994)到 113

(Spence et al.，2005)。在所有 5 项元分析中，身体锻炼带来了小到中等的(ES＝0.23～0.57)身体观念或自尊分数的提高。

Fox(2000)综述了自 1972 年以来的 36 项试验研究。与其他和健康相关的主题相比，该领域只有数量很小的真试验研究。Fox 得出结论，78%的研究结果显示身体锻炼带来了身体自尊或自我观念某方面的积极变化。因为这些都是试验研究，所以结论可信程度高且有着较低关于行为粉饰的质疑。一项试验研究(King，Taylor & Haskell，1993)，因为样本大(n＝357)，所以也有着大的统计检验力，表明与不锻炼的控制组相比，身体锻炼条件下的被试在健康、外貌、体重变化方面有着较高的自我知觉。与之前叙事性研究一致的是，只有约一半的研究检验了整体自尊的提高。

Spence 等(2005)发现跨青少年、中年人、老年人中，参与身体锻炼或业余活动比技能训练活动更能提高整体自尊。Fox(2000)发现，在对老年人仅有的研究中，大多数证据来自于有氧身体锻炼或体重训练，体重训练表现出了短期效益。有趣的是，这一结论与身体锻炼能提高老年人心境的元分析结果一致(Arent et al.，2000)。体重训练也能为儿童提供积极效应，但是在青年群体中这一身体锻炼模式却做得很少。研究包括了其他活动，如游泳、协调性训练、武术、舞蹈，没有揭示对自尊的显著变化，然而这些研究数量少，在得出可靠结论之前，需要更多的研究。

Gruber(1986)进行元分析，被试为未成年儿童和 18 岁以下的障碍者(智力缺陷、知觉障碍、情绪障碍、经济弱势等)，27 项有控制组的试验研究显示，身体锻炼提高正常被试自我观念的 ES＝0.34；障碍(handicapped)被试 ES＝0.57。同时也报告了有氧身体锻炼项目比其他类型的体育课程活动(如练习运动技能或知觉-动机技能等)对儿童自尊有着更大的效应。Gruber(1986)同时发现，身体锻炼在障碍儿童中效益更大。这与最近的试验证据相一致，最近的试验证据表明，身体锻炼参与提高了脑损伤个体的身体自我观念和自尊(Driver & O'Connor，2003)。Fox 推断，身体锻炼对那些低自尊的儿童尤其有效，与之密切相关的一个群体就是超重和肥胖青少年。已有研究发现了肥胖和低自尊之间的显著关系(Strauss，2000)。考虑到当前儿童的肥胖趋势，这或许是一个值得深究的领域，尤其是参照其他伴随超重青少年低自尊的行为和心理健康风险因素(Strauss，2000)。

Calfas 和 Taylor(1994)的元分析中包含了 5 项随机对照试验研究，以健康和心理风险(at risk)的青少年为被试。研究结果显示，身体锻炼能提高自尊和自我观念(ES＝0.12)。

Gruber(1986)、Calfas 和 Taylor(1994)的元分析中，试验研究没有一个采用

无处理的控制组设计，因此是身体锻炼带来的效应还是其他因素，如群体效应或领导者等无法确定。

Ekeland(2005)进行元分析，考察了身体锻炼是否提高儿童青少年自尊，一共23项随机化控制试验，24～288名被试。研究表明，身体锻炼能提高儿童青少年自尊，与Gruber(1986)的研究结论一致。研究的缺陷是，哪种类型的身体锻炼能带来积极效益不明确，也没有后续研究的跟进来考察这种效应的保持。

Ahn和Fedewa(2011)对73项身体锻炼与儿童心理健康的研究进行元分析，对比研究的结果显示，随机控制组试验设计提高自尊ES＝0.29，自我观念ES＝0.16，非随机控制组试验设计提高自尊ES＝0.78，自我观念ES＝0.12。相关和横向研究的结果显示，身体锻炼提高自尊ES＝0.04，自我观念ES＝0.14。

综上所述，元分析结果显示，身体锻炼能显著提高儿童自尊，效果量小到中，身体锻炼对低自尊儿童效果更显著。身体锻炼未发现已知的消极效益，有着很多积极效益，是提高儿童身心健康的重要工具。

(二)身体锻炼提高自尊的机制解释

许多解释是自尊变化归结于身体锻炼参与，但是证据却很少。一些数据表明，自尊的变化或许是由于行为粉饰，如人们对身体锻炼的积极期望(Desharnes et al.,1993)。Fox(2000)解释自尊关系不一致是由于一般或普遍心理生理效应的消失，暗示着更可能是心理社会机制。个体从参与身体锻炼项目中所获得的自主感、自我控制和在集体身体锻炼项目中可能体验到的归属感，被用来作为自尊提高的解释。也可能整体自尊的测量与更多的变异性相联系，而不是更具体的项目(如身体自尊等)。拿Fox报告的结果来说，似乎整体自尊和身体自尊测量更容易受身体锻炼的影响，但是这种影响对身体自尊的测量或许更大(更一致)一些。如果这个假设是正确的，那么一个普遍的心理生理机制能解释这些自尊的结果。然而，这好像不是自尊主观自然的唯一或是主要的机制。未来的努力方向是检验提出的解释和身体锻炼与自尊之间关系的潜在机制，以指导理论和实践。

(三)身体锻炼情境中自尊的测量

为了进行科学测量，对自尊进行操作性定义充满了困难。许多文献都是以整体自尊的测量为基础，尽管用来评估不同范畴自尊(如工作、家庭、身体锻炼)的测量工具取得了进展。与身体锻炼相关的研究中对身体自我的评价有着浓厚兴趣，并且多维模型以及测量这些模型的工具也发展起来了(Landers & Arent,2001)。尽管这些进展令人鼓舞，但是它们并没有在这个领域的研究中占据统治地位。身体锻炼领域儿童青少年自尊的测量主要采用问卷法，常用的问卷有自尊(self-esteem)问卷、自我观念(self-concept)问卷、自我描述(self-description)

问卷。

1. Rosenberg 自尊量表(Rosenberg Self-Esteem Scale, RSES)

Rosenberg(1965)编制的自尊量表为单维度量表,测量整体自尊,共10个条目,为4级李科特量表。选项从1(很不符合)到4(非常符合)。分数越高,个人自尊越强。

该量表题量适中,使用方便,有着较好的信效度,具有跨文化的适用性,是目前身体锻炼领域自尊研究中使用最广泛的工具。

2. Piers-Harris 儿童自我观念量表(Piers-Harris Children's Self-Concept Scale,PHCSS)

该量表的基础是有关儿童青少年对自我感觉如何的自我知觉,此外,还考虑了他们认为他人对自己的观点。适用于4～18岁儿童青少年。整体量表的克隆巴赫系数为0.60～0.93(Kelley, 2004)。身体锻炼领域的大量研究证实了它评估儿童身体自我观念的效果,信度和效度从中到高(Basile,1995;Bruya,1977)。

(1)优点:①题量适中,便于在儿童青少年中施测;②身体锻炼领域应用广泛,大量研究证实了其测量效果,有着较好的信效度;③适用于各年龄段的儿童青少年,测量结果可以进行比较。

(2)存在的问题:①该量表没有采用老师和家长的评价,需要使用者对别人如何知觉他们进行概念化,这对年龄小的儿童有一定困难;②已有研究同时发现,被试考虑到同伴群体的接受程度,尽管答案没有对错之分,但在使用过程中回答受儿童同伴压力的影响。

苏林雁等于1994年完成量表中文版的修订工作。

3. 田纳西自我观念量表(the Tennessee Self-Concept Scale, TSCS)

田纳西自我观念量表由美国田纳西心理学家Fitts编制,共70个题目,包含自我概念的两个维度和综合状况共10个因子,即内容维度和结构维度及综合状况。该量表由中国台湾林邦杰(1980)以中学生为对象进行修订,自我总分分半信度为0.925～0.945,与中国台湾杨国枢和郭为藩自我观念量表的相关系数为0.523～0.723,具有良好的信度和效度。

该量表也是国外身体锻炼领域测量自我观念应用较为广泛的工具,但并非针对儿童青少年群体,所以在使用时需要进行修订。而以中国台湾中学生为对象进行修订的结果,是否适用于中国内地青少年,还需进一步研究。

4. Coopersmith 自尊量表(the Self-Esteem Inventory, SEI)

该量表是Coopersmith(1967)专门为儿童设计的,但在使用中存在以下问题:①该量表呈偏态分布,即大多数分值在平均分以上;②该量表与社会期望呈高相关;③该量表的回答方式("像我"或"不像我")比较局限;④缺乏稳定的因素结构。

5. Mboya(1995)的自我描述问卷(the Self-Description Inventory, SDI)

SDI由8个分量表构成,是根据Shavelson等的有层次的多维模型设计的。8个分量表的内容如下:①与家庭的关系;②对学校的总体感受;③体能;④外表;⑤情绪稳定性;⑥音乐能力;⑦与同伴的关系;⑧健康。

其他测量自尊应用较多的问卷如SDQⅡ型等,在身体锻炼领域应用较少。

(四)身体自尊的测量

1. 儿童青少年身体自我剖面图(Children and Youth's Physical Self-Perception Profile, CY-PSPP)

在PSPP的基础上,Whitehead(1995)编制了儿童青少年身体自我剖面图(CY-PSPP),包括36个条目,6个维度。每一个条目可以反映结果、过程及信心知觉,为了避免社会赞许效应,将每一个条目都作配对描述,显示了良好的可靠性,社会赞许效应不能影响它们与其他心理健康变量的相关。通过偏相关技术,该量表也得到了支持。

2. 身体自我描述问卷(Profile of Self-Description Questionnaire, PSDQ)

PSDQ由Marsh编制,包括70个项目,10个分量表,适用于12岁以上的被试。Marsh将PSDQ与PSPP和PSC对比,三个量表的因子载荷平均为0.80(0.67~0.90),PSDQ(0.67~0.90,平均0.83),PSC(0.65~0.87,平均0.80),PSPP(0.67~0.79,平均0.74),得出PSDQ是较好的测量工具,测量错误也少于其他两个量表。杨剑(2002)在我国中学生中对PSDQ进行了修订,修订量表一致性信度为0.38~0.81,重测信度为0.54~0.86。各个项目和各分量表总分的相关系数为0.25~0.769。因此,该问卷适用于测量我国青少年身体自尊。

3. 少年儿童身体自尊量表

段艳平(2002)以武汉市中小学生为被试,研制了《少年儿童身体自尊量表》。此量表专门针对少年儿童研制,适用性强,但结构效度、内部一致性信度偏低。

4. 青少年学生身体自我问卷

黄希庭(2002)以中学生和大学生为被试编制了《青少年学生身体自我问卷》,共34个条目,包含5个维度(身体相貌特征、身体运动特征、身材特征、性特征和负面特征),各题的因子负荷均在0.35以上,有较好的构想效度。各个维度上的内部一致性系数均在0.64以上,稳定性系数为0.72~0.86,间隔两周后重测信度为0.81,内部一致性系数为0.92,各因子的重测相关系数平均为0.81。本问卷在儿童青少年身体锻炼领域中的适用性有待验证。

5. 身体自我观念量表(Physical Self-Concept Scales, PSC)

身体自我观念量表由Richards编制,共35个题目,7个维度。对800名被试的测试结果表明，内部一致性系数较高（>0.80），重测信度也达到显著性水平。项目在每一个既定因素上的因子负荷至少为0.60，在非目标因子上负荷小于0.30。该量表仅适用于12岁以上的被试。

6.形象选择、形象调节测验

形象选择主要应用于身体意象不满的测量，使用的量表一般由几张不同体形的人体剪影组成，要求受试者选择最符合自己实际情况的一张和自己理想中的一张，两者之差显示受试者的身体不满。形象调节是通过让受试者调节变形的体形照片或录像中的形象卡钳、光柱，了解受试者对自己身体的整体或具体部位的知觉。

形象调节的特点与形象选择方法的优点是简便、易行，受试者动手操作实施测验，趣味性强。局限是现实自我与理想自我体形之差不能直接反映主观感受（张力为，陈荔，2005），以及不同形象之间差别的确定缺少严格的理论依据。

7.行为观察法

行为观察是记录被试的身体行为，如照镜子的次数和时间，参加身体锻炼的项目、次数和时间，进食的习惯和偏好等等。

行为观察的优点是：①直接、客观；②生态学效度好。局限是：①主试较为被动，必须根据被试的生活习惯进行观察；②观察需时较长；③观察过程不易控制；④被试一旦察觉，会引起掩饰。

8.内隐联想测验法

基于内隐联想测验及其变式，对内隐自尊进行测量，常用的方法有内隐联想测验、单一类别内隐联想测验、GO/NO-GO联想任务、外部情感西蒙作业、单靶内隐联想测验；单属性内隐联想测验等。自我报告法容易受意识操作的影响，内隐联想测验法能探查不受意识影响的自发性反应，即真实的态度、情感。

国内何玲（2002）最早应用内隐联想测验考察了被试的内隐身体态度。

（五）身体锻炼自尊效益研究的评述

身体锻炼对自尊产生影响的效果量为小到中等，但达到了统计显著水平。尽管身体锻炼与这些变量之间在统计上存在显著相关，但有些相关关系更可能是一种虚假现象，因为受到测量、试验设计等因素的影响。许多自尊的研究并没完全排除行为粉饰，问卷测量中的社会期许反应普遍存在于许多研究中（Sonstroem & Potts，1996）。然而，在其他研究中（Desharnes et al.，1993），期许-矫正程序对自尊分数差异作出了解释，因此表明身体锻炼或许是通过强大的安慰剂效应来提高了自尊。受主观期望和其他行为粉饰影响的整体效果量需要进一步验证。身体锻炼和自尊的剂量研究结果不一致（Fox，2000），主要受限于已有研究中缺少证据或差异性。Spence 等（2005）发现，整体自尊和身体锻炼的不同强度、持续时间、频率和项目长度无显著差异。他们发现，身体健康的显著变化与自尊的提高有关。

今后的研究要分清身体锻炼的效果是由假性行为引起还是由身体锻炼引起，以及有哪些重要的调节变量，还有必要进一步分析、评价对身体锻炼与心理各因素之间关系进行解释的机制、假说、理论等(毛志雄，高亚娟，2005)。还需要设计一些精巧的试验，来区分身体锻炼效果是来自于假性行为还是身体锻炼，并且比较这些机制、假说、理论等的贡献率。

二、身体锻炼的主观幸福感效益、测量

主观幸福感是对个人生活上多维度的评价，它包括生活满意感和心境、情绪、情感的状况。主观幸福感是生活质量的主要影响因素，它可以表示瞬间的心理状态，也可以表示为相关的稳定的特性。主观幸福感包含三个主要的结构：积极情感的存在、消极情感的缺乏和高水平的生活满意程度。

(一)身体锻炼的主观幸福感效益

身体锻炼与主观幸福感之间的关系是复杂的。这种复杂性的原因之一，是身体锻炼的类型、模式、风格的多样性。例如，身体锻炼的形式可以分为短期身体锻炼和长期身体锻炼，有氧运动和无氧运动，体育比赛和娱乐活动，集体活动和个人活动。甚至在一项身体锻炼中，许多因素在不停地变化。这些因素包括身体锻炼的特点，身体锻炼的环境，参与者的心理特点和背景，参与者的健康水平和运动水平，指导者的特点和所用的方法。这种复杂性的第二个原因是身体锻炼的益处(和消耗)对特定的身体锻炼人群来说可能是不同的。参与者的年龄可能从儿童到中年以上，可能是正常人或者是精神病患者。尽管这是一个复杂的问题，但是有一件事是被一致确定的：身体锻炼可以提高主观幸福感、活力和生命力，并让人感觉更好。

早在 20 世纪 70 年代，研究者就开始关注身体锻炼和主观幸福感之间的关系。Snyder 和 Spreitzer(1974)在一项以健康成人为被试的研究中发现，主观幸福感与身体锻炼之间存在某种关系，且在女性群体中体现得比男性群体更强。有研究者实施研究，比较了有规律地参与身体锻炼和不参加身体锻炼的人谁更幸福，结果显示，身体锻炼与幸福感之间的相关系数为 0.27(Carter，1977)。Hayden、Allen 和 Camaionedn(1986)的研究结果显示，身体锻炼与主观幸福感之间似乎存在因果关系。早期也有研究持相反的观点，认为身体锻炼和主观幸福感之间无任何联系。

Parfitt 和 Eston(2005)以 70 名青少年为被试考察身体锻炼和主观幸福感之间的关系，平均年龄为(10.4±0.4)岁，用整体自尊、抑郁、焦虑来评估主观幸

福感。结果显示,身体锻炼与整体自尊的相关系数为 0.66,与抑郁的相关系数为 −0.60,与焦虑的相关系数为 −0.48。

陈作松(2006)选取 1968 名被试考察了身体锻炼与高中学生主观幸福感的关系,结果显示,与不进行身体锻炼的高中生相比,经常进行身体锻炼的高中学生的主观幸福感更强烈,在情感成分和特殊生活满意感上体现了两者之间的差异;一次的身体锻炼不影响高中学生的主观幸福感,长期的身体锻炼能提高高中学生的主观幸福感;中小身体锻炼量的身体锻炼对高中学生主观幸福感的影响,随着持续时间的增长而加深,大强度身体锻炼量对高中学生主观幸福感的影响,随着持续时间的增长呈现倒"V"形的曲线状;随着身体锻炼持续时间的增长,与小身体锻炼量和大身体锻炼量相比,中等身体锻炼量的效果最佳;身体锻炼既可以直接影响高中学生的主观幸福感,也可以通过身体自尊、人际关系、人格等中介变量影响高中学生的主观幸福感。

(二)主观幸福感的测量

1. 高中学生主观幸福感量表

陈作松(2006)编制的高中学生主观幸福感量表有 35 个条目,5 个维度。该量表及其分量表的 α 系数为 0.60~0.91,5 个分量表间的相关系数为 0.22~0.60。该量表的得分与情感平衡量表和一般生活满意感量表两个效标量表的得分的相关系数分别为 0.76 和 0.82。该量表具有良好的信度和效度。

2. 总体幸福感量表

美国国立卫生统计中心制定的总体幸福感量表是一种定式测量工具。共包含 33 项,对幸福感的 6 个因子进行评分,分别是:对健康的担心、精力、对生活的满足和兴趣、忧郁或愉快的心境、对情感和行为的控制以及松弛与紧张(焦虑)。得分越高,幸福度越高。本表是否适合儿童青少年主观幸福感的评估,需要进一步验证。

3. 心理幸福感量表

心理幸福感量表由 Ryll 等编制,维度涉及人的自我实现的 6 个方面,包括自主(autonomy)、环境驾驭(environmental mastery)、个人成长(personal growth)、积极的人际关系(positive relations with others)、生活目的(purpose in life)和自我接受(self-acceptance)。对于儿童青少年主观幸福感评估的适用性,需要进一步验证。

4. 其他量表

有些研究在考察 15 岁以下受试者身体锻炼与主观幸福感关系时,用其他指标来评估主观幸福感,如儿童状态特质焦虑问卷(the State-Trait Anxiety Inventory for Children, STAIC),儿童期抑郁量表(the Childhood Depression Inventory, CDI),儿童青少年身体自我观念量表(CY-PSPP)。

三、身体锻炼的其他自我意识效益

(一)身体锻炼的生活满意感效益

生活满意度(life satisfaction)是个人依照自己选择的标准对自己大部分时间或持续一定时期生活状况的总体性认知评估,是衡量某一社会人们生活质量的重要参数。生活满意度被看作是一种认知成分,是幸福感的一种补充,是衡量心理健康的关键指标。

身体锻炼可以与各种各样的身体效益和心理效益联系起来,从而影响人们的生活满意度。身体锻炼对生活满意度影响的另一方面在于,身体锻炼可以作为一种应对压力的方式。

在身体锻炼领域研究中,身体锻炼对生活满意度的影响,主要通过考察身体锻炼与身体机能、身体锻炼与主观幸福感、身体锻炼与压力应对、身体锻炼与情绪情感等方式来体现。

(二)身体锻炼的自我效能效益

自我效能(self-efficacy)是和自信心相类似的一个概念,但自信心是特质的,自我效能是状态的,是指一个人对自己能否成功地实现一定目标或完成一项任务所具有的把握、信心和期望,或者对自己成功地完成一项任务所具有的潜能认识。对大学生群体的研究结果显示,身体锻炼能提高自我效能(刘海燕,童昭岗,颜军,2007;牛宙,杨映薇,彭建国,2009;张磊,孙雪梅,2009)。但自我效能的概念大多被分解在其他概念中了,如自尊等。

第三节　身体锻炼的情绪效益

一、身体锻炼与焦虑、抑郁

焦虑是一种不愉快的情绪状态,通常和消极的认知评价模式联系在一起。这种认知评价模式最典型的特征为担忧、自我怀疑、害怕,还伴随心理生理上的反应(心跳和呼吸速率、发汗、发抖、虚弱感、疲劳感等)。这种情绪状态的产生可能是由于预感到了某种不真实的或想象出来的危险,其伴随的无力感、害怕和紧张明显是个体对未被意识到的内心冲突的应对。

从精神病学的角度看来,抑郁的典型特征是伴随一种悲伤、绝望和沮丧感。抑郁症患者通常还会有低自尊感、愧疚和自罪感,会从人际交往中退缩,还伴有躯体症状,如进食和睡眠紊乱等。焦虑和抑郁都可以包含在情感或心境(消极心境)概念下,因此两者在结构上有一定的联系。

约有1/3的心理障碍是由焦虑、抑郁等情绪障碍引起的,越来越多的成人饱受抑郁症、焦虑症的折磨。据估计,在所有的心理障碍种类中,只有50%能够通过现有的治疗方法(如心理学的或药理学的)得到治疗。鉴于此,发现更有效的治疗方法,或者实施更有效的干预措施显得尤为必要。而很多人认为,身体锻炼极有可能是一种有预防作用的而且相对于心理疗法或者药物治疗来说花销较少的干预措施。

Landers 和 Arent(2001)检验了关于身体锻炼和焦虑的27项综述和6项元分析关于身体锻炼和抑郁的6项元分析,结果显示,焦虑的效果量为0.15~0.56,抑郁的效果量为0.53~0.72。从满足标准的所有元分析和81%的综述中,可以推知身体锻炼可以改善焦虑和抑郁。此外,Mutrie(2000)和 Dishman(2004)也为身体锻炼和抑郁的关系提供了来自流行病学的证据,即更少的活动与更高的抑郁发病率有关。

Lawlor 和 Hopker(2001)进行元分析时,选择的研究限制更高,即要求被试是抑郁的临床患者或者在抑郁的测量中得分较高。他们选取的研究中有10项采用身体锻炼组和控制组的试验设计,元分析显示,身体锻炼组比控制组的抑郁得分低,ES=1.10;4项研究采用身体锻炼组和认知疗法组,元分析显示,两者之间抑郁分数没有差别,ES=0.03。但在讨论时,Lawlor 和 Hopker 并没有将1.10这一效果量的产生归功于身体锻炼,他们认为,这是由于试验方法所致。如处理分配的隐蔽性,处理的意图,确定抑郁症状时采用的临床诊断面谈,以及对测评结果是否盲评等。但由于 Lawlor 和 Hopker 没有明确提出有关身体锻炼和抑郁之间的方法调节变量,因此,研究方法上的差异是否对总效果量产生显著影响还有待验证。但即使有些调节变量可以影响统计结果,Schulz 及其同事的研究结果也表明,若试验中缺少隐蔽或者没有进行双盲控制,至多只能分别产生41%和17%的优势比(Schulz et al.,1995)。因此,不考虑方法上的影响,效果量也不会低于0.69。

Nieves 及其同事(2008)以西班牙穆尔西亚226名16~19岁的女中学生为被试,研究了焦虑、抑郁与身体锻炼的关系,考察了身体锻炼强度、频率和满意感对它们的影响。研究结果显示,参加了身体锻炼的女生均报告出在自我概念上得分较高,经常进行身体锻炼的女生的焦虑和抑郁水平较低。强度低的运动其焦虑水平较高,对运动项目喜爱的学生与不喜爱该项运动项目的学生相比,其焦虑水平更低。

Jerstad 等(2010)考察了身体锻炼能否降低抑郁症状加剧的风险和抑郁使身体锻炼发生改变的可能性。对496名女性少年(M=13岁,SD=0.73)进行了

6年的纵向调查,数据分析结果显示,身体锻炼可以显著降低抑郁症状加剧的风险与重度、轻度抑郁发作的风险;规律性的身体锻炼为重度、轻度抑郁的女性少年提供了一些保护性的作用;身体锻炼可以降低未来抑郁发生的风险,身体锻炼可以通过提供社会联系、效能感和愉悦感,来降低抑郁发生的风险。研究还支持了抑郁和身体锻炼的双向作用。

Larun等在一项包含了16个随机控制试验的元分析中,调查了剧烈身体锻炼对降低或者防止儿童和少年的焦虑和抑郁的作用。研究结果表明,身体锻炼可以降低儿童和少年焦虑和抑郁等负性症状,虽然效果较小却显著(Larun et al.,2006)。

Ahn和Fedewa(2011)的元分析结果也显示了随着身体锻炼水平的增加,儿童的抑郁、焦虑、心理应激和情感干扰得到了降低。

Kyeongho(2014)的研究显示,中等强度的运动为执行功能所带来的效益主要与前额叶的唤醒有极大的关系。他们采用Stroop范式,考察被试执行功能中重要的抑制控制能力,采用功能性近红外光谱技术(fNIRS)来检测所有被试大脑中反映情绪变化的指标——血红蛋白浓度和脱氧细胞氧化酶的变化。要求被试进行10分钟中等强度的自行车急性运动,结果显示,中等强度的运动可以提高认知任务的完成绩效,而这一成绩的提高,与身体锻炼者情绪状态的唤醒程度呈正相关。身体锻炼也使被试在完成认知任务的过程中,左背外侧前额叶皮层和额极区域的大脑皮层活动得到激活。所有这些激活都与认知能力的提高和情绪唤醒度的提高显著相关。身体锻炼所带来的情绪效益不仅表现在个体生理指标上的变化,更体现在对情绪的认知评价上,以及以情绪为中介所带来的认知能力、执行功能的提高。

国内学者的研究也得到了相似的结果。蒋碧艳、祝蓓里(1997)探索了上海市大中学生身体锻炼与心理健康的关系,使用的是相关研究的方法,研究结果显示,身体锻炼可能是增进心理健康的重要途径。毛志雄、韩旭(1998)认为,身体锻炼可改善心境状态,缓解焦虑与紧张等情绪效益。实践证明,身体锻炼能有效治疗忧郁症焦虑,也能保持或增进心理健康,消除心理疾病,目前,身体锻炼作为一种心理治疗和心理健康的手段在国外已非常流行。漆昌柱在其研究中也说明,身体锻炼与降低焦虑及抑郁水平,维护良好的心境及积极情绪状态相关,这已经有大量研究可以表明(漆昌柱,徐培,2003)。

杨剑等对来自4所中学和2所大学的270名青少年(男生151人,女生119人,平均年龄17.2岁),采用心境问卷进行测量,表明身体锻炼确实可以改善青少年的心境,并能增进情绪性的整体心理健康(杨剑,季浏,田石榴,2005)。

靖华和季浏的研究表明,无论是有氧运动(如散步等)还是无氧运动(如举重等),均可降低抑郁。与放松练习降低抑郁的效果相比,有氧运动降低抑郁的效果更好。有氧运动还能改善心境,减少应激状态,降低儿童抑郁的焦虑状态。对于儿童而言,采用有氧运动来缓解抑郁效果更佳。Cross 选取了 32 名男性少年犯,年龄为 14～18 岁,其大部分都有轻度的抑郁症,组织他们进行了为期3 个月的有氧身体锻炼,结果显示,身体锻炼显著降低了少年犯的抑郁水平(靖华,季浏,2004)。

综上所述,文献资料显示,无论是短期身体锻炼还是长期身体锻炼,与焦虑缓解之间都存在低度到中度的相关关系,长期的和短期的身体锻炼都与抑郁的显著降低有关。元分析结果表明,身体锻炼影响焦虑、抑郁的效果量达到了中等水平。因为身体锻炼与焦虑、抑郁之间的关系是通过问卷、生理、行为等多种方法相结合得出的,这些方法相互弥补了各自的缺点,所以这种关系更为可靠。尽管身体锻炼与自尊、生活满意感、自我效能等之间存在统计上的显著相关,但由于这些关系都是采用问卷法得出的,因此可能是一种虚假现象。

二、身体锻炼与心境

有研究证明了身体锻炼将有益于消极和积极心境。如 Arent、Landers 和 Etnier(2000)检验了身体锻炼对老年人(年龄大于 65 周岁)积极、消极心境影响的 32 项研究,158 个效果量,结果显示,身体锻炼总效果量很小,但对促进积极心境和减少消极心境有显著影响。元分析显示:试验前后,身体锻炼组提高积极心境的效果量为 0.35,降低消极心境的效果量为 0.39,而试验前后控制组的综合效果量分别为 0.16 和 0.04。而且,相关研究的总效果量平均值(ES=0.46)、积极情感(ES=0.42)和消极情感(ES=0.47)显著。表明锻炼身体的老年人比不锻炼身体的老年人心境状态要好。

此外,Lander 和 Arent(2001)的研究也得出了一致的结论,即身体锻炼后,被试(年龄小于 65 岁)的积极心境有所提高。Stephens(1998)对 4 个大型的流行病调查(n>55000)进行检验时也得出了相关结论,即积极心境与身体锻炼有关,对女性和 40 岁以上的人尤其如此。

(一)短期身体锻炼与心境

当身体锻炼者报告身体锻炼前、后的心境时,他们倾向于报告身体锻炼后良好的心境改变。良好的心境改变包括两个成分:积极情绪的增加和消极情绪的减少。具体而言,身体锻炼者经常会报告抑郁、焦虑、愤怒、疲劳减少,精力增加。身体锻炼者感觉比运动前状态更好,这些明显的改变是他们在身体锻炼后最直接的感受。Morgan 使用心境状态(POMS)测量,将运动后参与者良好的心境合成为一个“冰山剖面图”(Iceberg Profile)。

短期身体锻炼后,心境变化能持续 2～4 个小时。虽然短暂,但可能会对身体锻炼的质量和生活产生更积极的影响。并且,精力的增长会带来活力、主观幸福感等。

(二)长期身体锻炼与心境

长期身体锻炼可以带来更持久的效益,会改善身体锻炼者的生活质量,尤其是生活满意感。与短期身体锻炼相比,长期身体锻炼的效果更不容易被身体锻炼前后的测量分数影响。对长期身体锻炼的研究,试验设计可以是几周、几个月甚至是几年。

研究检验了长期身体锻炼与心境中能量与疲劳程度的长期改变的关系,O'Connor和 Puetz(2005)的研究显示,10～20 周的身体锻炼对降低疲劳,提高能量的效果不一致。15 篇试验研究论文中,约一半的研究结论显示,长期身体锻炼带来能量的长期增长,而另一半研究却没得出相似的结论。由此可推断,不同身体锻炼强度和持续时间,对被试的能量和疲劳的影响也不同;中等程度(也可能低程度)的身体锻炼可以使精力和能量增长,疲劳减少;高强度的长期身体锻炼可能会起到反向的效果,但还需要更多的研究来检验(Tobar, 2005)。

综上,身体锻炼的情绪效益主要涉及心境、焦虑和抑郁等心理活动,这三个方面的研究已经得出了较为一致的研究结论,即身体锻炼可以在一定程度上(低到中等程度)降低焦虑的产生;长期身体锻炼能减轻特质焦虑,短期身体锻炼能缓解状态焦虑。身体锻炼能有效降低个体的抑郁。身体锻炼后,个体心境得到积极改善,积极情感也得到了提高。

三、身体锻炼改善情绪的调节变量

很多与被试或者身体锻炼相关的因素可能影响到身体锻炼和抑郁、焦虑或心境的关系或者该关系的强度,相关研究结果综述如下。

(一)被试的健康情况

元分析结果显示,在各种人群中,身体锻炼对减轻焦虑或抑郁都有强而稳定的作用(女性和男性,健康的和不健康的,参加身体锻炼的和不参加身体锻炼的,临床意义上焦虑的和不焦虑的,临床意义上抑郁的和正常的)。但是,身体锻炼作用的大小也因被试群体的不同而不同。如 Craft、Landers 和 Stich(1998)发现,尽管对正常人群来说,身体锻炼能有效地减轻焦虑和抑郁,但是这一作用在中度或重度抑郁症患者或者焦虑障碍患者身上体现得更为明显。另外,身体特别不健康的人(如心脏康复期患者或精神病患者)从身体锻炼中得到的心理效益要比身体和心理健康的人得到的多。

(二)不同的组合治疗方法

下面所述的两个随机临床试验很好地说明了与其他传统疗法相比,身体锻炼对心理健康障碍的潜在价值。

"研究一"的被试是46个有中度或重度焦虑障碍的患者(如惊恐障碍,广场恐惧症)(Broock et al.,1998),研究结果显示:与对照组相比(安慰剂组),药物治疗组和身体锻炼组(持续10周的常规耐力跑,走或跑4英里,每周3次)都表现出了显著的有临床意义的焦虑降低,其中身体锻炼组焦虑降低的效果量为1.41,药物治疗组焦虑降低的效果量为1.35,两者均显著优于安慰剂组。"研究二"的被试是156名抑郁症患者(Blumenthal et al.,1999),他们被随机分为3组:身体锻炼组(有监督的有氧运动组,每周3次)、药物治疗组(抗抑郁药舍曲林)和综合组(将药物治疗和身体锻炼结合起来)。研究结果显示:药物治疗组反应最迅速,但是经过16个月的干预后,3组参与者均在很大程度上表现出抑郁症状的减轻。更值得一提的是,在随后6个月的追踪研究中,身体锻炼组抑郁症复发的可能性最小(Babyak et al.,2000)。另外,Brooks等(1998)和Stein等(1992)指出,尽管惊恐障碍患者和抑郁症患者运动能力(如有氧能力水平)比非临床患者低,但他们对身体锻炼的耐受性并不比对照组低。

身体锻炼和其他疗法对焦虑和抑郁不同作用的结果可以总结为:身体锻炼对情感、抗焦虑和抗抑郁的效果与药物或者其他常见的心理干预方法相似,尤其是在干预中后期。另外,与其他治疗方法相比,身体锻炼不仅副作用(仅有的副作用包括付出时间和努力、肌肉酸痛、发汗和疲劳)最小,而且还可以带来很多身体和心理健康效益(如改善体成分,减少冠心病、老年痴呆症、高血压、癫痫、外周动脉疾病、结肠癌、前列腺癌、乳腺癌、关节炎以及Ⅱ型糖尿病的患病危险等)。而且,身体锻炼与心理治疗相结合的疗法似乎比单独实施某一疗法效果更佳,但身体锻炼与药物相结合是不是对减轻抑郁更有效还不能确定。此外,Babyak等(2000)的研究表明:在试验后6个月的复查中,身体锻炼的效果比药物的治疗效果有更好的持续性,其抑郁复发率也更小。但是,Broocks等(1998)的研究却表明:在他们持续10周的项目中,药物治疗的效果的持续性比身体锻炼的好。此类问题还有待进一步研究确认。

以往的研究结果提示:对于轻度或者中度抑郁症患者,可以将身体锻炼视为一种辅助治疗手段,或者将之视为可以替代药物治疗的方法(Hardie, 2005)。事实上,英国精神健康基金会已发表声明,即对于轻度抑郁症患者,身体锻炼应该取代药物成为保健师们首选的治疗方法。尽管如此,大多数治疗者还是不会将身体锻炼这一被大多数研究所证实的确实有效的治疗方式视作正当的治疗备选方案(Hardie, 2005)。

(三)被试是否肥胖

以上研究结果在肥胖个体中体现得更明显。Stunkard等(2003)的研究综述以及 Carr 和 Friedman(2005)的纵向流行病学调查结果均显示：严重肥胖者较之于正常体重的人更有可能产生抑郁，其积极情感水平更低，而消极情感水平更高。但具有讽刺意味的是，Fava(2000)的研究发现，用药理学方法治疗抑郁反过来又会导致体重增加。因此，对于肥胖抑郁患者来说，这一疗法不仅事与愿违，自相矛盾，而且可能产生药品安全问题。相反，身体锻炼对于这一人群则有可能起到双重作用(既能减轻抑郁，又能减轻体重)。

与体成分有关的其他个体差异，如社会体格焦虑也能通过与环境的相互作用影响个体对身体锻炼的情感反应和个体对身体锻炼的坚持性，其中影响其身体锻炼情感应答的一个主要因素是环境是否增加了个体知觉到的对体格的评判性威胁。以往很多研究中，由于身体锻炼强度的影响，无法区分是由环境引起的情感反应还是由身体锻炼强度引起的情感反应。

(四)被试年龄

Petruzzello 等(1991)关于身体锻炼与焦虑的降低的元分析结果显示，18 岁以下的青少年在状态焦虑上效果量为 0.20，特质焦虑为 0.47，焦虑的生理心理指标为 0.38，提示该年龄段身体锻炼对焦虑的降低的效果很小。

然而，North 等(1990)报告了身体锻炼在降低抑郁上的效果量为 0.49，这与所有年龄段的 0.53 相比是中等或偏高的，说明身体锻炼对降低青少年的抑郁有中等或偏高的效果。

(五)不同性别分组

有研究者不仅控制了身体锻炼强度，还设置了两种身体锻炼情境：单性别组和双性别组。结果发现，两者知觉到的评估威胁水平存在差异，也就是说在双性别组中，参与者知觉到的评估威胁水平更高。另外，尽管在两种情境中，参与者都从有氧身体锻炼中得到了情感效益，但高社会体格焦虑者的状态焦虑水平高于低社会体格焦虑者。以后有关这方面的研究可能对提高身体锻炼坚持性和积极情感效益有所启示。

(六)身体锻炼类型

目前有证据指出，有氧运动(如跑步、游泳、骑自行车等)和无氧运动(耐力训练)都能降低焦虑和抑郁分数。一些检验到焦虑降低的耐力训练研究中，没有对被试在身体锻炼后先洗澡还是先做问卷做出约束，因此可能影响了试验结果。

很多试验性的耐力训练研究中，身体锻炼带来焦虑下降的效应非常明显。来自老年被试的元分析证据也支持了在积极和消极心境下，不论有氧训练还是耐力训练都可以产生有益的改变(Arent et al.,2000)。

总体来说，研究表明，有氧和无氧身体锻炼都能有效地降低焦虑和抑郁分数，提高积极心境。

(七)身体锻炼的频率

Denn 和他的同事们实施了一个为期 12 周的训练项目,不同性别的被试年龄为 20～24 岁,轻度到中等抑郁,随机分到不同组。分配到“公共健康剂量”组[73 kJ/(kg・w)]被试的抑郁症状降低了 47%,而低剂量组[29 kJ/(kg・w)]被试的抑郁症状降低了 30%。身体锻炼 3 天和 5 天的结果没有显著差异(Denn et al.,2005)。

运动量和降低抑郁症状或风险之间可能存在一个效果阈限。

(八)身体锻炼持续时间

在其他的研究当中,当有氧训练项目大于 10 周,最好大于 15 周时,身体锻炼降低抑郁的效果会更明显(Landers & Petruzzello,1994)。持续 9 周以上并且分为若干阶段的身体锻炼能产生更大的抗焦虑效果。研究还发现,身体锻炼降低焦虑-抑郁分数的效果(依据身体锻炼强度)在停止后马上开始一直持续到这次身体锻炼结束(对焦虑来说是 4～6 小时)或者到身体锻炼项目的结束。

(九)身体锻炼的强度

研究者对平均年龄为 16 岁的英国 2223 名男孩和 2838 名女孩进行测量,结果发现,情绪幸福感与运动和剧烈身体锻炼程度呈正相关,即剧烈的身体锻炼对情感状态有积极的效应。

有研究者通过系统地改变身体锻炼强度和持续时间发现,对中等健康程度的大学生来说,中等强度的身体锻炼比中等强度以上的有氧身体锻炼降低焦虑的效果更明显。Ekkekakis 和 Petrizzello(1999)发现,高强度身体锻炼会导致身体锻炼中的消极情绪。近期的证据表明,耐力训练在强度被界定和控制在中等水平时能起到最好的效果。有关有氧训练强度和负荷的研究结果也是如此。同样有证据表明,和某些生物阈限(如通气阈、乳酸阈、激素反应阈等)相关的身体锻炼强度是决定情感和焦虑反应的关键因素。

综上所述,无论是有氧身体锻炼还是无氧身体锻炼,均能产生情绪效益。调节变量的证据表明,试验前的心理健康水平是影响身体锻炼情绪效益的变量,对于高焦虑、高抑郁、心境状态消极、低自尊等的被试,身体锻炼改善情绪的效果量更大。身体锻炼坚持时间也是重要的调节变量,研究得出一致的结论,长期身体锻炼比短期身体锻炼的效果更佳,尤其是持续超过 12 周以上的身体锻炼情绪效益更明显。但具体的“剂量反应”还未得出统一的结论,这需要后续研究证据的支持。

四、身体锻炼改善情绪的机制解释

近年来出现了很多关于通过身体锻炼降低焦虑、抑郁并且提高积极心境的解释。有些解释得到了人类或动物试验的支持，有些解释得到研究证据的支持。以下介绍得到研究证据支持的理论。

(一)心理学假说

根据自我效能感(self-efficacy)理论，当人们在运动中逐渐提高对环境的掌控感和自信心时，他们产生的焦虑和抑郁会更少。而且，身体锻炼还能够起到提高身体方面的自尊和自我观念的作用，从而改变抑郁和焦虑综合征。有横向的研究支持了这一观点，但缺乏纵向试验研究结果的支持。

根据社会交往和社会支持假设，人们在身体锻炼中的社会交往有利于降低抑郁分数。从这个角度，团体身体锻炼和个体身体锻炼应存在抗抑郁、焦虑效果的差异，但需要研究证据的支持。

(二)大脑生成神经营养素假说

脑源性神经营养因子(brain-derived neurotrophic factor，BDNF)是在脑内合成的一种蛋白质，它广泛分布于中枢神经系统内，能增进神经元的功能，促进神经元生长，巩固神经元，预防神经细胞死亡，在脑发育过程中，尤为重要。BDNF可以促进与认知、感觉、动作大脑区域相关的谷氨酸能神经维持良好状态，还可以产生抗抑郁的效果。

研究显示，海马中的BDNF量能够因身体锻炼或者抗抑郁药物而升高(Van Hoomissen et al.，2003)。有研究发现，身体锻炼和抗抑郁药物相结合能够加快大鼠大脑中BDNF水平升高的速度。如果单独使用身体锻炼或者抗抑郁药物，需要两周时间才能使BDNF水平上升，和药物治疗焦虑、抑郁障碍起作用的时间差不多。身体锻炼和药物相结合能够将时间缩短为两天。因此可以推断，身体锻炼能够缩短抗抑郁药物生效的时间，这一研究结果在临床上可能是显著的。

(三)内啡肽假说

长时间有氧身体锻炼和高强度耐力训练能使被试分泌内啡肽镇静剂，如β-内啡肽。尽管β-内啡肽不能穿过血-脑屏障，血浆中的β-内啡肽不会直接对大脑起作用，但仍然能够使人类和动物产生镇静的行为反应。有研究显示，用内啡肽阻断剂，如纳洛酮(吗啡拮抗药)，能减弱身体锻炼后焦虑降低的效果(Allen & Coen，1987；Daniel，Martin & Carter，1992)。但是，需要大剂量的纳洛酮才能得出类似的结果。

有研究表明，对表皮或者是传入神经直接给予低频刺激60秒，产生骨骼肌的收缩和舒张，能够对大鼠产生长达10小时的镇痛和血压下降。在其他的动物试验当中，反复电刺激肌肉停止后，血压下降并且伴随着自发活动，这标志着产生了行为镇静。身体锻炼后，β-内啡肽能对人和动物产生止痛、镇静的作用(Dishman et al.，2004)。因为只有在大强度的身体锻炼中才发现内啡肽量呈高水平，所以在身体锻炼中内啡肽可能不是单独对情绪起作用。

(四)内源性大麻素假说

内源性大麻素受体有两种：大麻素受体(cannabinoid receptor)1 和 2(CB_1 和 CB_2)。内源性大麻素能降低压力、镇痛。有研究显示，中等到大强度练习(70%～80%最大摄氧量)能降低焦虑，身体锻炼后在大脑和表皮中发现内源性大麻素感受器，说明这些区域也降低了疼痛，产生了镇静状态(Dietrich & McDaniel, 2004)。

Sparling 和他的同事们发现，参加 50 分钟达到 70%～80%最大心率强度身体锻炼的男大学生，比不参加身体锻炼的对照组血浆中的大麻素水平高(Sparling et al.,2003)。大麻素可以轻易跨过血-脑屏障与位于大脑有关动作控制、情绪、认知功能的区域的 CB_1 感受器结合。

(五)5-羟色胺假说

治疗抑郁的药物主要通过促进神经释放神经递质 5-羟色胺(5-HT)或者去甲肾上腺素(NE)起作用。抑郁症患者大脑中的 5-HT、NE 呈现低水平，因此会引起无精打采或极度昏昏欲睡的感觉，医生给予药物让感受器功能或细胞分子产生改变从而产生适应，达到改变神经活动，调节 5-HT 和 NE 水平的效果。这些药物阻止神经重吸收 5-HT，从而使更多 5-HT 被利用来产生神经活动。

研究显示，血清素的上升是蛋白质(p11)和一种特殊的血清素感受器(ⅠB; Svenningsson et al.,2006)相互作用的结果。动物的ⅠB 感受器和众多生理功能以及包括心境、强迫症、抑郁、焦虑、认知、攻击性、药物上瘾、睡眠在内的外显行为有关。p11 在细胞表面产生更多的 5-HT，从而增加了ⅠB 感受器感受信号的效率。Svenningsson 等的研究显示，长时间采用电休克治疗和抗抑郁药物能增加 p11 mRNA 在大鼠大脑中的含量。他们同样发现，与非无助小鼠相比，p11 mRNA 在无助的小鼠中显著下降(表现出抑郁的行为信号)，并且还在 10 个患单极重度抑郁症患者的大脑皮质前回也发现了下降。

目前人类和动物试验结果发现，身体锻炼能够调节中央血清释放系统。研究发现，在清醒的时候，猫的神经释放 5-HT 的频率为每秒 3 次。在动物清醒的时候，通过释放血清来增加活动能够将 5-HT 释放频率提高到每秒 4～5 次。一篇关于大鼠微透析研究的综述(Chaouloff, 1997)指出，在四个试验中有三个表现出显著的 5-HT 升高(总平均差＝1.70)。5-HT 释放频率在睡意来临和睡眠开始的时候开始下降，到快速眼动睡眠阶段完全停止。快速眼动睡眠既是深度睡眠但又不像慢波睡眠那么平静。

元分析及综述表明，激烈和缓慢的运动都能增加慢波睡眠和总睡眠时间，降低睡眠开始的潜伏期以及快波睡眠时间。换言之，身体锻炼者比不身体锻炼者能更快地进入睡眠，并且睡得更久、更安稳。身体锻炼者增加的慢波睡眠时间，能够增加神经系统中可利用的5-HT，所以身体锻炼能够通过增加睡眠和清醒状态的血清水平来缓解抑郁。

(六)去甲肾上腺素假说

如前所述，抑郁症患者脑中的NE呈现低水平，在抑郁症患者的尿液中也曾发现少量NE的代谢物。抗抑郁剂药物能阻止NE的下降，或阻碍神经元对NE的重吸收。由于受体对药物效果的适应和神经元细胞内分子状态的改变，使神经元突触或突触后的NE的受点发生改变。越来越多的证据显示，身体锻炼同样可以改变单胺能和NE系统，产生与抗抑郁药物一样的效果。同时也证明，身体锻炼后产生的多巴胺在治疗抑郁和情绪调节中有重要作用(Dishman et al.,2004)。

长时间的应激反应会使去甲肾上腺素的释放减少，一次性的、剧烈的运动可以使额叶释放的NE增加。去甲肾上腺素假说仍有待验证，各种神经递质对抑郁和焦虑的影响也需要检验。

(七)下丘脑-垂体-肾上腺枢椎假说

下丘脑-垂体-肾上腺素枢椎的失调会导致皮质醇增多，从而可能产生抑郁(Holsboer,2000)、焦虑和其他因劳累过度引起的身心机能失调(Burrows et al.,1998)。导致失调的原因可能是促肾上腺皮质素释放激素分泌过多或者抗利尿激素反向调节反应。Chrousos和Gold(1992)研究表明，当个体处于压力下时，所产生的情绪反应是由下丘脑-垂体-肾上腺枢椎和自主神经系统所造成的。促肾上腺素释放激素分泌过多，容易导致老鼠产生焦虑行为。

Holsboer(2000)研究显示，通过身体锻炼能矫正下丘脑-垂体-肾上腺枢椎失调，能有效改善抑郁症状，效果类似于使用抗抑郁药物(Holsboer & Barben,1996)。通过身体锻炼能使压力应对的心理机制达到最大效益，这或许也是最佳且最易于控制的压力应对方法。

第四节　身体锻炼情绪效益研究的不同声音

40多年来，身体锻炼心理学的文献中充斥着“身体锻炼使你感觉更好”的说法。但是“身体锻炼使你感觉更好”却与高比例的非身体锻炼者和中途退出者不一致。身体锻炼有如此多的益处，为何很多人不选择身体锻炼，是这些人没意识到身体锻炼的效益吗？Godin(1984)研究早已表明，身体锻炼者和非身体锻炼者在身体锻炼知识上无显著差异。

“身体锻炼使你感觉更好”也不能与公众认知相协调。例如，在一些宣传健康、减肥的商业广告中，很多噱头是保持健康、减肥等不用求助于身体锻炼，身体锻炼被描绘成“痛苦”“不舒适”“筋疲力尽”或“枯燥”的。

如果身体锻炼仅仅是使人觉得更快乐的话，或许不会有这么多人不愿意身体锻炼。根据文献中的报道估计，80%～90%的身体锻炼参与者报告当他们身体锻炼时“感觉更好”，而 2/3 的成人没有达到每周身体锻炼 5～7 天，每天 30 分钟的中等强度身体锻炼的标准。综合考虑来自于社会心理学、行为经济学、生理学、情绪神经科学的证据，情绪在人类决策过程中占有重要作用，人们倾向于“使他们感觉更好”的活动，避免“使自己感觉不好”或稍有不愉快，避免与他人不成功的竞争。如果身体锻炼只有“感觉更好”效益，还有那么高比例的人不参与身体锻炼吗？举个例子来说，有朋友邀请品尝美食，人们马上会想到获得很多快乐，哪怕是路途稍远或者堵车，也会愉快赴约；或者想起美美地睡一觉，心情也会非常愉快。但提起身体锻炼却不一样，如果让人们在身体锻炼和坐着中进行选择，许多人会选择坐着。可能会有人反驳，饮食、睡眠是人的本能需求，一旦剥夺，会导致丧失生命，而身体锻炼并非本能需求。

其实，身体锻炼带来的情绪体验不仅仅是“感觉更好”，但是如果过分关注身体锻炼情绪中“痛苦”“不舒适”“筋疲力尽”或“枯燥”的成分，既容易引发争议，也具有一定的消极引导性。但是作为研究者，又不能不关注身体锻炼带来的全部情绪体验。

一、双模式理论

Ekkekakis(2003)提出了双模式模型(the dual mode model)。该理论认为，在身体锻炼中，认知因素(如个体目标、自我效能、归因、社会情境)可能对情绪反应起到很大作用，一旦身体锻炼强度超过某个生理阈限，例如通气阈，内部感知线索会对任务内的情感反应产生巨大影响，这个影响可能会超过甚至取代认知线索的影响。鉴于这种情况，情感评价在个体间变得一致，且个体倾向于在身体锻炼中和身体锻炼后出现负效价的情绪。这个阈限很可能与身体锻炼从积极压力到消极压力的转换点相一致。

双模式理论联结了关注心理和关注身体的解释身体锻炼与情绪之间关系的理论；提供了合适的数据来解释剂量反应和个体内在变量；与身体锻炼的生理学和情绪的神经证据达成一致。

以双模式理论为基础的调查，能报告关于躯体影响在产生情绪反应中所起作用的争议，并能指导用以提高身体锻炼者情绪反应的干预设计。情绪有两个基础，在很多环境中受认知驱动，而当体内平衡受到挑战时，直接受到躯体线索的驱动。

最近的一些实证研究以双模式理论为基础,验证了身体锻炼与情绪之间的关系是复杂的,这部分研究结果既显示了身体锻炼与情绪之间关系的剂-量模式,也丰富了身体锻炼情绪效益的研究成果。但仍需要更多的研究来确定和身体锻炼强度阈限以及身体锻炼中后情感反应相关的生理指标,以及生理指标对参与身体锻炼和坚持身体锻炼的影响。

二、身体锻炼情境中情绪效益研究存在的问题及发展趋势

行为经济学(Kahneman,1999; Loewenstein & Lerner,2003; Mellers,2004)和神经科学(Bechara, Damasio & Damasio, 2000; Damasio, 1996)的研究结果显示,情绪在行为决策中占有中心地位。Kahneman(1999)在研究中提出,人类的行为受"最大快乐"(maximize pleasure)和"最小悲伤"(minimize displeasure)趋势的影响。此外,Kahneman 等(1993)研究发现,个体在一项行为中体验到的情绪会影响他决策是否会去重复这项行为。还有研究显示,个体对一项行为或某段经历所期望的情绪反应,会决定个体是否会去重复这项行为或某段经历(Kahneman,1999;Kirsch,1990;Mellers,2004)。因此,有必要考察情绪对身体锻炼行为的影响。

与身体锻炼有关的情绪研究主要集中于身体锻炼情绪效益的研究,与认知因素、社会因素、环境因素相比,情绪过程对身体锻炼行为影响的研究相对较少(Kiviniemi,Voss-Humke & Seifert,2007; Williams et al.,2008)。Ekkekakis(2003)在试验室研究中证实了身体锻炼强度(包括身体锻炼的自主性)、情绪反应和身体锻炼坚持性之间的一条因果链,身体锻炼中的情绪体验影响身体锻炼坚持性。因此,要研究情绪对身体锻炼行为的影响,有必要先分析身体锻炼情绪效益的研究。

(一)情绪量表的选择

身体锻炼情境中情绪的测量主要有两种方法:自我报告测量和心理生理测量。到目前为止,身体锻炼情境中情绪的测量以问卷测量法为主。

情绪量表可以分为两类:类别研究法(categorical approach)和多维研究法(dimensional approach)。类别研究法主要指心境状态量表(Profile of Mode State, POMS)、积极情绪消极情绪量表(The Positive Affect Negative Affect Schedule, PANAS)、身体锻炼诱导情绪问卷(Exercise-Induced Feeling Inventory, EFI)、主观身体锻炼体验量表(The Subjective Exercise Experience Scale, SEES)等,主要测量情绪的类别。多维研究法主要指情绪量表(Feeling Scale, FS)等,主要测量情绪的整体变化,而非某种具体的情绪。国内身体锻炼情境中情绪效益的研究多选用 POMS,国外多选用 FS。

1. 自我报告量表

(1)心境状态量表(Profile of Mode State,POMS):POMS 是 McNair、Lorr 和 Droppleman(1971)为精神病患者设计的,以检验门诊患者的治疗效果,对于患者治疗效果的检验及试验室诱发情境的情绪测量较为敏感。共 65 个条目,包括紧张、抑郁、愤怒、精力、疲劳和慌乱 6 个分量表。POMS 是身体锻炼情境情绪测量中应用最多的情绪测量量表,尤其是国内。

(2)双极心境状态量表(Profile of Mood States Bipolar Version, POMS-Bi):双极 POMS,共有 72 个条目,包括 6 个双极量表。

(3)积极情绪消极情绪量表(The Positive Affect Negative Affect Schedule, PANAS):PANAS 由 Watson、Clark 和 Tellegen(1988)编制,积极情绪、消极情绪测量看作两个相对独立的维度,共 20 个条目。但消极情绪维度的其中 3 个条目引起许多人的质疑。

(4)身体锻炼诱导情绪问卷(Exercise-Induced Feeling Inventory, EFI):EFI 由 Gauvin 和 Rejeski(1993)编制,测量由积极投入、激发、生理疲惫、身心平静引起的四种情绪状态:热情、精力充沛、疲劳、平静。每个分量表有 3 个条目,共 12 个条目(形容词),采用李克特 5 级计分方式。

(5)主观身体锻炼体验量表(The Subjective Exercise Experience Scale, SEES):SEES 由 McAuley 和 Courneya(1994)编制,测量对身体锻炼刺激敏感的整体心理反应。包括 3 个分量表:积极幸福感、心理忧伤、疲劳感,共 12 个条目。

(6)情绪量表(Feeling Scale, FS):FS 由 Hardy 和 Rejeski(1989)编制,是单条目问卷,测量情绪的效价(valence)或快乐情调(hedonic tone)。给出问题"你现在感觉如何?",要求被试采用 11 点计分进行自我评价,从非常好(+5)到非常差(−5)。在 0 点和所有奇数点上都有一个描述。

最近的研究结果显示,在青少年被试中,FS 对于不同身体锻炼强度变化引起的情绪变化的测量敏感。

目前,国内身体锻炼情境中情绪效益的研究,多选用的是 POMS,国外研究中多选用的是 FS。引起争论的是,POMS 对负性情绪改变敏感,是否对那些体验到很少负性情绪的人敏感?是否对身体锻炼情境中情绪的改变也敏感?

2. 心理生理学测量法

产生情绪的同时,身体也产生一定的生理激活水平,神经系统某个相应部位的激活能为情绪的发生提供能量。神经系统的激活可以通过电生理、生化等技术记录下来,作为评价情绪发生和活动的客观指标。生理指标大致可以分为三类:一是电生理指标,如肌电、心电、皮肤电、脑电、脑血流等指标;二是呼吸和心血管指标，包括心率、血压、呼吸频率等；三是生化指标，如肾上腺素、去甲肾上腺素等。

当前情绪测量既可测量外周神经系统，也可以采用脑成像、磁共振等技术测量中枢神经系统。

情绪容易受认知评价的影响，自陈式量表主观性强，并且存在社会期许效应。使用生理指标测量的优点在于，不受被试主观体验的影响，客观性强，并可同时测量多个指标，且较为敏感。但缺点在于，能测量到情绪的强度，但是无法区分情绪的种类。

3.小结

身体锻炼情绪效益的研究中，除了考察身体锻炼对某种特定负性情绪改善作用的研究设计，如抑郁、焦虑、应激等，其他考察的是身体锻炼对一般情绪反应的研究。在这些研究中，更多的是关注情绪的效价（积极-消极）和唤醒度（强-弱），而不关心情绪的类别，如慌乱、愤怒等。

Ekkekakis和Petruzzello(2000，2002)提出，身体锻炼情境中评价基本情绪和核心情绪的变化时，应采用多维研究法而非类别研究法。多维研究法在检验身体锻炼-情感-坚持性之间关系中更敏感，而类别研究法主要测量的是不同情绪状态是否出现及其重要性。多维研究法优于类别研究法的主要原因有两个：一是多维研究法能全面测量身体锻炼中的情绪反应，而类别研究法在测量某种特定情绪的同时，可能会忽略其他的情绪状态，而忽略的情绪有可能恰好是预测身体锻炼坚持性的主要因素。第二，多维测量法只包含单条目，在身体锻炼前、身体锻炼中、身体锻炼后应用更方便，而类别测量法包含多条目，因此在身体锻炼中应用不方便。特别推荐的多维研究法是环形模型(circumplex model)。

环形模型常是一种用于描述具有系统有序的相关模式的一组变量的取向，它可作为研究思路、形成待检验的理论假设、分析方法、检验其他结构的法则网络系统，具有强有力的理论基础和明确的数学属性，可应用于人格研究、情绪情感研究和社会心理学研究。环形模型是互补模型而非竞争模型，各维度之间视为连续的，没有截然间断（黄飞，等，2010）。

类别量表中，问卷条目一般较多(≥12)，并且测量同一种情绪的条目分散在问卷中。因为情绪是一种体验，当完成第一个题目后，再做第二个题目时，受第一个题目的影响体验可能开始发生改变，因此影响了测量的效度。多维量表（如FS）会好一些，但是除测量到的情绪的效价、强度外，不能分辨测量到的是什么情绪，或者不同个体情绪之间的差异。

综合以上因素，如果考察身体锻炼前后情绪整体的变化，选用多维研究法而非类别研究法。如果要考察身体锻炼中某种特定情绪状态的变化，类别研究法要优于多维研究法，如什么样的身体锻炼能有效缓解抑郁、焦虑情绪。多维研究法和类别研究法在身体锻炼行为研究中并非互相排斥的，在研究中可以根据研究目的选取相适宜的方法（见图 1-1）。

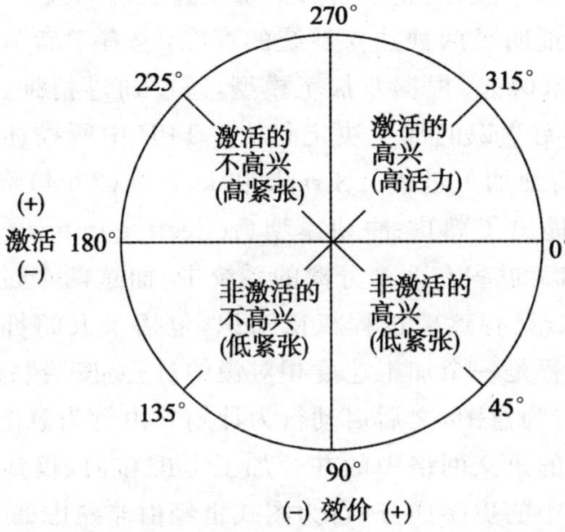

图 1-1 情绪的环形模型及激活、非激活形容词在量表中的理论位置

（二）施测时间的选择

Kahneman(1999)提出：对身体锻炼的预期情绪反应，是受对先前身体锻炼行为情绪反应整体评价的影响，还是受身体锻炼中累积的瞬时情绪反应的影响？到目前为止，这个问题还没有得到很好的回答。

身体锻炼领域中一般选择前测、后测的试验设计，这对于线性变化的变量的测量已经足够。如果身体锻炼前、中、后情绪的变化是非线性的，如在身体锻炼中曲线下降，身体锻炼后接着是急速正向反弹，则会歪曲情绪变化模式。情绪反应取样的基本原则是，取样需要足够充分，能真实代表反应的真实形态；否则，评估程序就会产生扭曲。

Bluemke 等(2010)的研究结果显示，身体锻炼者将身体锻炼与积极情绪产生更多关联，非身体锻炼者将身体锻炼与消极情绪产生更多关联，这种关联是自发的、无意识的，并且可以通过启动效应(priming effect)来激发。有研究者认为，根据学习理论，身体锻炼过程中的瞬时情绪反应比身体锻炼后的情绪反应更能有效预测以后的身体锻炼行为。因为在身体锻炼中体验到的情绪会进入人的记忆，形成身体锻炼-情绪的关联，而这种关联在后续行为的决策中会起到重要作用。这一问题可以通过双加工模型来解释。因此，了解身体锻炼过程中情绪的变化有助于提高对身体锻炼行为的预测力。

社会信息加工模型(social information processing model)通过不同的方法将认知和行为相联系。影响较大的是关于态度与行为之间关系的模型,其中具有代表性的是双加工模型(Dual-process Model)(Fazio, 1990)。双加工模型将信息加工过程区分为两个过程:精细(熟虑)加工过程和启发式(直觉)加工过程。神经科学的证据已经证明了两种独立系统的存在,也有学者认为仅提出两种系统过于简单(Evans, 2008)。根据双加工模型,态度通过精细、外显的加工决定行为,或者通过直觉、无意识的加工决定行为。TPB 中所描述的态度与行为之间的关系,就是一种精细加工过程。Strack 和 Detuck(2004)将双加工模型的本质内容整合在一起,提出了熟虑-冲动模型(reflective-implusive model,RIM)。RIM 假定信息并行加工过程在两个分离的系统中,而这两个过程经过多种渠道相互联系。根据 RIM,只有熟虑过程权衡知识,包括个人的价值观或行为可能导致的后果。熟虑过程是一个加工速度相对慢的过程,按照熟虑过程,要先进行行为选择,然后形成行为意图,之后启动行为计划并由行为意图来帮助实施。而冲动系统是将相关联的语义网络中的并行加工考虑在内,仅知觉到刺激就有可能激发冲动系统网络中的更多成分,行为图式也经由非熟虑的、自动的路线被激活。网络成分之间的关联被看作是学习的结果,并且可能很难去压制。例如,环境频繁地与情绪反应相联系会导致条件效应,而这种条件效应在熟虑系统中不能被表征,但是会存在于自动水平上。那些把身体锻炼知觉为不快乐的人,会将身体锻炼与负性情绪相关联,一旦这种关联在冲动系统中建立,会影响后续行为的执行。积极的关联会增加个体实施这种行为的倾向,反之,消极的关联会降低这种倾向。

为什么身体锻炼心理学家关注冲动系统中的关联呢? Hofmann、Friese 和 Wiers(2009)的研究结果显示,冲动加工和熟虑加工在与一些健康行为的联系上有差别,如吃喝、吸毒、性兴趣,当人们有机会并且有精细加工的动机时,熟虑系统将会对行为起作用。另一方面,当动机较低以及精细加工的时间和能力少时,冲动系统将会变得更加重要(Friese, Hofmann & Schmitt, 2008; Friese, Hofman & Wänke, 2008)。因此,根据不同情况,这两种系统可能会引发行为冲突倾向:一方面,外显、精细加工会产生参与身体锻炼的意图,这在 TPB 和健康行动过程理论(Health Action Process Approach, HAPA)中得到了很好的解释;另一方面,身体锻炼可能会在自动水平上与负性效价的情绪相关联,而使个体不愿意参加身体锻炼。把两个加工系统和对行为产生影响的潜在因素考虑在内,自动水平上的内隐关联可以用来解释,在没有时间或空间去思考计划或意图时,个体如何选择参加身体锻炼或不参加身体锻炼。已经有研究证明了身体锻炼领域中的自动加工和其他领域中的自动加工是相关的(Hofmann et al., 2009;

Strack & Deutsch，2004）。因此，探索冲动系统有助于提高对身体锻炼行为的预测。而要探索冲动加工过程，必须要了解身体锻炼过程中情绪的变化。

除此之外，只测量身体锻炼前和身体锻炼后情绪反应的研究，容易得出身体锻炼能提高积极情绪反应的结论（Backhouse et al.，2007）。

综合以上分析，身体锻炼情境中情绪的测量，不仅要测量身体锻炼前后情绪的变化，还应该测量身体锻炼过程中情绪的变化，以帮助我们探讨情绪对身体锻炼行为影响的机制。

（三）数据收集方法

目前身体锻炼情绪效益的试验设计主要有两种：一是选定某种特定的身体锻炼项目，设定身体锻炼强度，测量试验前后情绪的变化。二是测量日常生活中身体锻炼对情绪的影响，采用事后回忆法来获取身体锻炼、情绪变化的数据。

在选定身体锻炼项目或身体锻炼的研究中，身体锻炼项目都是有计划的、结构性强的，没有考虑低到中等强度的非结构性日常活动，如散步等。由此来看，研究没能测量日常生活中身体锻炼和心境之间的联系，生态学效度低，并且可能会有期望效应等。在测量日常生活中身体锻炼对情绪影响的研究中，使用事后回忆法可能会带来回忆偏见，从而使收集到的数据不全，缺乏代表性。

生态瞬时评估法（Ecological Momentary Assessment，EMA）能解决上述问题。EMA是指一种在自然环境中重复搜集关于当前状态的真实资料的方法。因为是在事件发生时记录，所以EMA能有效降低回忆偏误，与试验室研究方法相比，所获得的数据具有较高的生态学效度。Stone等（2007）认为，EMA有四个最基本的特点：①这种方法对行为对象的评定是即时的；②为了避免行为取样的偏差，必须恰当地安排取样时间；③这种方法需要进行多次重复测量；④这种测量方法适用于被试所在的自然情景，特别适合于研究过程性的问题。由于身体锻炼本身就具有过程性，因此用这种方法来研究应对是非常适合的。EMA能提高身体锻炼和情绪研究的外部效度。

但是，EMA也存在一定的缺陷，包括：①在监督受试者遵守协议方面存在困难；②收集数据的成本太高、被试负担太重，由此可能会导致减少样本量、试验结果不能很好地推广等问题；③EMA可能存在由反应性（reactivity）而引起的数据扭曲；④EMA还存在数据统计分析方面的困难，EMA的数据是重复测量获得的，因而往往存在自相关（autocorrelation）的问题，以及因丢失部分数据导致的数据不平衡等问题。对于EMA数据，一般采用多层分析的方法（Multilevel Analysis）。

尽管EMA存在一定的缺陷，但由于大大减小了被试的回忆偏差，相对于设计情境中的身体锻炼和事后回忆法，EMA是一种更有效、更准确的方法。

(四)身体锻炼强度的标准化

已有研究中身体锻炼强度的选择都是根据身体锻炼领域其他试验研究中使用的,如最大心率或氧耗的百分比,而没考虑根据个体的差异选择身体锻炼的强度,这显然是不合适的。因为,即使两个相同性别、年龄、身体状况的个体,在同一最大强度(如 70%)进行身体锻炼时,可能会产生两种本质不同的新陈代谢,出现许多不同的生理差异,从而可能导致不同的情绪产生。

身体锻炼情绪效益的研究中,应充分考虑个体的差异,如用乳酸阈或通气阈来定义身体锻炼的强度。

(五)数据处理方法

分析身体锻炼引发情绪变化是建立在一般线性模型基础上,关注平均值的变化,而个体间变异被看作是误差。然而,被试在面对相同身体锻炼刺激时,并非作出相同的反应,不仅在量上有区别,甚至在变化的方向上也有本质区别。如果一组报告情绪变化是一个方向,而另一组报告是相同强度而相反方向(如降低快乐或提高不快乐),那么两个分散的趋势将彼此抵消,会产生身体锻炼刺激没导致情绪发生变化的错误结论。

因此,检验身体锻炼情绪的变化不仅在群体水平上,如平均数,也要考虑个体和亚群体水平。

(六)小结

1.身体锻炼情境中,根据不同的研究目的选择情绪的测量法。考察身体锻炼前后情绪整体的变化,选用多维研究法;考察身体锻炼中某种特定情绪状态的变化,选用类别研究法。

2.身体锻炼情境情绪的研究中,应重视身体锻炼过程中情绪的变化。

3.在以后的研究中,应更多地利用生态瞬时评估法收集身体锻炼或身体锻炼数据,以提高研究的生态学效度。

4.身体锻炼情绪效益的研究中,应充分考虑个体的差异,如用乳酸阈或通气阈来定义身体锻炼的强度。

5.检验身体锻炼情绪的变化不仅在群体水平上,如平均数,也要考虑个体和亚群体水平。

第五节　身体锻炼的人格效益

一、身体锻炼对人格的影响

一些研究表明,参与身体锻炼能够促进人格发展。纵向的研究证据显示,在青少年时期参与运动对个体的人格发展起促进作用。成传兵(2009)监控了一些男孩的人格剖面图,他们参加了为期 5 年的游泳训练,在这期间,男孩们在外向性、稳定性、依赖性方面都有明显的转变。

亓圣华等(2006)以 180 名男性服刑人员为被试,采用 16PF 考察身体锻炼与男性服刑人员人格特征的关系。结果显示,身体锻炼对男性服刑人员的人格因素有积极的影响。

亓圣华(2009)采用"艾森克人格问卷(少年版)"(龚耀先修订版)对上海市 1001 名初中学生进行了调查。研究结果显示,E 维度即内外倾性,N 维度即神经质对中学生的羞怯感产生负向影响,越内向的中学生羞怯感越高,情绪越稳定的学生羞怯感越低,且存在交互作用;自尊、内外倾性能部分中介身体锻炼和羞怯感的关系;身体锻炼对羞怯感既有直接作用,也有间接作用。

周强(2006)采用"艾森克人格问卷(少年版)"(龚耀先修订版)以上海市普陀区少体校 145 名少年运动员和普陀区 145 名普通学生为被试,调查他们的人格差异。结果显示,少年运动员 P 维度即精神质得分低,性格外向,情绪稳定性差,掩饰性低,不存在性别差异,但存在年龄差异。亓圣华等(2006)使用 16PF 对男性服刑人员实施调查,结果显示,身体锻炼能对人格产生积极影响。Rhodes 和 Hayduk(2002)以 300 名本科生为被试,考察五因素人格在身体锻炼意图和身体锻炼行为之间的调节作用。

Giacobbi、Hardin 和 Frye(2006)以 48 名平均参与轮椅体育运动 10 年以上的残障社区居民为被试,考察了人格在身体锻炼和情感之间的调节作用。Raynor 和 Levine(2009)考察了 583 名美国大学生人格与健康行为之间的关系,结果显示,意识性和外倾性与健康行为相关,具体表现为:高意识性的个体有更多健康行为,诸如系安全带,参加身体锻炼,保持充足睡眠,食水、果蔬菜等,更少有过度饮酒、吸烟的不良行为;高外倾性个体更可能吸烟、饮酒,更少保持充足睡眠等。

邓雷、孙海艳和颜军(2009)以扬州大学 319 名大学新生为研究对象,考察身体锻炼对大学新生人格和心理压力的影响。在试验前、试验中(运动 6 周后)和试验后(运动 12 周后)对被试人格进行 3 次测量。研究结果显示,身体锻炼对人格的坚韧和重情维度具有显著性作用。

综上所述,目前身体锻炼对于人格影响的研究还未得出清晰一致的结论,这主要是因为研究中中间变量难以控制。

二、身体锻炼效益研究中人格的测量

(一)艾森克人格问卷(Eysenck Personality Questionnaire,EPQ)

EPQ 由英国伦敦大学心理系和精神病研究所 Eysenck 教授编制,从大量非认知方面的特征中归纳出三个互相成正交的维度，并命名为“人格的三个基本因素”，即内外倾性(E)、神经质(N)和精神质(P)。EPQ由4个分量表组成，分别是：内外倾性(E量表)、神经质(N量表)、精神质(P量表)和掩饰性(L量表)。L维度用来测查被试在回答这份问卷时是否有所掩饰，如果L量表得分过高，这份答卷被视为无效。EPQ儿童版共97个条目，成人版共101个条目。我国龚耀先修订了全国常模，筛选出儿童和成人版各88个条目，分别适用于7～16岁儿童少年和16岁以上成人。

(二)卡特尔人格量表(Cattell's 16 Personality Factor，16PF)

16PF是由Cattlell编制。Carttlell认为，人格包含16种相对独立的基本人格特质，包括乐群性、聪慧性、稳定性、恃强性、兴奋性、有恒性、敢为性、敏感性、怀疑性、幻想性、世故性、忧虑性、试验性、独立性、自律性和紧张性。16PF包括187个条目，适用于16岁以上的成年人。测量结果可用简单的数据或曲线直观地反映人的各种心理特质，并可据此推算出8种次级人格因素，用来预测被试行为特点和心理健康状况。

(三)“大五”人格问卷(The NEO-Five Factor Inventory，NEO-FFI)

不同研究者从对人格的研究中得出相似的结论，即人格由5个基本维度构成，通常被称为“大五”结构(“Big Five” Structure)。Costa和McCrae综合“大五”结构和有关理论提出了五因素模型。Costa和McCrae(1992)修订了人格五因素问卷(NEO-FFI)，问卷共60个条目，测量人格的5个维度：N—神经质，E—外倾性，O—开放性，A—随和性，C—意识性。

Rhodes和Hayduk(2002)以300名本科生为被试，考察五因素人格在身体锻炼意图和身体锻炼行为之间的调节作用。Giacobbi、Hardin和Frye(2006)以48名平均参与轮椅体育运动10年以上的残障社区居民为被试，考察了人格在身体锻炼和情感之间的调节作用。Raynor和Levine(2009)采用NEO-FFI为测量工具，考察了583名美国大学生人格与健康行为之间的关系。结果显示，意识性和外倾性与健康行为相关，具体表现为：高意识性的个体有更多健康行为，诸如系安全带，参加身体锻炼，保持充足睡眠，食水果、蔬菜等，更少有过度饮酒、吸烟的不良行为；高外倾性个体更可能吸烟、饮酒，更少保持充足睡眠等。

(四)中国人人格七因素量表(QZPS)

QZPS由王登峰、崔红开发，是根据中文人格特质形容词确定的中国人人格结构的“大七因素模型”的综合性人格量表。量表由7个维度、18个因素构成，含180个条目，可以测量中国人人格的7个维度：外向性、善良、行事风格、才干、情绪性、人际关系和处世态度。18个因素又构成了人格的3个超级维度，成为划分人格类型的重要依据。超级维度1：自我指向，包含机敏、自信、乐观、宽和、淡薄、自制;超级维度 2:人际关系指向,包含利他、诚信、重感情、决断、热情、活跃;超级维度 3:事物指向,包含耐性、严谨、坚韧、沉稳、合群、爽直。所有条目采用 5 点量表,被试对各条目陈述情况是否与自己符合作出评定。此量表的被试常模涵盖全国 30 个省、市、自治区,有着广泛的职业分布和较好的年龄分布。

王登峰等还编制了中国大学生人格量表(CCSPS),量表由 68 个条目组成,包括 7 个维度:活跃、爽直、坚韧、严谨、利他、重情、随和。

(五)其他问卷

张野、杨丽珠和刘文(2004)编制了"小学生个性行为教师评定问卷",由教师对熟悉的小学生进行评定考察小学生人格。问卷共 54 个条目,包括 4 个维度 11 项人格特质,分别是:认真自控(认真有恒、自制稳重、攻击反抗)、智能特征(聪慧性、协调能力、自我表现、交际能力)、情绪性(开朗活泼、敏感焦虑)、亲社会性(同情利他、合作尽责)。

第六节 身体锻炼与应激反应

应激是指有机体遇到干扰自己平衡状态或超越自己应对能力的刺激的事件时,表现出的特定的或非特定的反应过程。长期的应激状态既会导致机体功能失调症,如焦虑和抑郁,也会危害免疫功能,造成冠心病、高血压、动脉硬化等。身体锻炼本身是一种紧张性刺激,由于它在干预或预防应激相关障碍症的策略中作用仍不十分明确,学者们给予了广泛关注。目前已形成共识,身体锻炼可以提高个体的意志力,即通过改变对紧张性刺激的评价来将高压事件转变或缓和压力形式的能力,意志力可以通过减少应激反应使身体和心理都更加健康。身体锻炼也可以长期直接影响或改变生理压力的应对反应。这方面研究的一般试验范式是给被试提供一个社会心理的紧张性刺激,比较经常身体锻炼者和不经常身体锻炼者在应对这个刺激后的恢复能力,即给被试实施紧张性的刺激,如烦人费时的认知作业,或者让被试完成大运动量,然后测试他们恢复到基线水平所用的时间。

一、身体锻炼对应激作用的整体效益及调节变量

Crews 和 Landers(1987)的元分析考察了身体锻炼影响应激反应的 34 项研究,发现有氧健身被试与基线组或控制组被试相比,心理应激反应显著降低。由此可以推测,在较低水平的压力情境下,生理应激反应降低得更快,生理恢复所需时间也会更少。

Taylor(2000)考察了 1988～2000 年期间,共 14 项横向有关身体锻炼的研究、11 项长期纵向身体锻炼研究和 14 项短期纵向身体锻炼研究。14 项横向研

究中的 9 项研究表明,当身体锻炼者置于心理应激源时,应激反应较低;而长期身体锻炼研究的结论不一致。14 项短期身体锻炼研究中的 10 项表明,身体锻炼降低了对短期、激烈应激源的反应。但这些研究存在着一个共同的问题,即被试数量相对较少,因此数据统计的效力不够。Taylor(2000)、Crews 和 Landers(1987)的研究中均为检验调节变量。

Alderman 等(2006)的元分析检验了调节变量。该元分析综合了 102 项研究,共有 608 个 ESs,总的 ES=0.37。这与 Crews 和 Landers(1987)元分析中的总效益相一致。研究结果显示,以心率作为评估指标,身体锻炼对动脉压和迷走神经兴奋尤其有效。与其他减少应激反应的方法相比,身体锻炼的效果更好。

调节变量检验结果显示,应激反应的显著减少与种族、性别无关,但是黑人和男性的效果量较大,临床患者的效果量比健康人的大。长时间的身体锻炼(46～120 分钟)以及每星期至少身体锻炼 3 天,ESs 更大,但身体健康的提升未发现差异。

综上所述,剧烈的、长期的身体锻炼能有效减少应激反应。

二、身体锻炼对应激作用的机制解释

与认知功能调节和抗抑郁药物的作用相似,BDNF 的改变引起了应激反应的变化。

动物试验研究结果显示,压力情境下动物海马中的 BDNF 降低,如果持续 1 周给动物服用抗抑郁药物,BDNF 恢复到原来水平。给动物实施长时间足底电击,NE 下降,但在身体锻炼者中下降得少。有氧运动能增加下丘脑和骨髓中的 NE 水平,并且阻止足部电击后蓝斑核、扁桃体、海马和额叶对 NE 的消耗,效果量为 0.64～0.84。强制白鼠做跑步机运动,白鼠大脑中 NE 代谢物的量也显著增加,效果量为 0.57～1.04。

以上结果表明,身体锻炼在社会心理的应激反应中有重要作用。

第二章　熟虑-冲动模型提出的背景

第一节　人是理性的吗？

一、"无自制力"现象

常听身边的朋友说："我是一个胖子，我也想变得瘦一些。通过阅读健康知识的书籍，关注健康相关论坛、媒体的健康知识普及等，我知道应该如何科学地减肥、控制体重，我知道每天需要进行一定量的有氧运动，每天摄入的热量要低，消耗的热量要高，并且要保持健康的饮食结构。我也知道哪些食品是健康的，哪些食品是不健康且容易长胖的，一日三餐应该有规律，晚餐要少吃，不应该久坐不动。我有足够的关于健康、减肥的知识，但我却一直没这么做。到现在，我依然是个胖子。"

"知道行为的益处，但不执行行为"这一问题早已有之，这曾被希腊哲学家称为"无自制力"现象(akrasia，weakness of will)。明代的王阳明也曾说过："知行合一，知而不行，终究还是不知。"

对这一现象的解释，影响范围最广的是个体被看作"理性"的动物，能辨别出自身行为的价值和效用，并做对自己有益的事情。然而事实并非如此，在特定情境下，人们的行为并不能反映出他们的价值。为了解释"无自制力"这一现象，研究者在对人类行为的研究中从三条路径进行了尝试。

(1)假设人们缺少有关行为的知识。如苏格拉底宣称，如果人们能够知道什么对他们是有益的，那么他们就会照做。与之相近的观点是，现代经济学家认为非理性决策是因为缺少合适的信息。

(2)假设存在一个以上的规则控制人们的行动。如，行为可能在不经意间或自动发生，即如果缺少对结果所带来价值的估计，人们可能会以过去惯有的方式采取行动。这些习惯行为引起了许多心理理论的关注(Strack & Deutch,

2004)，在这些理论中，之前行为执行的频次和近因被看作首要决定因素。

(3)将人类的行为看作是内驱力的作用，以生理需要引发的需求为主要内驱力，如饥饿、口渴、繁殖等，这些内驱力会迫使人们不顾行为价值而快速决定行为。

二、弗洛伊德的内驱力理论

大多数行为理论都是沿着上述三条路径来解释行为，也有一些理论认为行为的决定因素是复杂的，其中最有代表性的是弗洛伊德的理论。

弗洛伊德认为，人们控制行为的心理机制遵循三条执行原则：

(1)本我(id)，是个性中与生俱来的最原始的潜意识结构部分，为了满足个体的基本需要，遵循快乐原则。本我由先天的本能、基本欲望所组成，代表着个体生理性的内心需求，最本能、原始的欲望，不在乎外在世界的规则、伦理、法律，不能容忍由内部刺激和外部刺激共同作用形成的紧张状态，必须要求立即释放能量来消除不安、不适，并恢复到原来的舒适状态。Kahneman(1999)提出的"人类的行为受最大快乐和最小悲伤趋势的影响"，即源于本我。根据本我原则，人们在行为中追求最大快乐，避免失败、痛苦等不良情绪。如果在身体锻炼中体验到了疲劳、努力、精疲力竭等，个体可能会放弃身体锻炼。

(2)自我(ego)，从本我中分化出来，来整合和协调本我与超我。有机体在与周围的现实世界接触、交往过程中，用适当的手段来满足需要，解除紧张。自我受现实原则的支配。自我的主要功能体现在：获得基本需要的满足，以维持个体的生存；调节本我的原始需要，以符合现实环境的条件；抑制不能为超我所接受的冲动；调节和解决本我与超我之间的冲突。

(3)超我(superego)，包含个体的价值观和道德规范，衡量是非善恶，代表理想而非现实，追求完美而非快乐。超我指导自我去限制本我的活动，是本我和自我的监督者。主要功能有：抑制本我不容于社会道德、社会规范、法律等要求的各种行动；诱导自我用合乎社会规范的目标代替较低级的现实目标；使个人向着理想努力，并达到完善的个性。

如果本我和超我的方向一致，没有冲突，则会顺利执行行为。例如，困了，正好工作都完成了，就可以好好休息。但很多时候本我和超我的方向正好相反，本我想去从事某个行为，但超我不允许，或者相反，如困了，但正上课，或减肥期想吃红烧肉，在这种情况下，自我如何去调节，哪种原则占优势，受很多因素的影响。

以身体锻炼为例，根据超我原则，身体锻炼能减肥，提升健康，产生良好的情绪，益处多多，因此应该去身体锻炼；根据本我原则，身体锻炼容易疲劳、出汗、乏味，哪有躺着玩手机或坐着看场电影舒服，所以不愿意去身体锻炼；此时自我就会来调节本我和超我。如果提升健康、减肥的愿望特别迫切，身体锻炼就占了上风。如果身体状态实在不佳，非常不愿意行动，不身体锻炼就占了优势。也会因人而异，意志品质坚强的人，会克服困难努力去实现身体锻炼的目标；意志品质弱的人，很难去完成既定的任务，即出现了前文所述的"知而不行"现象。

弗洛伊德的理论着重描述了整合过程的差异，强调了无意识在决定行为方面所起的重要作用。虽然弗洛伊德的理论给我们带来了很多思想的启发，遗憾的是缺少证据能支持这些假设，不能证伪。

三、人并非是纯理性的

人们之所以对"无自制力"或"知而不行"现象费解，是因为在解释这个问题的时候，人被解释为"理性"动物，人们去做他们认为对他们有益的事情，能辨别出他们行为的价值和效用，并能执行。但人真的是理性的吗？

几千年以前，理性与情绪之间的关系就引起了人们强烈的兴趣。作为人类，在日常生活中既需要作出理性的、精准的决策，同时又需要富有感情，因此，了解二者之间的关系也相当重要。对于二者之间的关系，可以借用柏拉图的生动比喻：理性与情绪的关系就好比驾车比赛中人与马的关系，情绪好比是充满野性的马，它需要理性的控制即驾车者。如果驾驭者不能很好地控制马，理性就会偏离轨道（庄锦英，2003）。

从决策理论的变迁中，我们可以厘清对人是"理性人"还是"非理性人"的认识脉络。

基于"经济人"的假设，Von Neuxnann 和 Morgenstern（1947）提出了最大期望效用理论（Expected Utility Theory），其理论的核心是贝叶斯公理。该理论有三个前提：①假设决策者知道关于决策的所有选项，并清楚地知晓所有选项代表的最终结果；②决策者可以敏锐地感知到各个选项之间的细微差别；③决策者的选择是完全理性的。作为理性决策的标准模型-标准化决策理论中的代表，最大期望效用理论，以数学为工具，认为人类推理遵循概率和统计的规则，为了建立逻辑上严密、形式上漂亮的数学模型，以"理想人"的标准为人规定了许多限制条件。如"理想人"在决策中必须具有始终如一的偏好体系；"理想人"在决策中必须不受材料呈现方式的影响；"理想人"必须按照最大期望效用作选择；"理想人"还必须具有惊人的计算能力。现实世界中很少有人能够达到"理想人"的标准。

1978 年，诺贝尔经济学奖得主西蒙（Herbert Simon）在《理性选择的行为模型》（*A Behavioral Model of Rational Chioce*）一文中首次使用了"有限理性"一词，指出人是有理性的，但这种理性是有限的。为了指导真实人的决策行为，就

"要用一种符合实际的理性行为,取代'经济人'那种全智全能的理性行为"。在有限理性思想的指导下,描述范式的研究前进了一大步,但仍处于对人类理性过分的苛求中。

基于最大期望效用理论,Kahneman 和 Tversky 提出了前景理论(prospect theory),但仍未将情绪作为影响决策的因素。Loomes 等认为预期情绪可以作为参照点改变效用函数,并提出了基于情绪作为效用的预期情绪理论。自此,情绪作为影响决策的因素,正式被纳入决策理论中。

决策理论的演变告诉我们,人并非纯理性的,认知和情绪共同影响着人的行为。

第二节　双加工理论概述

人类的行为由两个过程驱动的观点引发了许多研究,并出现了许多双加工理论。所有的模型都提出信息加工有两种方式,这两种方式有着本质区别。这些双加工理论各自之间并非完全独立的,它们有着许多共同特征。Smith 和 DeCoster(2000)列举了 9 个最具影响力的模型,并详细阐述了它们的共同点和不同点。

根据 Smith 的研究,所有的双加工模型提出,信息加工的两种不同方式都具备以下特征:以规则为基础的加工,利用符号的表征规则,由语言和逻辑构成,并能在经验中得到学习,根据个体的能力和动机有选择性地发生,并经常和对加工步骤的意识觉醒连在一起。相比较而言,联结加工是利用联结,由相似性和相近性构成的,是自动发生的,并且是前意识的,且伴随着对加工结果的预期。

双加工理论均具有以上特征,最本质的区别是认为这两个过程是同时发生还是相互执行的。已有的双加工模型关注的是不同的问题或社会现象,采用不同的技术描述两个加工过程。Chauken(1989)和 Cacioppo(1986)研究了双加工模型的构成要素,提出启发式(次要的)和系统化(主要的)两种加工,将该模型应用于解释态度改变。在 Fazio(1986)有关态度接受的同时性模型中,学习过的态度被看作是态度对象自动激发的结果,只有当充分的动机和机会出现时,精细加工将会决定对对象的评估。Devine(1989)的双加工模型主要关注刻板印象,认为自动加工或更费力的刻板印象被压制。Gilbert(1989)的双加工模型区别了对应推论和归因思维两种方式,用来解释归因中个体的知觉和偏见。Martin、Seta 和 Crelia(1990)的双加工模型研究社会决断,提出了自动情境的影响,若矫正它们,需要一定的策略和付出努力。Epstein(1991)的模型区分了经验加工和理性加工,并将他的理论应用于解释思维的一般机制。Sloman(1996)的理论为其他后来的双加工理论奠定了概念基础，他采用联结加工和以规则为基础的加工来解释人类推理。

随着研究的不断推进，双加工模型也在很多方面作出了改善和更新。Smith 和 DeCoster(2000)整合了记忆系统最新的研究结果，来解释联结和以规则为基础的加工如何扎根于更多的基本认知结构。Lieberman 等(2002)整合了神经科学证据，提出了以控制论为定向的双加工模型。然而，到目前为止，双加工模型很少直接关注他们所描述的心理机制的行为结果，也没有提出关于人类行为理性模型的替代模型，并且不能对无自制力作出解释。尽管有一些模型最初也关注行为(Bargh，1990)，但是也不能整合进一个应用广泛的社会认知理论中。

第三节 熟虑-冲动模型的提出

Smith 和 DeCoster(2000)的调查结果显示，已有的双加工模型中所描述的加工是指决策和信息加工，而非行为，这些双加工理论认为决断或决策先于行为。然而众所周知，行为的发生并非一定需要这些前因。例如，以决策为基础的行为通过频繁地被执行，会习惯化且能被独立执行。此外，强的动机驱力也能驱使行为朝向与个人信念或价值相反的方向。这些对行为的直接影响在 Smith 和 DeCoster(2000)对双加工模型综述的文章中已阐述。因此，有必要将行为成分、动机成分和认知成分整合到一个社会行为的双系统模型中。

与其他双加工模型相似，熟虑-冲动模型(Refelective and Impulsive Model，RIM)认为熟虑过程和冲动过程并列运行，而非相继被唤醒，RIM 假设这两个系统同时激活并且竞相控制一个反应。然而，与之前所提到的双加工模型均不同，RIM 是一个专门针对社会行为提出的双系统模型。

为了对社会行为作出进一步解释，RIM 整合了其他双加工理论的变量、理念，并加入了动机成分。RIM 认为，行为是图式的功能，由环境输入的刺激和高级注意共同控制，动机定向作为行为趋避的刺激因素和效价。为了连接决策和行为的执行，RIM 中还引入了意图(intending)。RIM 认为，基本需要的剥夺影响自动评估以及相关行为图式的预激发。

RIM 在其各成分上并不是新理论，它整合了已有双加工理论的各个因素，并且对这些因素在不同加工阶段如何相互作用作出了描述。RIM 试图通过独特的方式将心理过程与社会行为相连接，假设行为并不必然追随决策，注意也不是必需的。RIM 认为，行为是几个决定因素共同作用的结果，这些因素在执行行为时可能相互一致，也可能相互冲突。

第三章　熟虑-冲动模型的基本内容

第一节　RIM 的基本性质和功能

一、RIM 的基本假设

RIM 认为，社会行为由信息加工的两个独立系统共同决定：熟虑系统和冲动系统，这两个系统的表征原则和信息加工原则不同。

在熟虑系统中，行为是决策过程的结果，决策过程中需要权衡和整合行为的价值和行为效益，实现行为选择偏好。熟虑系统一旦作出决策，会通过自我决定的机制-意图来激活相应的行为图式。冲动系统通过扩散激活来激活行为图式，扩散激活也可能源于知觉输入或熟虑过程。如 James 的念动原则（ideo-motor principle）中的念动，并非由人的意图或目标所引发。动机定向或剥夺调节行为图式的激活，如图 3-1 所示。

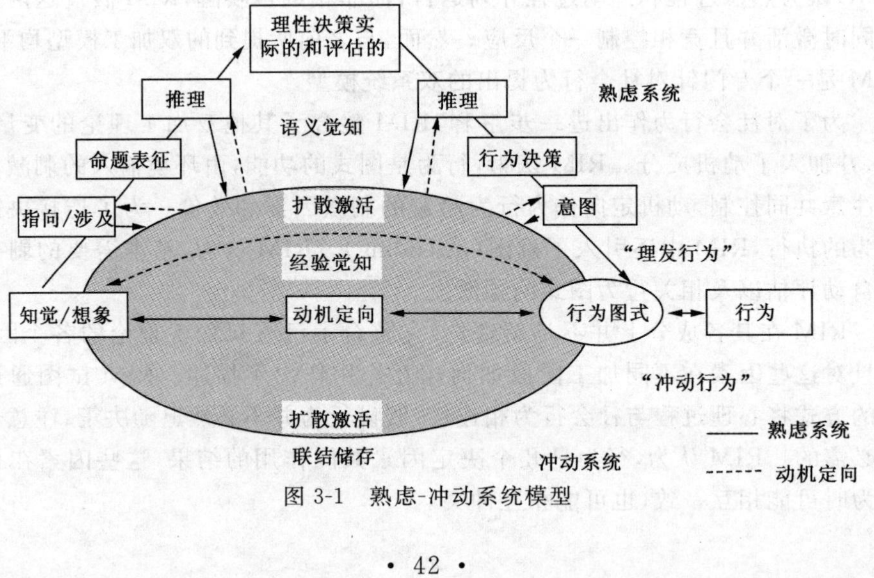

图 3-1　熟虑-冲动系统模型

二、熟虑系统和冲动系统的运行方式：并行操作

RIM 中两个系统并行运行，但是两个系统不对称。冲动系统可以独自运行，也可能卷入信息加工（熟虑系统）中，而熟虑系统可能会独立运行。

RIM 假设信息进入知觉后通常被冲动系统加工。这些信息在冲动系统中被表征，信息对行为的影响很大程度上依赖于冲动系统结构的预激活。刺激也可能进入熟虑系统，但依赖于信息的强度和所吸引的注意。因此，冲动加工和熟虑加工并行进行，在加工的各个阶段相互作用。

三、认知能力在熟虑系统中的作用

RIM 中的熟虑系统需要大量认知能力，因此分心以及极高或极低水平的唤醒将妨碍熟虑系统执行。冲动系统需要较少的认知能力，一般在次最优（最适度）下控制行为。熟虑系统比冲动系统更容易受到干扰。

冲动系统最大的优点是能快速决定行为，需要很少或不需要认知努力，加工输入信息的阈限低，而熟虑系统正好相反。熟虑-冲动模型的这一假设与其他双加工理论相同，并且早已被其他研究证明（Smith & DeCoster，2000）。然而，我们强调唤醒在熟虑系统中的功能，与耶克斯-多得森定律相似，我们认为，在中间的唤醒水平上，熟虑系统效率最高。高唤醒有利于熟练的、显性的反应，唤醒影响社会判断和知觉，扩大了刻板印象和联结评估的影响。高唤醒对控制或熟虑过程的影响较小。低唤醒如疲倦状态，会导致熟虑过程或自我控制的降低（Baumeister & Heatherton，1996）。

四、RIM 中各因素之间的关系

RIM 的两个系统中的各个因素通过不同类型的关系相联系。在熟虑系统中，各个因素通过语义连接。冲动系统中，各因素之间是联结的储存，通过相近或相似原则形成。

外部世界（如机体的内部状态等）在两个系统中以不同的方式被表征。在冲动系统中，信息以联结储存激活的方式被表征。熟虑系统能通过相关图式来连接一个或多个因素形成的命题表征，将行为真正的价值附加在图式上。这两种系统的图式最后都在神经网络中被执行，简单联结和命题表征之间的最大区别在于认知模型的计算水平。

（一）冲动系统的联结和结构

在 RIM 中，冲动系统被看作简单的联结网络，与其他联结网络模型相一致，各成分之间的联结强度不同。联结的强度是固定的，只能随着学习而逐渐改变。

一旦一个因素被激活，会产生扩散，扩散的程度与关联的强度成正比，网络成分的激活也能迅速变化。一个内容的可接受水平与之前被激活的频次、距离的时间成正比。一个成分激活的水平，决定着是否被提取和进行进一步加工。

如果刺激的呈现或激活在时空上相近，就会形成或强化刺激之间的联结。刺激之间的联结反映了环境、认知、情绪和动作反应之间的关系，而不是专门针对引起这些复合模式关系的原因进行表征。由此可见，在冲动系统中出现的结构，能迅速与共同发生的反应相联系，并形成联结的线索。

从本质而言，RIM假设冲动系统的联结储存类似于一个简单的记忆系统，通过多次学习形成对环境特征持久的、非命题的表征（Smith & DeCoster，2000）。冲动系统灵活性低，但是快速，无须注意资源。此外，联结可以通过熟虑系统形成，因为熟虑系统中的所有命题表征激活冲动系统中相应的内容。在熟虑系统中实际没有共同出现的因素，但是在冲动系统中经常相互关联。因此，语义概念将会通过频繁的命题表征而在冲动系统中出现。需要注意的是，冲动系统中的联结没有任何语义，有别于其他网络模型中的联结。两个或多个因素之间的关系就是相互激活。

例如，如果我们看见一位老人，知觉到的特征如头发颜色或体态特征等，能激活冲动系统中的特定成分。因为这些因素在之前已和与年龄相关的特征相配对，因此与老年有关的全部特征就会被激活。由此推论，对老年人的刻板印象将会更易接受并且会引导后续的加工。例如，“慢”将会在冲动系统中被激活，并来反映我们对老年人直接或间接的经验。

尽管冲动系统中的各成分不能给出所反映物体的实际效用或价值，不能产生反映老年人变慢的陈述性知识，但是“年老”和“慢”之间的联结如果被激活的话，会产生知觉偏见并可能影响行为。此外，过去与老年人经常联结的动作特征也再次被激活。

有关认知和行为之间联结的研究表明，语义概念能直接与动作特征相联系。关于手势和语义通道的研究结果显示，这种联系是双向的。冲动系统中的联结是分层结构，因此所处的层次不同。由此可以推论，各组的具体知觉概念或语义概念的层次、图式相类似。

冲动系统中的加工常与有意识的经验相一致。有时不需知道加工内容的起源，人们就能体验到与现象、本质不一致的情感。例如，一个人对光明或黑暗有视知觉、愉快或不愉快的情绪、疼痛或熟悉的体验，而无须了解灯光、愉快、疼痛或熟悉的概念或类型。因此，冲动系统可以理解为以经验为主要内容的系统，在这个系统中，情绪和非情绪的体验都无须演绎推论就能迅速产生。

(二)熟虑系统中通过命题类别化和演绎推论而产生知识

冲动系统可以被看作长时记忆,而熟虑系统的性质是短时储存。在熟虑系统中,大量信息在有限的时间内被表征,如果得不到复述,则表征会消退。熟虑系统能通过将知觉输入分配到某个语义类别而产生陈述性知识。熟虑系统中的知识由一个或多个成分组成,在这其中会产生相关的图式,而非简单的联结或结构。尤其重要的是,事物真正的价值或效用会被指派到这个关系中。由此推论,这个系统在命题形式中表征的是世界或机体的状态。因此,熟虑系统由一致性原则驱动,会努力避免或修补它本身各成分之间的不一致。冲动系统表征的一个重要特点是,能灵活地产生或改变。因此,熟虑系统能解决复杂任务,如推理、计划或心理刺激等。然而,它比冲动系统要慢,并且需要注意资源。

熟虑系统中的表征是如何产生的?RIM 假设命题的成分是一个或多个概念,它们之间的联系是从熟虑系统中提取的。冲动系统通过向概念和联系中指派事物真正的价值或效用而产生语义或情境知识。还是以对老年人的知觉为例,知觉到的特征扩散激活冲动系统中有关老年人的概念,为了生成类别化的命题,类别成员的关系图式将会从冲动系统中激活,和标签"年老的"、输入的知觉信息的表征相结合。输入的知觉信息是指对这个人的视觉表征,因此,生成的命题表征是"这是一个老年人"。

能应用于这些表征内容的关系非常有限,除了简单的逻辑关系,如"是一个""不是"或"意味着"外,仍有更复杂、抽象的关系,如因果关系。此外,还有许多社会关系,如朋友、敌人、配偶、搭档等。当然,当一个人的知识扩充时,也会形成新的关系。

一旦知识生成了,在得出给定信息的推论时将应用演绎规则。例如,一个人或许会想"老年人多智慧",关于老年人的类别信息可以从对某个老年人的类别化中得出,"智慧"的含义就可能从类别化中推论出。再次需要注意的是,概念激活能让个体产生与其他事物的区别,使推论更容易生成关于老年人"智慧"的新知识。这个在归因思维中体现得尤为明显,对于特定行为的特征化能同时激活与人格特质相一致的类别。然而,这些类别最终可能不会被用于对人进行分类,因为情境包含着同一行为的其他可供选择的原因。

熟虑系统的执行伴随着意识的觉醒状态,由关于"什么事情是或不是"的知识组成。意识的觉醒状态伴随着意识的经验状态,由特殊情感组成。例如,试图回答有关"万年历"问题的过程中,常伴随着"博学"的感觉。

(三)可接近性所起的作用

熟虑系统中给成分分配的关系,受类别化是否可接近的影响。如对一个人"慢"的概念依赖于"慢"进入脑中的容易程度,依赖于知觉输入的信息和概念之间联结的强度，即它们联合激活的时距和频次。更为精细的推理策略为将来进一步转换加工奠定基础，也经常被应用于生成命题知识。

因为熟虑系统会采用冲动系统中的内容，因此熟虑操作将会改变这些内容的可接近性。由此推论，随后熟虑系统中对行为的执行会受前面因素的影响。关于“锚定错误”心理机制研究的结果证明了这一点，“锚定错误”是指之前比较决断的标准使绝对决断产生了同化。有研究证明了这一错误来源于信息的使用，在绝对决断之前的比较决断中，已经有了选择性的激活。

(四)表征和觉知决策的内容

命题表征的内容有许多不同形式，这些内容可以来源于外部世界，但是觉知来源于机体“内部”的知觉。如果这些内容具有情景特征，不同性质的情感会进入熟虑系统。情感从冲动加工中浮出进入熟虑加工中，甚至会决定行为的选择。

有研究者实施了一个试验，让被试必须从4个台面上选择卡片，其中的2个提供了高回报以及高风险，其他提供了低回报以及低风险。总之，高风险导致高付出。当要求被试从4个台面中选择时，他们报告在他们命名支付矩阵之前，就已经产生了“哪个台面是好的”“哪个是坏的”的感觉。对游戏情景中的这一反应，也可以通过被试选择卡片之前的皮肤电阻来反映，被试频繁地将选择建立在这些情感上。另一个产生关于他人和自己知识的信息基础是可观察的行为，正如归因理论和自我知觉理论中所描述的，人们或许通过对他们自己或他人的行为、发生的情景来推断自己的内部状态。

觉知决策不仅是关于“是什么”，还有“什么是好的或坏的”。演绎推理的规则经常被应用于评估决断(如态度)，一个人推断“什么是好的”或“坏的”，建立在对内容评估的前提上。为了实施评估决策，会引发相同情绪或使个体产生情绪体验，但这既不是必要条件也不是充分条件。这也与即时效用和效用决断的区别相类似，区别在于个体关注的是过去还是未来。Kahneman 和他同事的研究显示，对过去情境的评估可能完全有别于实际所体验到的。在回顾过去情境时，个体主要依赖于经验效用中的频次和积极或消极巅峰体验，因此会忽略享乐体验。决断或记忆效用主要指觉知决断，而体验到的效用主要源于对享乐相关情境的冲动反应。

以上这些经验会伴随着对评估信息的熟虑加工，并且会加速或阻止熟虑过程。一组试验结果发现，不一致的情绪会干扰评估决断。在研究中，被试必须对“牺牲1个人的生命去救5个是否是正义的”进行决断。由于这一情节结构性强，因此或多或少会引起被试的负性情绪，决策时记录的 fMRI 结果证明了这一点。研究还发现，在高的负性情绪状态下，非一致性决策(考虑情节)比一致性决策(不考虑情节)花费更多时间。当决策任务没有或很少引发负性情绪时，反应时没有差异。这一结果提示我们,人们可能将情绪作为决断的基础,而这与那些仅将价值和期望作为决策基础的决策理论相矛盾。

最后需要指出的是,熟虑操作也会调节情绪。尽管一些情况下,在冲动系统中仅知觉到一个特定的情境就足以激发情绪,在熟虑系统中,大量的推理对推论情绪与情境的相关性是必要的。因此,RIM 假设在冲动系统中,熟虑激活情绪及与之相关的特定内容,然后个体会体验到。然而,仅了解什么是好的(或坏的),并不一定引发积极(或消极)的情感。事实而言,知道一个行为可能是好的,常伴随着消极情感,如与牙科医生的预约,明知道是好的,但是产生的是不愉快的体验。相反,对一个行为的积极情感可能伴随着对要做的事情的消极评价。

(五)RIM 关于"否定"和"未来"的表征

熟虑系统和冲动系统表征原则不同,这对当前社会和认知心理学的研究有着诸多意义,它也影响着我们思维和行为的基本能力。两种表征原则有助于进一步理解"我们如何理解——事情不是这样子的",也就是我们是如何产生否定的,以及我们对未来是如何认为的。

"否定"命题不是常用的思维工具,却是日常生活中进行沟通的便利表达方式。因为否定是命题表述,边界条件可以从熟虑-冲动模型中得出。否定的认知程序只能在熟虑系统中执行,因此只有足够的加工时间、意图、认知能力来提取否定的意思时,熟虑系统才卷入,任务才能顺利完成。如果一个条件不满足,否定就只能在冲动系统中加工。在这种情况下,否定的概念(如"钱")和否定的限定语(如"不""不是")将会在熟虑系统中激活。然而,它们将不会被应用于概念。因此,加工此类信息的即时效应和加工肯定形式的相同信息,和加工没有限定语的信息是一样的。

早有研究者提出加工否定是一个依赖资源的加工过程。大量研究也表明,否定能减慢认知,且易于产生错误。Gilbert 关于否定描述的相继加工模型描述了否定如何在记忆中进行表征。模型表示,只要不被标记为错误,记忆中的所有信息都是正确的。大量试验证据表明,标记过程会消耗记忆资源。Gilbert、Krull 和 Malone(1990)要求被试通过阅读翻译来学习虚构的词汇表(如"a waihas is a fish"),迅速告知被试翻译是正确或错误的。在一些试验中,当传达这些信息时,被试的注意力是分散的。还有一些试验中,被记作正确的错误翻译,要比被记作错误的多。也就是说,如果被试注意力分散,否定信息和肯定信息效应相一致,这一结果在采用相似试验材料的其他试验中多次被验证。

以上这些研究评估的主要是延迟决断或回忆,因此,结果应归于否定的实际编码或信息的延迟回忆。在一系列试验中,Deutsch、Gawronski 和 Strack(2003)用 IAT 来评价否定的实际加工。在这些试验中,IAT 采用肯定词汇和否定词汇作为启动词,与相同刺激的评估决断相比较,评估决断中的刺激在熟虑加工的条件下被引发。结果显示,在启动条件下,肯定和否定刺激的效应相同,而评估决断受否定影响更大。这提示我们,否定加工效率低不是记忆的特征。

此外,Wegner、Ansfield 和 Pilloff(1998)的研究表明,分离现象不仅能应用于认知任务,也能应用于行为的自我调节。试验中,要求被试拿着一个钟摆,并试图阻止它摆动,如果没有第二任务分心,他们能很好地使钟摆停住。在另一条件下,研究者要求被试使钟摆按照在一张纸上给定的 X 轴停住。在分心的条件下,与不给被试指示相比,当明确要求被试按照指示阻止钟摆时,钟摆沿着 X 轴摆出更远。这表明,认知资源损耗提高了冲动系统控制行为的可能性,不去实施一个特定行为的指示可能增强了行为图式的联结,使其产生了非想要去实施行为的倾向。

尽管在特定条件下,RIM 中关于否定的相继加工模型和 Gilbert (1991)的模型相似,但这两个模型并非等同。Gilbert 的模型关注否定在记忆中的表征,RIM 关注的是解释记忆和提取,以及决断任务中否定提取的应用。RIM 假定在否定编码过程中,否定概念和否定限定词之间的联结是在冲动系统中建立的。此外,我们还提出,记忆中此类联结的建立和在决断中的应用是两个独立的过程。而 Gilbert 的模型中,当错误标签被添加到一条信息中时,它经常被当作是错误的。RIM 中对低认知资源的被试而言,当他们使用一条与否定限定产生联结的信息时,使用否定信息的效应与肯定信息的效应是相似的,尽管实际上否定联结在记忆中是有效的。此外,否定被频繁地复述,会强化否定概念以及否定本身的可接近性。由此可推论,当想到这个否定概念时个体会产生熟悉感。同时,错误的标签会不假思索地进入人的脑海中。由于试验线索与提取的限定词相反,可能会导致歧义。RIM 假设,通过熟虑加工或通过频繁的相互激活,概念和否定限定之间的联结会形成。在此再次强调,错误的标签对于社会决断中否定的应用并不充分,来自于 RIM 的预测需要进一步检验。

总之,RIM 能在否定领域解释已知的现象,并能生成可以进行试验检验的新预测。RIM 最主要的优点是这些预测是直接由模型的一般原则产生的。

除表征“否定”外,RIM 还涉及了表征“未来”的假设。对“未来”的表征独立于瞬时知觉的输入,因此,只有熟虑系统能清楚地产生时间观念,并且期望在未来发生的事件也会被类别化,这也为理解动作的发展过程提供了重要意义。当冲动系统被即时知觉输入驱动时,熟虑系统也能从即时输入中被提取,并能产生时间差距。这也要求个体要抵抗住即时的回报,而去寻求未来更多有价值的效用。

Deutsch 和 Strack (2002)的试验证据支持了以上的观点。在研究中建立了学习的条件，在此条件下让被试作出与熟虑知识相反的冲动反应，要求被试打开电脑屏幕上红色和蓝色"图片库的门"。由于门的颜色不同，他们的动作在不同点上有不同的结果。在一种情况下，迅速跟进一张极其负效价的图片（图片来源于国际情绪图片系统，International Affective Picture System，IAPS），图片呈现 800 ms。4 s 之后，一个极其正效价图片呈现 4 s。在另一种情况下，两张图片的效价互换。询问被试哪一个图片库的照片他们更喜欢，被试选择的结果包括短暂但迅速呈现的不愉快图片、延迟但稍长时间呈现的愉快图片。研究结果显示，当要求被试在停止范式下开门时，被试是在阻止熟虑系统执行条件下作出反应，延迟效用不能决定被试的反应，这一程序也被用作冲动强度的行为测量。从放松状态下可以推论出，反应能被有意抑制。

根据 RIM 的预测，冲动强度由刺激效价决定，即与门的颜色迅速产生联结。与负效价相比，短暂但迅速的正效价不能使被试抑制引发反应。换言之，学习刺激需要"热"这一特点，影响了行为冲动和未来回报不可预见的"冷"知识的冲突。

第二节 熟虑系统和冲动系统对行为的控制

RIM 假设熟虑和冲动系统通过不同过程引发行为，熟虑或冲动对行为的引发是通过行为图式来实现的，行为图式也是冲动系统的一部分。首先讨论冲动系统中图式的发展和执行，再来描述行为图式是如何经由冲动和熟虑加工而激活的。

一、行为最后的共同路径

冲动系统中存在一个最后的共同路径通到显性行为，这一路径由各种抽象的行为图式组成，能被熟虑系统和冲动系统中输入的信息激活。一旦达到一定阈限，图式会被激活，行为也会被执行。

RIM 中，冲动系统的成分由感觉、概念、情绪和动作表征组成，这些成分互相联结。以下三个成分组成了行为序列：情境条件、行为的适当性和行为结果。RIM 假设，相似学习原则适用于所有类型的表征。因此，联结线索将会在冲动系统中呈现，同时频繁出现的动作表征与产生的条件和结果联系在一起。这些感觉-动作线索被称作行为图式。行为图示与冲动系统中的其他内容相似，受制于扩散的激活，在激活的可能性上存在差异。此外，一旦行为图式的部分被激活，将扩散到线索的其余部分。行为图式和它们与冲动系统中其他内容的联结可被理解为习惯。

RIM 假设冲动系统和熟虑系统都能引起行为图式的激活，然而两个系统在如何激活行为图式上存在差别，并且每次会有一个以上的行为图式被激活。而激活必须超过能引起明显行为的阈限才能引发行为。

如果激活的行为图式相矛盾且互相抑制，就会产生行为冲突。例如，在冲动系统中，看到食物会激活吃的图式，而熟虑系统正作出禁止吃的决策。冲突的解决依赖于每个图式激活的强度。如果图式被不同系统激活，影响操作的条件决定哪个图式胜出。例如，如果需要的认知能力达到了，熟虑系统将会控制行为。相反，在基本需要被强烈剥夺或行为能便利执行的动机定向下，冲动系统可能会占上风。

二、行为的前因

两个系统采用不同的操作来引发行为。熟虑系统中，行为是决策的结果，受对未来状态评估（行为结果的价值和获得的可能性）的影响。冲动系统中，行为由行为图式的激活扩散引发。

（一）行为的冲动前因

因为行为图式是冲动系统的一部分，所以它们能轻易被冲动系统激活。知觉输入能激活熟虑系统中与行为图式相连接的成分，甚至是行为图式的一部分。例如，看到茶杯会激活喝的图式。此外，想象的输入和冲动系统中熟虑激活的内容，也会激活行为图式，因此，想象一个茶杯也能激活喝的图式。这可以解释"望梅止渴"。

行为的冲动前因不包含行为的效价和期望的知识。与念动训练原则相类似，知觉可以直接连接行为，但不是简单反射的形式。James 假设动作的每个表征在某种程度上唤醒了实际的动作，这也与熟虑系统的假设相一致，概念内容和行为图式是双向连接的，这适用于行为的前因或后果，以及行为本身。有研究支持了概念和动作内容之间有连接的观点。

（二）行为的熟虑前因

在熟虑系统中，行为是推理的结果，并产生了对特定行为的可行性和需求性的理性决策。一旦行为的执行被认为是可行的、结果是积极的，行为决策将把自身与行为结果联系在一起。

熟虑过程保证了理性行动，如行为的结果，熟虑系统的影响也可能产生在个体的注意之外。行为选择或备择方面信息可行性的差异，会直接指导熟虑加工。换言之，尽管关于规范性程序的认识是理性的，但是受相关决定因素可行性的影响。

熟虑系统的行为决策不会立即引发相应目标定向的行为，但是冲动系统的激活会扩散到冲动系统中的多个行为图式和概念。至少有两个原因使行为不会立即被执行：一是其他与行为决策相冲突的图式可能被激活，二是行为决策的缘故(此部分内容见后文)。

三、决策和冲动的协同、反同相互作用

前文描述了冲动过程和熟虑过程如何联合激活行为图式,以及这些图式如何控制外显的行为。行为受两方面力量兼容性的影响,如果冲动系统和熟虑系统激活的是同一个图式,就会促进行为的执行,控制执行的认知能力会降低,行为的执行会伴随着流畅的情感,并且有着积极的快乐体验。与对结果的积极评价相联系,如果两种系统相一致,对行为的执行有着巨大的动机作用。

然而,如果激活的是相矛盾的图式,或熟虑系统抑制冲动系统激活的行为,这两种系统可能会产生竞争,这种反同激活会使个体产生冲突或诱惑的感觉。例如,一个正在节食的人,甜食会对他产生诱惑,当他看到甜食时冲动激活了“吃甜食”的行为图式,而此时熟虑系统产生了“抑制吃”的行为决策。为了能在竞争中取胜,熟虑系统会应用有关熟虑的知识,比如甜食含的热量,吃甜食可能带来的体重增长等。但其中最有效的方法是,转移对诱惑刺激——甜食的注意力。

尽管两种系统都会对行为的执行起作用,但如果熟虑系统的执行条件不充足,那么冲动系统将起主要作用。在此情况下,与熟虑系统中行为的效价和对结果的估计相比,冲动系统中即时的情感联结和结果带来的快乐体验在决定行为中更占优势。

四、意图

在熟虑系统中,行为决策通过意图与行为图式相连接。意图监控着冲动系统中促进行为决策执行的信息,如果行为执行已完成或前期行为的决策目标已经实现,意图的监控任务就终止。

很多时候虽然制定了行为决策,但是没有执行行为。事实而言,许多决策的执行依赖于某些特定条件,若条件不满足,则行为的执行受阻碍。行为决策和行为执行之间存在着“鸿沟”(gap)。如果熟虑系统所选择的行为的执行依赖于行为图式的激活,那么恒定的激活有助于连接暂时的鸿沟。然而,对行为计划实施持久的监控将损耗大量的认知能力,也会增加行为执行的困难。因此,在特定条件实现之前,行为可能已经在冲动系统的作用下执行了,而这与我们的意图是相悖的,不利于合理目标的实现。

RIM 假设行为决策和行为执行之间的“鸿沟”通过一个过程(即意图过程)来连接,这个过程自动使行为决策恢复活动,并在此情境下激活行为图式。RIM 还假设意图过程遵循自我终止的原则,当决策目标达到时,这个过程也就结束。

根据 RIM,尽管目标受阻,但意图仍然起作用。因为目标是分层次的,当目

标受阻时，人们会检查受阻的目标以及其上层目标，并会选择不同的方式实现目标。RIM 认为，实现目标的过程不是通过尝试错误，而是通过熟虑系统建立实现目标的备择方式，从而绕过障碍，并发起新的意图促进行为的执行。例如，个体准备去操场跑步，但是下雨了，熟虑系统中可能会选择其他方式来完成跑步的上层目标——减肥或健身，如室内操、瑜伽等。

第三节 动机在 RIM 中的作用

如前所述，在执行行为的过程中，熟虑系统是一个高灵活性的系统，而冲动系统显得相对死板。在熟虑系统中，改变评价会使新的决策产生，并带来新的行为结果。而冲动系统似乎只能由与行为图式相联结的概念输入来驱动，这些联结的改变很慢，遵循 Thorndike 提出的学习规律：效果律、准备律和练习律。

冲动系统在某些方面的作用也很灵活，能兼顾外部和内部条件。对于外部条件，RIM 认为，冲动系统能在指导信息加工和行为激活的两种不同动机定向之间进行转换。对于内部条件，RIM 认为，能通过特定的方式影响冲动加工。

一、动机定向的作用

引发动机定向的主要条件包括：积极或消极的信息加工，对趋近或规避的知觉，个体积极或消极的情绪体验，趋近或规避行为的执行。冲动系统能执行趋近和规避的定向。

RIM 假设，在冲动系统中，行为的信息加工和执行由两种动机定向调节。这两种功能定向与两种不同的环境反应类型相匹配，分别是趋近定向和规避定向。趋近定向的执行是为了减少个体和环境之间的距离，包括身体上的移动、工具性的行动、消耗以及想象等。规避定向是为了增加个体和环境之间的距离，通过远离（移开）目标或使目标转移（对抗）来实现。包含这两种动机定向的特定类型反应，是由其他因素来决定的。

研究早已表明了趋近定向和规避定向的存在，在此主要关注两种动机定向中的情绪、行为和信息加工之间的关系。积极信息加工和积极情绪体验有利于趋近行为，而消极信息加工和消极情绪体验对规避行为有重要意义。

新的动机定向如果与现行的动机定向相兼容，则有利于信息加工、情绪体验和行为的执行。

如果冲动系统的定向是趋近，它能促进积极信息的加工、积极情绪体验和趋近行为的执行。如果冲动系统的定向是规避，能促进消极信息的加工、消极情绪体验和规避行为的执行。动机定向和信息加工、情绪体验和行为的执行之间还存在着反向影响的原则，动机定向也可能会由信息加工的效价、情绪的效价或行为定向引发。

熟虑系统中，行为也能成为相关内隐态度的基础，但这是发生分类的行为中，即只有行为与一个类别有关时，才能进入演绎推理。冲动系统中的加工和双向原则允许行为不经过类别化而直接影响加工，即人们会受到他们正在做的事情的影响，尽管他们的行动可能没有被识别。

RIM 认为，行为可能不受演绎推理的中介作用，对冲动系统中的信息加工产生直接影响，相容性是冲动系统的一个基本原则。下文中将综述信息评估对行为的影响，并关注影响的反向性。

二、相容性原则：行为对心理加工的直接影响

（一）面部反馈对心理加工的影响

Bem 提出的自我知觉理论（self-perception theory，SPT）常被用于解释情绪表达。该理论认为，面部表情（和其他身体表情）不仅用于与他人交流感情，从而调节社会交往，也用于提高或降低情绪体验的强度。Darwin 的面部反馈假设理论（facial feedback hypothesis，FFH）从自我知觉的视角对面部表情进行了研究。Laird 的研究发现，如果要求被试采用微笑表情，则对有关他们自己（如他们的幸福感）的判断和对情绪刺激（如卡通）的判断更积极。根据自我知觉理论，被试可以从他们的面部表情推论自己的情绪状态。但这样的推论需要将行为解释为特定情绪状态的表情，即如果一个人知道她在微笑，只能解释为她是高兴的（或愉快的）。

从 RIM 的视角来看，这不是外显行为影响心理加工的唯一方式。自我知觉理论中的推论是由熟虑系统的原则来执行的，而冲动系统允许不同的执行机制。由冲动系统的相容性原则可以推出，行为会直接影响信息加工。进一步来说，如果个体认为激活面部表情的行为图式与评估相容性的思维内容相关，可能还和情绪体验相关，那么就能促进情绪信息的加工。

在这一过程中，通过情绪的享乐特征或行为的趋近-规避功能来调节行为。就诱发的微笑而言，RIM 假设冲动系统促进了积极信息的加工，因此，卡通被评估为“有趣的”，人们也会产生愉快的体验。

在与情绪表达无关的任务中植入面部肌肉收缩，可以检验面部表情是否影响情绪体验。Strack、Martin 和 Stepper（1988）要求被试在评价分散在其他任务中间的几个卡通画时，用牙齿或者嘴唇含住笔。牙齿含笔的姿势激活了用于微笑的颧肌，试验之前阻止被试将他们的面部动作解释为“微笑”。结果显示，用牙齿含笔的被试比用嘴唇含笔的被试，报告感觉到了更多的愉快，对卡通画的评价

也更有趣。

面部反馈效果不依赖于对知觉到的面部表情意义的识别，面部反馈会以更直接的方式影响心理加工，RIM 将此归为冲动系统。

（二）姿势反馈对心理加工的影响

为了检验面部反馈得到的结果是否可以推论到其他的情绪表达方式中，Stepper 和 Strack（1993）以学习不同的工作条件为借口，让试验者采取直立或倒下的姿势进行试验，预期结果是站立的人们能体验到更强的自豪感，姿势被伪装成人体工程学调查。研究结果显示，在之前任务中被诱导相信自己得分高于平均值的被试，当接收反馈时采用站立的姿势，这些被试比接收相同信息时采用倒下姿势的被试，报告的自豪感更强。这提示我们，在不同的表达维度上，以知觉到的身体动作的意义为基础，知识对心理加工的影响取决于推论。这一结果验证并扩展了 Strack、Martin 和 Stepper（1988）有关面部反馈的研究结果。

（三）头部动作对心理加工的影响

尽管面部反馈、姿势反馈对心理加工的影响已得到以上研究的验证，但是仍不能明确解释行为对心理加工直接影响的确切机制。在后续研究中研究者发现了头部动作对词汇识别的作用，这些研究结果解释了部分机制。研究中要求被试在阅读积极或消极词汇时点头或摇头。为了隐藏头部动作作为“同意”或“不同意”的意义，研究者告诉被试点头或摇头的目的是“检查跳舞时耳机是否好用”（Wells & Petty，1980），并且要求被试水平或垂直做头部动作，试验词汇通过录音带播出。

结果正如预期，研究者发现头部动作反映了被试在认知任务中的表现，要求点头的被试更善于识别积极词汇，要求摇头的被试更善于识别消极词汇。另外，试验也表明这不是反应偏见，这反映了某个特定效价的词汇的阈限。研究结果显示，当头部动作与词汇的效价相容时，人们能更好地辨别这个词汇是否呈现过，这表明行为对词汇加工的影响是在编码时。

随后的试验使用双任务范式，也检验了“编码假说”。要求被试学习词汇时点头或摇头，此外，还需要完成一个灵巧的手工任务。如果头部动作促进（或抑制）信息编码，会剩下更多（或更少）的认知能力来完成第二任务（灵巧的手工任务）。研究假设，如果学习积极词汇时点头、消极词汇时摇头，灵巧的手工任务将会完成得更好。相反，如果积极词汇时摇头，消极词汇时点头，手工任务将会完成得更差。研究结果支持了研究假设。中性词汇的研究结果表明，头部动作对信息编码的促进，成为了效价-动作的相容性；头部动作对信息编码的抑制，成为了效价-动作的非相容性。

这些研究结果为头部动作反馈在行为没有即刻评估意义时，对心理加工的影响提供了证据，但这些意义受动机亚系统的调节。在动机亚系统中，行为仅是部分影响因素。在许多文化中，点头是一个“同意”的非语言信号，而摇头是“不同意”。因此，这些头部动作与趋近或规避的定向相连接，影响了行为的冲动调节。将冲动系统调节至趋近定向，能促进积极信息的加工，抑制消极信息的加工。与此相反，将冲动系统调节至规避定向，能促进消极信息的加工，抑制积极信息的加工。因此，头部动作和词汇的效价如果是相容的，将促进信息加工；头部动作和词汇的效价如果是不相容的，将抑制信息加工。

（四）等距肌肉收缩对趋近或规避的影响

研究已表明，动作对心理加工的影响与面部反馈、姿势反馈的影响相似。Cacioppo 和他的同事(1993)研究发现，从桌子底部反压手，激活了胳膊的收缩肌，会产生积极态度决断；从桌子顶部反压手，激活了胳膊的舒张肌，会产生消极态度决断。Cacioppo 认为，收缩肌和舒张肌动作通过之前的联结引发了趋近和规避的动机定向。

Cacioppo 认为，动机定向能被与趋近或规避相容的任何行为所激活，RIM 整合和拓展了这一理念，这也能应用于之前所描述的头部动作对信息加工的影响中，利用收缩-舒张的范式来生成记忆。Förster 和 Strack(1997)早已实施了著名的“姓名复制”试验，研究结果显示，收缩肌收缩提高了对消极暗示名字的回忆。

Neumann 和 Strack(2000)研究中采用不同的因变量，发现了相容性的基本原则和双向性。试验中给被试在电脑屏幕上呈现词汇，让被试判断这些词汇是积极的还是消极的，研究发现，当让被试弯曲胳膊时，积极刺激识别更快；而当收缩舒张肌时，消极词汇识别更快。

Seibt 和 Neumann(2002)将伸缩肌肉的试验程序应用于评估卡通画，结果发现，当被试收缩肌收缩时比舒张肌激活时，报告更多的愉快感。此外，Seibt 和 Neumann 还发现，如果被试收缩舒张肌，会报告由必须站在大量观众前讲话的期望所引发的社会焦虑。

（五）动机定向的直接激活

在前面的研究中，假设行为和对信息加工评估的过程之间存在连接，而这些连接能受之前的动机定向的影响并得到加强。冲动系统会定向于趋近或规避，而这种定向是由加工信息的效价、相容情绪体验，以及知觉到的动作暗示(趋近或者规避)所引发。激活的动机定向(积极信息的趋近定向和消极信息的规避定向)使得相容信息加工的阈限降低，从而引发与定向有关的相容行为。

还可以通过让被试置于情境中的方式激活动机定向，通过增加或减少个体和目标之间的距离来实现。如果距离减少，冲动系统会产生趋近定向；如果距离增加,冲动系统会产生规避定向。结果显示,相容信息的加工更快。

Neumann 和 Strack(2000)的研究也验证了这一观点。研究者给被试呈现一个评估决策任务,即在电脑屏幕上呈现积极和消极词汇,让被试分类。这些词汇呈现在圆的中心,有的圆大,有的圆小。正如在操作检查中所验证的,圆大小的变化,创造了这些词汇向个体移动或远离个体的感觉,尽管字母的实际大小保持不变。正如 RIM 所预测的,目标和个体之间距离的明显变化,影响了评估决策。因此,如果被试产生的是词汇移向被试的感觉,被试对积极效价词汇的分类会更快;如果被试产生的是词汇远离被试的感觉,被试对消极效价词汇的分类会更快。

为了证明这一研究结果的产生不是由于任务的评估特点造成的,研究者采用了相同的范式研究词汇决策任务,刺激材料不仅由积极和消极词汇组成,还包括中性词和非词汇。试验中要求被试判断,屏幕上呈现的一个字符串是不是单词。结果正如预期:如果词汇看上去移向被试,积极词汇的判断更快一些;如果是远离被试,消极词汇判断更快。这表明,促进效应不是由任务的评估特点造成,而是受刺激效价的影响。

三、相容性原则:评估信息对行为执行的影响

根据 RIM,双向性是冲动系统的一个重要特征。即行为能引发动机定向,降低相容信息加工的阈限;受动机定向的调节,信息的效价也会对相容行为产生促进影响。行为在以上描述的试验中既可以作为因变量,也可以作为自变量。

(一)面部动作对行为执行的影响

如前所述,不明显的面部表情操作影响了评估决策(Strack et al.,1988)。RIM 假设,相容信息的加工同时能促进面部动作。Neumann 和 Hess(2001)的研究证明了这一点。试验中让被试必须通过收缩他们的面部肌肉来作出反应,告诉被试:本研究旨在了解由靠近大脑的身体部位(如面部)引发的心理任务反应,是否与由远离大脑的身体部位(如手)引发的反应相同。被试必须收缩皱眉肌或颧肌。当被试评估呈现在电脑屏幕上的词汇的效价时,表面肌电记录肌肉的 EMG 活动。结果正如预期,在颧肌(微笑)的帮助下,对积极词汇的判断更快;而如果被试利用皱眉肌,对消极词汇的判断更快。与之前的研究相似,有些结果还不明确:辨别效果是否依赖于任务的评估特征?对刺激的评估特征是否影响加工?

为了了解上述问题,Neumann 和 Hess(2001)实施了第二个试验,当刺激呈现在电脑屏幕上时,让被试必须指出刺激是积极词汇还是消极词汇,反应必须是收缩皱眉肌或颧肌。研究结果再次显示,刺激效价和动作特征之间的相容性决

定了反应的结果：当用颧肌时，被试能更快地指出积极词汇；用皱眉肌时，被试能更快地指出消极词汇。

这些结果为RIM的双向性假设提供了清晰的证据，面部动作不仅影响对评估信息的加工，面部动作的执行也受信息效价的控制。

(二)等张运动趋近或规避

前文所述的研究表明，积极信息的促进作用和消极信息的抑制作用依赖于收缩肌收缩还是舒张肌收缩(Förster & Strack，1997，1998；Neumann & Strack，2000)。RIM的双向性原则也揭示了这一规律。如果加工的是积极信息，会促进向着个体的运动；加工消极信息，会促进远离个体的运动。

Solarz(1960)给被试呈现带着积极词汇或消极词汇的卡片，被试必须根据这些词汇的性质将这些卡片推离自己或拉向自己。Solarz发现，如果词汇的效价和运动是相容的，被试反应会更快，即如果积极词汇拉向自己、消极词汇推离自己，那么被试的反应就快。

Chen和Bargh(1999)重复验证这一结果。他们让被试评估电脑屏幕上的词汇，然后推或者拉一个杆。与Solarz(1960)的研究结果一致，如果积极词汇拉杆，消极词汇推杆，反应更快。Chen和Bargh(1999)在第二个试验中的研究结果表明，这种相容性的效果不受任务评估特征的影响，如果呈现在屏幕上的任务很简单，也会得出同样的结果。

(三)头部动作对行为执行的影响

前面已述，垂直或水平方向的头部运动会影响积极或消极信息的编码(Förster & Strack，1996)。反之也成立，即消极或积极的信息编码也影响头部的动作。Wells和Petty(1980)的研究发现，如果同意电话中听到的内容，人们会更多地做点头动作。同样，Förster和Strack(1996)也发现：如果被试编码时必须点头，积极词汇增加了点头率；相反，如果被试必须摇头，消极词汇增加了摇头率。

(四)情绪对动机定向的影响

RIM中趋近和规避两种动机定向之间的区别，与Lang和他的同事(Lang，Bradley & Cuthbert，1990)提出的模型相近。Lang和他的同事认为，喜好和反感的动机系统均能促进行为反应。基于生物学和神经心理学的证据，研究者假设：与参与动机系统相关的联结、表征和动作计划，成功执行行为的可能性更高(Lang，1995)。此外，这些动机系统均能由机体的情绪或情感状态激活。大量动物和人的试验研究结果发现，当引发消极情绪时，增加了个体吃惊的反应。如果引发的是害怕的情绪，结果尤为明显。研究同时还发现，如果个体处在积极状态中，吃惊的反应会被抑制。

这些试验结果支持了 RIM 的假设,即动机定向与心理和行为加工相连。同时,冲动系统的动力性和动机定向的角色超越了 Lang 和他同事的研究结果。RIM 将行为既看作因变量,也看作自变量。如前所述,一个特定行为可能会引发动机定向,然后促进相容信息的加工。在 RIM 中,动机定向通过选择性降低评估相容信息的加工阈限,以及相容行为的执行,来实现其功能。同时,动机系统理论为联结提供了重要的生理机制,尤其突出了杏仁核的作用。此外,个体基本需要的剥夺将使之前经常满足需要的行为图式激活。

第四节 冲动系统的重要因素

一、情绪和情感

情绪(affect)和情感(emotion)被看作是熟虑系统和冲动系统的结果。基于 Russell(2003)的情绪理论,RIM 认为冲动系统能生成核心情绪的简单状态,通过熟虑系统能将其转换成更细致的情绪和情感。RIM 假设,个体的核心情绪是指能在快乐特征和唤醒维度中体验到的状态。因此,当高激活或低激活出现时,个体可能会觉得“好”或“不好”。因为个体无法体验到状态的起源,所以个体接受到的情境的、长期的内容会被熟虑系统认作情绪的原因。

因此,最终会导致理性唤醒的同时还伴随着体验过的情绪。例如,人们会觉得他们自己好(或不好),同时,他们会参与由情绪效价直接引发和激活的行为。在情绪图式的基础上,体验和知识的特定结构可以被看作是特殊的情绪。因而,个体会对特定的成就觉得骄傲或对朋友的背叛觉得失望(Neumann, Seibt & Strack, 2001)。

RIM 并不认为特定情绪产生特定行为,它认为,行为图式受习惯的强度、动机定向等影响。此外,熟虑的思考也会进入图示。例如,根据 RIM,打架不是愤怒行为的必然结果,而逃离是恐惧的必然结果,这与 Russell(2003)的模型相一致。RIM 假设,对信息评估的结果使个体产生了增加距离(规避)的动机定向。无论产生的规避定向是远离目标(如逃离)还是消除目标(如打架),最终的决定因素是情境、个体或激活水平(Keltner, Grunfeld & Anderson, 2003)。在此过程中体验到的害怕或恐惧的情绪类别,在熟虑系统中用于表征整体情绪。

从这一点来看,情绪至少会通过两条途径影响行为:第一,核心情绪具有趋近和规避的动机定向,能促进其伴随的行为;第二,情绪体验能分类,并成为演绎推理的基础,并会产生理性和行为决策。

二、自动性

在过去的20多年中，自动性逐渐成为社会心理学中重要的研究主题(Bargh & Ferguson,2000)。一些复杂的社会-认知加工，如目标激活、特质推论以及社会行为的模仿，都被证明了是意识范围之外、无意图、难控制、高效率的。RIM假设，认知程序的自动性是通过频繁的执行来实现的。Bargh (1997)曾提出，任何技能，无论是知觉的、动作的或认知的，需要很少的意识注意，但需要更频繁的、持续的参与。

冲动系统的核心标准是自动性应用，在RIM中如何理解自动性？自动性是独立于意图的。熟虑系统主要通过认知资源和决策产生意图，根据RIM，冲动系统的机制不同于熟虑系统，因此熟虑程序不可能直接向冲动系统转换。

那控制过程如何变得自动？根据RIM，可能有以下几种机制在起作用。

第一种，也是最简单的一种，在熟虑加工过程中，冲动系统中联结储存的内容被应用和激活。如果信息通过演绎程序被转换(如推论消极词汇的效价)，输入到程序中(如消极词汇)，然后再输出(如结果效价)，都将会在冲动系统中被激活。如果这一程序被频繁地重复执行，输入和输出的联合激活将会在两个内容之间建立联结。因此，之前演绎程序的结果会被储存在记忆中，并会被自动提取。这种机制是记忆为基础，仅能预测对新事物或位置自动反应的转换。只有对那些已经练习过的，或者相似事物的反应才能以自动的方式引发。

第二种，RIM也能解释更多的练习的一般效果。RIM的操作原则表明，熟虑程序的频繁执行会使这些程序的表征在以后的使用中更容易。程序表征会与频繁执行的情境产生联结。如果频繁地执行，演绎推理会与其他暂时临近的程序产生联结。所以，复杂的演绎操作会通过练习而变得更高效，因为它们组成更具体的程序，并能被从记忆中迅速提取。

在特定环境下，这些假设限制了自动加工。例如，通过对“否定”进行熟练的认知操作，将会创造语义联结以促进进一步加工。更替能获得“no way”的意思，但对“no way”需要进一步的熟虑加工才能理解，与之前否定使用的频次无关。因此，特定内容的执行归功于频繁练习，而不是从原则中概括。在RIM中，频繁执行熟虑机制也会形成联结，并被纳入冲动系统中。然而，这并不意味着“否定”的熟虑加工过程将会自动化，但它将会被自动化标准的、不同的机制所替代。

第五节　RIM与其他双加工理论概念辨析

RIM对社会心理学各领域均有重要意义，能对社会行为的各种现象作出解释，这个模型也有别于其他双加工模型。

一、RIM与内隐-外显概念的异同

在过去的20多年中，社会心理学中的研究主要集中于各种内隐现象(Farnham,Greenwald & Banaji,1999)，如内隐自尊、内隐刻板印象、内隐偏见、内隐态度、内隐目标等，研究者认为这些变量不仅在意识层面进行加工，还在意识范围之外进行加工。为了研究这些内隐现象，研究者发展了一些新的研究方法，例如评估启动方法，情绪变量的Stroop和Simon任务。因为有意识的评估存在社会期许效应等问题，这些测量方法不是对态度目标自身的有意识评估，而是对无意识加工进行测量，考察的是通过态度目标自动引发的机制。

RIM与外显-内隐模型在概念上有许多相似之处，均认为存在不同的机制调节行为。但在某些方面两者持有不同的观点。①RIM认为两个系统是并行加工且相互作用。而大多数外显-内隐模型假设，内隐和外显加工对行为的操作是连续模式。②RIM对两个系统的分割，不是建立在有无意识的基础上。RIM没有将有无心理加工的体验作为区分标准，因为目前还不知道意识是如何在心理过程中产生的。意识通常被看作附属现象，而非引起现象的原因驱力，也不是认知的整合成分。此外，将加工分为有意识的和无意识的，但很少有关于操作的信息。因此，熟虑-冲动模型不使用内隐态度、内隐刻板印象、内隐目标或内隐自尊等概念。

内隐社会认知领域的研究者将更多内隐现象的独特特征细化。例如，Wilson等(2000)提出，内隐态度比外显态度变化更慢，更容易对自动行为产生影响。Greenwald等(2002)的研究将认知平衡原则纳入进来，揭示了内隐联结的机制。RIM提出主要在操作特征上探寻内隐-外显的区别。与其他双加工模型一致，RIM将内隐加工置于冲动系统，而将外显加工置于熟虑系统。具体而言，RIM中的概念主要使用心理加工的内隐、外显，而不是心理内容的。因此，态度被定义为由熟虑评估“什么是好的、什么是坏的”而产生的信念，联结用来描述冲动系统中概念和评估反应的联系。刻板印象信念与刻板印象联结之前的区别也是如此。

这种概念化影响着对内隐测量的解释。尽管内隐概念、内隐测量已广为人知，但是它们所评估的心理状态是什么仍不明确。一些学者认为，内隐测量识别

了内隐态度或内隐刻板印象，另一学者喜欢将测量本身看作是内隐的，但不是态度(或者相似概念)。从RIM的视角来看，外显和内隐测量用它们采用的认知操作来定义。从这个角度来看的话，外显测量考察了人们的知识或信念，内隐测量考察了联结结构。

RIM中除了重新定义了内隐-外显二分法，还有助于理解外显-内隐机制如何影响行为。尽管有研究者提出，内隐和外显对行为的影响路线不同，但是许多双加工模型对于这种影响的认知或动机结构无法作出解释。RIM通过概念和行为表征之间的内在联系、动机定向，能解释冲动系统和熟虑系统对行为的影响。

二、各理论中的自动态度激活

许多研究已表明，态度能被快速、有效、无意识地激活，甚至是对态度目标知觉的无意识。在Fazio(1990)提出的动机-偶然性模型(motivation and opportunity as determinants of processing, MODE)中，阐释了情境下的态度会自动影响行为。Fazio认为，只有强的联结态度才能发挥自动影响的作用，态度自发影响行为主要是通过影响对情境的知觉来实现。然而，如果动机和认知资源高，熟虑的考虑和在记忆中的搜索会占优势，能决定对情境的知觉和行为的执行。

在熟虑选择这一点上，RIM与MODE的机制相一致，但是两者在非熟虑加工机制上不同。两个模型都假设，目标可以与积极或消极效价联结。MODE模型认为，积极和消极联结的激活会调整对情境的知觉，然后以自发的方式影响行为。RIM认为这个机制可能存在，并且它还提供了另外一种解释，认为这一过程不需要熟虑系统的操作。RIM认为，行为受由加工内容效价所激活的动机定向的促进作用。冲动系统中知觉可能直接与行为图式联结，甚至比MODE模型的路径更直接。

从RIM的视角来看，态度的行为成分既有熟虑的含义，也有冲动的含义：熟虑认为行为决策来源于评估，冲动认为动作倾向直接与对态度目标的评估特点联结。

三、双加工理论中的直觉和启发式决策

双加工理论丰富了社会心理学的研究领域，区分了以原则为基础的加工和以联结为基础的加工。决策产生的方式有时不易觉察，有研究者曾提出，决策会使用心理捷径来节省时间和努力。Tversky和Kahneman(1974)通过一系列决策启发性试验验证了这一点。一些双加工理论学者综合两个系统，提出启发式决策和非启发式决策是由有着本质区别的两种加工而产生的。首先，在一个系统模式中，决策的形成遵循以原则为基础的理性加工或逻辑原则。其次，在一个

直觉或启发模式中，决策以各种简单联结程序为基础产生，并能在非最优条件下承担决策任务。

表面上看，RIM 中也反映了以上两种决策方式的区别，但事实并非如此。因为 RIM 中没有可以供人们选择的社会决策的熟虑或冲动方式。RIM 假设，只有熟虑系统产生决断和决策，而冲动系统中是并行操作。

那么 RIM 如何解释直觉和启发决策？RIM 认为，决策的产生是建立在对"通过决策我们的目的是什么"的细致分析上，而不是产生于系统的方式。因此，系统加工的捷径似乎在 RIM 中得到了认可，但系统加工需要耗费大量努力和时间。从 RIM 的视角来看，有三种途径可以实现系统加工，分别由理性的、经验的或行为的加工来驱动。

RIM 认为，理性的捷径是建立在目标特征上的简单推论。例如，一个有说服力的长信息比短信息产生的信念更有效。因此，长度也意味着强度，并在推论中被当作一个前提，并允许个体作决策时无须仔细检查每一个争论。在与此相关的方式中，相似性原则意味着分类会简化命题的类别，并需要使用基本概率论进行复杂的操作。

以经验为基础的捷径，被看作是以主观体验为基础的简化推论。例如，努力作决策时所体验到的感觉，会成为对目标进行推论的基础。事件发生的可能性由体验到的心理努力决定。同样，情绪体验（当前心境）会成为个体关于幸福感或消费商品决断的推论基础。

理性和经验成分被综合在第三条途径中，能迅速由 RIM 中描述的加工机制产生，即决断以由冲动系统产生的行为倾向或动机定向为基础。进一步扩展自我知觉理论的逻辑，关于个体行为倾向的理性的、经验的表征，会在行为执行前进入熟虑系统。因此，个体在趋近一个给定目标时，会将这种体验转化成知识，并使用它对目标进行推论。

根据 RIM，冲动系统在直觉和启发式决断中起到了被动作用，心理捷径的应用主要体现在冲动系统对经验和联结的唤醒。在熟虑系统中，心理捷径的应用体现在推理的简化原则上。事实表明，以理性的和经验为基础的表征如果缺少，决断会加以矫正，在对情境的矫正机制中，情绪也被用作信息，这也被 Schwarz 和 Clore 多次证明。

尽管 RIM 似乎试图联系非系统决断和直觉或启发式加工，但是它所提供的解释与其他双加工理论不同。RIM 指出，尽管熟虑系统中也有决断或决策，但是更应考虑熟虑系统与冲动系统的相互作用，这在经验性的捷径中体现得尤为明显，即个体必须要求在什么条件下、在决策流程的什么点，主观经验会进入熟虑系统。

四、调节聚焦

调节聚焦理论(Regulatory Focus Theory,RFT;Higgins,1997)是动机科学中最有影响力的理论,该理论预测体验或期望的积极和消极事件如何引发趋近和规避策略。其实这一主题研究者们已经关注了很长时间,RFT 与传统观点或享乐论相一致,认为积极效价的出现作为结果(获得),会引发相似的趋近定向,这被称为提升聚焦;认为消极效价的出现作为结果(失去),会引发规避定向或阻止聚焦。然而,RFT 超越了享乐原则,因为考虑了非获得和非失去作为结果的动机效果。根据 RFT,个体考虑非获得作为个人行动可能的结果,并与提升聚焦相联系,会引发趋近的动机或行为,但引发的动机或行为是负效价的;个体考虑非失去作为个人行动可能的结果,会引发阻止聚焦,并产生规避的动机或行为,但引发的动机或行为是负效价的。

针对这一问题,RIM 有不同的解释。RIM 假设动机定向的类型由操作在熟虑或冲动系统中是否被执行而决定。RIM 认为,冲动系统与享乐原则相联系。例如,积极刺激促进趋近,消极刺激促进规避,但不能提取出"否定"的意思。因此,冲动系统不能以命题的形式表征非获得或非失去,而仅是以联结的形式存在,在个体体验获得频繁回报的情境中尤其如此。例如,一名非常优秀的学生会经常被所有老师表扬,同时,一些外部线索会标记奖励的疏漏情况,即"非获得"。这名学生会习得"自己经常被表扬",但除了在上数学课时,因为她的数学老师不喜欢她,除了她之外会表扬任何人。在这种情境下,冲动系统的操作原则会预测数学老师会与该学生的挫折感产生联结,并作为消极刺激的信号存在,并且会引发趋避定向。同样也可以预测,该学生会标记其他课程老师的非惩罚与积极情绪产生联结,并引发趋近定向。

如果关于非获得和非失去的信息是通过口头传达,则会产生不同的模式。在这种情况下,时间效价会从否定陈述中进行熟虑推论,并以此为条件,效价也储存在记忆中。此外,因为假设熟虑操作的内容是从冲动系统中提取的,因此否定概念将会被激活,从而引发相一致的动机定向。如果一个学生处在这种情境中,听到"如果你这次测试不成功,你就不能得到好成绩"的话,在冲动系统中,听到这个句子会激活概念"成功""好"以及"不",主要是积极效价。因此,知觉到关于非获得的语言描述会激活趋近定向。同样,觉察到非失去的语言描述,将会激活规避定向。

总之,RIM 关于非获得和非失去的信息的预测,会出现相反的效应,这主要由识别刺激的传达方式来决定。传达方式包括联结学习和包含否定的口头方式。如果是通过联结学习的方式,非获得会引发规避定向,因为它们提示了挫折感和与之伴随的消极情绪;包含否定的口头方式预测趋近定向,因为在记忆中激活了积极概念。但到目前为止,这些预测还没被试验检验。

许多试验结果支持 RFT 中动作-结果期望由语言表达的预测,而在操作学习和巴甫洛夫的动物试验中,非获得和非惩罚线索是通过联结学习来获得的。但是,人类和动物试验在结果上会有不同。人类被试的试验支持了当信息由口头传达时 RIM 的预测。例如,Crowe 和 Higgins(1997)试验中的被试如果在练习中不是表现很差(阻止聚焦),就不用必须完成一个自己不喜欢的任务,而另一些被试如果做得不好(提升聚焦),必须完成一个不喜欢的任务。在许多认知任务中,阻止聚焦的被试更谨慎、更慢,比提升聚焦的被试更准确。来自动物的试验证据支持了 RIM 关于联结学习的预测。在一个试验中,先让小白鼠习得高音与电击相联系,然后小白鼠有机会按一个杠杆获得牛奶。如果同时呈现惩罚的信号,这种类型的趋近行为会被压制。结果显示,非惩罚的信号(低音)促进了趋近行为,使其高于基线反应。Klein(1996)的综述表明,非获得的条件信号能促进规避行为,非惩罚的信号能抑制规避行为。

综上,RIM 将调节-聚焦现象解释为:调节-聚焦现象是熟虑和冲动机制联合作用产生的结果。RIM 将间接口头激活和直接条件激活的差异,看作是由冲动系统和熟虑系统不同特征所产生的结果。但是,只有动物试验支持这一解释。在人类被试中,允许直接期待和间接期待的直接激活,但还需进一步检验。

第六节　小结

RIM 认为,行为不仅由对其可能性和价值的评估所决定。这意味着,社会行为不单是由人们的态度所决定的,还需要考虑冲动系统的影响,并研究冲动系统与熟虑系统各成分的交互作用。这一理论建构将动机科学的概念整合到双系统理论中,并能解释很多的现象。如习惯的行为、有意图的行为、自发的趋近行为、自发的规避行为、知觉-行为连接、剥夺的效果等。除整合了动机科学的理论,RIM 还对其他一些现象的解释做出了重要贡献,这些也是在其他模型中不能得到解释的。这些现象从逻辑上来看,是由它的理论和操作特点产生的。如否定的加工、自动社会认知的缺陷、调节-聚焦的机制等。

RIM 还有更重要的贡献,它提出的视角会弥补一些被看作是社会心理前因的现象,如大众行为的心理机制。社会心理学家在解释人们的行为不是由态度引导时,仍然束手无策,如恐慌、破坏、放纵、攻击暴力等行为。RIM 不用借助于为解释这些问题而常用的一些方法,如催眠、在非理性条件下等。RIM 对冲动行为的理解就是在它们所发生的条件下,这也为研究者们解释社会行为提供了更广阔的空间。

RIM 还适用于神经科学的研究方法。尽管针对特定的大脑结构，很难将熟虑系统和冲动系统连接为一个整体，但是，能研究 RIM 中特定的心理加工。以冲动的攻击行为为例，RIM 将其归结于熟虑失调。神经科学家也得出了令人信服的证据，显示这些失调与前庭杏仁核的损伤有关。此外，伏隔核的损伤会导致冲动系统的缺失(Cardinal et al.,2001)。

熟虑产生的态度和冲动系统的联结属于不同操作系统，这也被神经心理学研究所支持(Phelps et al. ,2000)。脑成像的研究结果显示，冲动系统揭示了人们对非裔美国人的偏见，这与熟虑表达的种族态度不一致，而杏仁核的活动与冲动行为有关。这表明，在熟虑系统加工之前，杏仁核能快速侦查刺激效价。熟虑系统能灵活、快速地获得信息，冲动系统只能缓慢地改变表征。研究显示，这与大脑皮层和海马的结构有关。

RIM 还能解释行为失调。1964 年，针对社会和异常现象的心理学研究发表，自那时起，正常和异常行为被看作属于不同类别，并由不同的理论来解释。从 RIM 的视角来看，这两类行为的区别只是度的问题，而非种类的差别。所谓的“异常”常被描绘成仅通过一种系统长期决定行为，例如“成瘾”，被看作一种很难通过意图控制的行为，还有其他相类似的行为，如暴食、赌博、看电视、上网等。另外，恐惧行为也被看作主要受冲动系统控制，刺激和恐惧反应之间形成自动联结，并且可以通过内隐测量来评估。IAT 的研究结果表明，抑郁会与对有关自己的消极信息的评估相伴。RIM 对群体惊恐反应的解释是，唤醒降低了熟虑加工，同时，观察其他人的惊恐表现和行为会引发自己的规避反应；反过来，惊恐进一步提高了唤醒。

社会心理学的研究应该意识到，社会行为的冲动决定性，以及冲动性机制的必要性。尤其需要关注冲动系统各因素与熟虑系统各因素之间的相互作用，有必要研究驱动系统的整个机制，了解它在非完美环境下，引导行为的适应性价值。

人类是理性动物的观点仅部分成立，行为不仅由它所期望的结果决定，也由理性控制之外的力量驱动，仅关注独立的任何一方面都不够。因此，有必要研究两个系统对行为的决定作用。

第四章　熟虑-冲动模型在健康领域中的应用

由 Strack 和 Detuck(2004)提出的熟虑-冲动模型,认为健康行为是由两个独立系统控制的,分别是熟虑系统(理性系统)和冲动系统(直觉系统),这两个系统的表征原则和信息加工原则不同。在熟虑系统中,健康行为是决策过程的结果,个体需要权衡和整合价值及行为可能带来的结果,然后形成决策,一旦作出决策,熟虑系统通过自我决定机制-意图来激活相应的行为图式,从而激发相应的行为。冲动系统中,通过扩散激活的方式来激活行为图式,扩散激活可能源于知觉输入或直觉过程,行为可能不是由个体的意图或目标引发。此外,行为图式的激活可能会受动机定向或剥夺的调节。

第一节　RIM 在健康行为中的应用

一、冲动系统对健康行为的影响

根据 RIM 的观点,由于与输入的知觉刺激相互作用,联结线索在长时记忆中被激活,并由冲动系统引发冲动。这些联结线索由在时空上接近的外界刺激、情感反应、联结行为共同激活而建立、强化。例如,对身体锻炼的重复体验会产生联结线索,即身体锻炼、机体产生的情感体验、产生情感的行为(进行身体锻炼)相联结。一旦联结线索形成,当有与内部激活状态相近的概念输入时,这些联结线索能被再次快速激活。这些联结线索能让机体对环境快速作出反应,以适应个人的需求和之前的学习经验。再次激活或自动激活的冲动包括:由身体锻炼导致的情感体验,趋近或规避身体锻炼的行为图式。

以吃薯片为例,个体对薯片的重复体验会形成联结线索,即薯片、机体产生的积极情感体验、产生积极体验的行为(吃薯片)相联结。联结一旦形成,当有与内部激活状态(如渴、饿或其他享乐的需求)相近的概念输入时,这些联结线索能再次被快速激活,让机体准备好评估环境,并对环境快速反应,来适应个人的需求和之前的学习经验。例如,个体在聚会上看到一包薯片,但他并不十分满足。在这其中,相应的联结线索再次激活或自动激活的冲动包括:①由薯片导致的积极体验;②趋近并消耗目标的相应的行为图式。

联结线索逐渐形成,联结过程独立于意识过程,个人无法对联结作出对错判断。此行为决定的冲动过程也不需要意志努力来执行,即冲动在大脑运动中枢中激活联结行为图式,无须认知资源的参与。

二、冲动系统的测量

根据RIM,冲动系统测量的方法需要满足以下几个条件:①测量需要深入由外界刺激引发的、产生享乐或行为反应的联结结构;②由于冲动的形成不受意识控制,因此冲动测量也需要减少意识控制;③冲动评估需要足够敏感,以捕捉因个体需要状态变化而引起的冲动强度的情境变异性。

根据以上分析,内隐测量方法,如内隐联想测验(implicit association test, IAT)、情感错误归因程序(affect misattribution procedure, AMP)以及记忆联结测量等,能测量冲动的享乐成分。其他方法能测量冲动的行为成分,如"小人"任务(manikin task)能测量评估对诱惑刺激的趋近-规避反应。

除非通过外显的指示来要求这个人如何做,否则内隐测量的反应很难控制。内隐测量在机体需求状态(如剥夺或渴望)的评价方面比较敏感,这意味着内隐测量能敏感地捕捉到稳定(特质)变异的来源对冲动性的影响。

(一)IAT测试

1. IAT测试简述

在内隐社会认知的研究领域中,内隐联想测验应用最广泛。由于IAT是一种相对测量,其不足也逐渐显露出来。IAT对内隐联结进行测量,它仅限于测量能构成类比对的概念和态度。IAT使用概念和属性的互补对,考察一目标对象相对于另一目标对象而言与某一属性的联结程度,如好—坏,快—慢,积极—消极,自己—他人,年轻—年老,喜欢—讨厌等。但是,并不是所有的研究对象都可以找到与之相类比的类比对。如要实施人们对膨化食品态度的研究,选择什么作为类比对象呢?所以,用IAT研究对某个单一对象的态度时,没法选择研究对象的类比物,即使选择了某一对象作为类比物,可能会对研究结果产生影响。如考察身体锻炼相对于看书、写字、吃饭等与积极情感或消极情感的联结程度,试验的结果并不能说明人们对于身体锻炼积极,对看书消极,或者对看书积极,对身体锻炼消极,只能说相对于看书、写字来说,人们对身体锻炼更为积极或者更为消极。

(二)SC-IAT 测试

Karpinski 对 IAT 测验加以修正，提出了 SC-IAT，来测量被试对单一态度对象之间的联结程度。

1. 程序

(1)筛选测试词汇，包括某一态度对象的有关词汇、积极词汇、消极词汇。

(2)编制测试程序

一般使用 E-prime 或其他软件编制 SC-IAT 测试程序。常用的测试程序如图 4-1 所示。

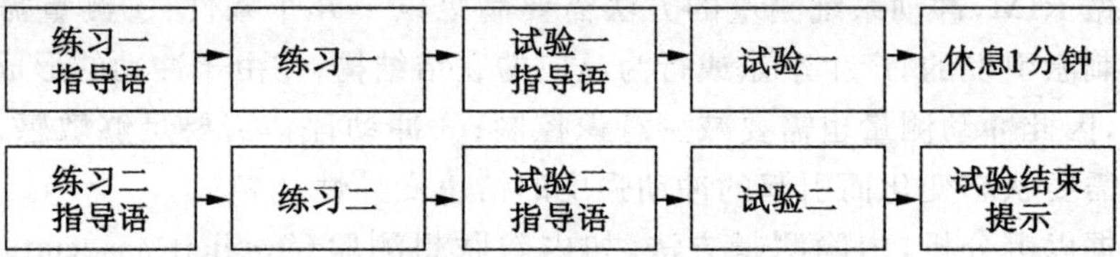

图 4-1　SC-IAT 测试常用流程图

设置“态度对象词汇＋积极词汇”为相容任务，“态度对象词汇＋消极词汇”为不相容任务。

试验一：“态度对象词汇＋积极词汇”测试。将态度对象和积极词汇分在左键上，消极词汇分在右键上。态度对象词汇、积极词汇、消极词汇，以 7：7：10 的比例呈现，因此有 58％的正确反应在左键上，42％的正确反应在右键上。

试验二：“态度对象词汇＋消极词汇”测试。将积极词汇分在左键上，态度对象和消极词汇分在右键上。态度对象词汇、积极词汇、消极词汇，以 7：10：7 的比例呈现，因此有 42％的正确反应在左键上，58％的正确反应在右键上。

Karpinski 和 Steinman (2006)研究显示，为了保证测验的信度，练习至少为 24 次，测验次数至少设置为 72 次。试验中，靶词在被试作出反应之前一直呈现在屏幕上，如果被试在 1500 ms 内不能作出反应，一个红色“请尽快回答”的提醒将呈现 500 ms，字体大于靶词的字体，让被试产生紧迫感，有助于减少研究参与者在作反应过程中进行控制加工。练习阶段，研究参与者在反应完之后会给予即时反馈，反应正确时在屏幕中央呈现蓝色的“YES”，持续 150 ms；反应错误时在屏幕中央呈现红色的“NO”，持续 150 ms。

2. 数据处理

SC-IAT 的测验结果采用 D 分数来表示。一般计算程序如下：①错误率大于 20％的被试的数据删除；②反应时高于 10000 ms、低于 350 ms 的试验(trial)删除；③修改错误反应的反应时，将其替换成其所属组块的正确反应的平均反应时加上 400 ms 的惩罚;④计算不相容任务与相容任务的平均反应时之差,再除以所有正确反应(不包含原先错误反应)的反应时的标准差,所得数值即 D 分数(艾传国,佐斌,2011;Karpinski, Steinman, 2006),用 D 分数表示情感联结。

根据 Karpinski、Steinman(2006)计算 SC-IAT 内部一致性系数的方法,将每位被试的测试数据按奇偶分成两部分,分别计算相容任务与不相容任务的平均反应时,再分别计算 D 分数。如此一来,每位研究参与者有两个 D 分数。计算所有研究参与者两个 D 分数的相关系数,即内部一致性信度系数。

GNAT、EAST 和 ST-IAT 等,被用来测量和评定单一目标的态度的方法,信度较低。Karpinski 通过对碳酸饮料的偏好、自尊水平、种族态度等的研究,得出 SC-IAT 的内部一致性信度系数为 0.55～0.85,平均信度系数为 0.69。SC-IAT 存在较小的伪造或自我陈述,可以作为一种内隐社会认知的测量方式。

(三)“小人”任务

Krieglmeyer(2010)的研究中要求被试根据条件操纵杠杆:拉杠杆使积极词汇朝向自己,推杠杆使消极词汇远离自己,或者相反,来测量被试对某一事物的趋避反应。研究结果显示,趋避反应在相容任务和不相容任务中,反应时呈现显著差异,相容任务的反应时比不相容任务短。常用的范式有杠杆任务(joystick task)、杠杆反馈任务(feedback-joystick task)和“小人”任务(manikin task)。

“小人”任务以“具身认知”观点为基础,基于自身和物体之间的距离变化定义趋避反应形成的试验范式。研究发现,“小人”任务的敏感性最高,其次是杠杆反馈任务,再次是杠杆任务。“小人”任务是最理想的测量趋避反应的方法。对此的解释:“小人”任务中,“小人”具有象征意义,对距离的界定也较为清晰,与人本能的“趋利避害”相一致,“小人”与刺激的距离减小时趋近,与刺激的距离增大时规避。与杠杆任务相比,小人任务能有效分离刺激情绪效价与趋避反应标签效价之间的作用。如图 4-2 至图 4-4 所示。

“小人”任务试验中,要求被试通过移动键上下移动小人。屏幕中央呈现固定的“十”,在移动小人前,被试持续按住某个键,小人在屏幕上半区或下半区呈现,呈现的概率相同。小人呈现后,身体锻炼或坐着的图片呈现在屏幕中央,要求被试尽快准确地朝向身体锻炼、远离坐着的图片,或者相反。如果出现错误反应,屏幕中呈现反馈。按第三个键后的 500 ms,下一个试验开始前,屏幕呈现 1000 ms 的清屏。被试完成 2 个组块的试验,由 12 个练习的试验和 64 个测试的试验组成。每张图片在屏幕上方和下方各呈现 2 次。在一个模块中,要求被试趋近身体锻炼的图片,规避坐着的图片,在另一个模块中相反。

图 4-2　身体锻炼的图片

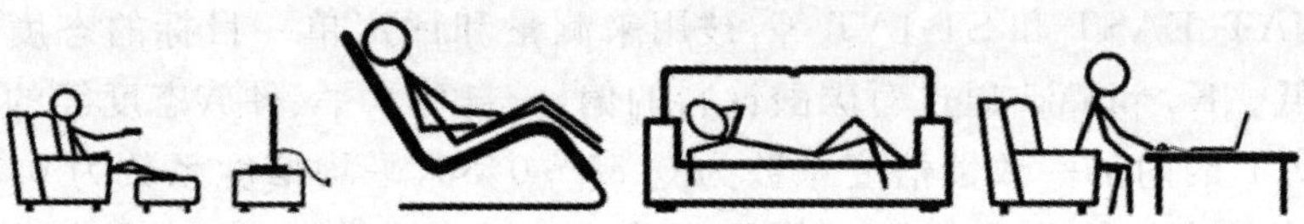

图 4-3　坐着的图片

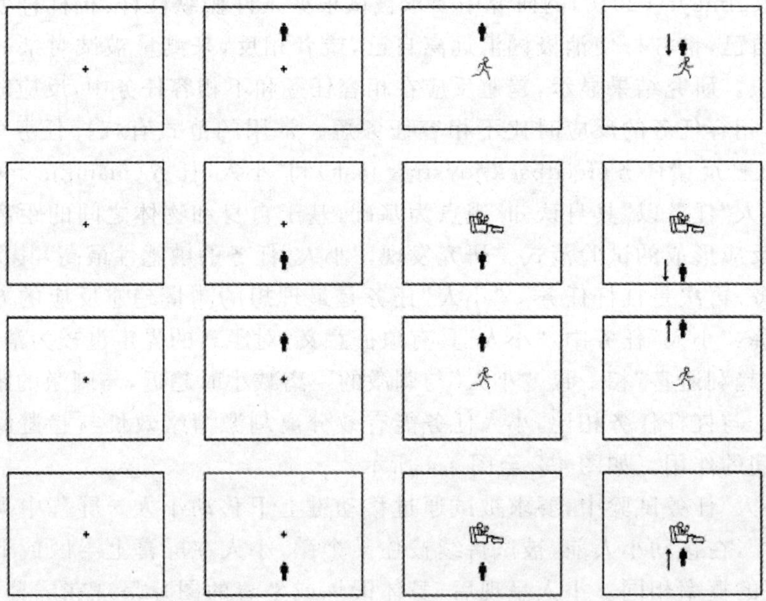

图 4-4　“小人”任务试验程序

试验结束分析呈现图片到按键的反应时。在分析数据前，剔除错误率大于4.6%，以及反应时小于150 ms或大于1500 ms的数据。计算反应时的平均值，用被试对身体锻炼或坐着的趋近反应时减去规避反应时，表示对身体锻炼或坐着的冲动趋近。正值代表趋近行为，负值则表示规避行为。

三、熟虑系统对健康行为的影响

如果冲动不被禁止，容易干扰长期目标或在某方面形成个体内冲突，因此，自我控制是日常功能的核心能力，能够增加对熟虑系统的执行，熟虑系统可被看作进化了的智力(Strack & Deutsch，2004)。熟虑系统采用高秩序的心理操作，这为决定和行为提供了相对灵活的控制。例如，如果个体纵容自己吃甜食，就会与个体控制体重的目标形成冲突，所以要通过自我控制来禁止冲动系统的作用。熟虑系统采用高秩序的心理操作，包括：①执行功能，如作合理决断和评估；②为实现目标集合战略的行动；③抑制和控制占优势的反应(如冲动或习惯)。这些心理操作通过相对慢的、建立在语义表征和操作基础上的控制过程为决策和行为提供灵活的控制，RIM 假设熟虑系统产生行为决策，然后激活运动中枢相应的行为图式。例如，如果控制标准和觉察到的实际情景产生矛盾，就会产生抑制或控制行为的决策。然而，熟虑系统中决策、行为的灵活性对行为控制带来许多缺点。即，熟虑系统中所用到的认知资源存在有限性，如果认知资源下降，个体或许会不能觉察控制目标和实际状态之间的差异，或不能抑制或控制冲动的影响。

熟虑系统易受一些因素如疲劳、情绪和一些物质如酒精等的影响。由此可知，为何人们知道吸烟、酗酒、暴食等的危害，但在疲劳、抑郁或喝醉的情况下仍去这么做。

Baumeister 和他的同事在健康相关领域自我损耗的研究中，已证明自我调节需要意志力。Baumeister 和他的同事研究还发现，自我控制资源是有限的，自我控制损耗自我调节资源，损耗后需要时间去补偿。有研究显示，在自我控制任务中自我调节资源损耗的被试，比起没损耗的被试食用更多的非健康食品、喝更多的酒精饮料、参与不克制的性行为。除了自我损耗，大量其他情境变量也干扰健康行为正常的自我调节，如认知载荷、情绪问题、饮酒等。研究表明，酒精除有急性效应外，在青少年群体中，饮酒和物质滥用对自我调节能力也有长期负效应。

与健康行为自控能力有关特质的作用，在个体间和个体内的差异已得到检验。与责任相关的特质与风险行为(如酗酒、不健康饮食、吸烟、风险性行为等)负相关，与健康行为(如身体锻炼、安全带使用等)呈正相关(Bogg & Roberts，2004)。Tangney、Baumeister 和 Boone(2004)的研究发现，自控特质，即为控制非需要行为倾向和限制非需要行为的长期倾向的能力，与非健康行为负相关。冲动性，即不经深思熟虑行动的一般倾向，与非健康行为正相关。冲动性的个体差异主要体现在行为趋近和行为激活系统的基础上。

四、熟虑系统的测量

根据 RIM,熟虑系统中语义内容的形成以有意识经验为基础,因此,自我报告等言语测量方法适合测量健康行为的前因,如合理态度(reasoned attitudes)、控制标准(restraint standards)、行为意图、与有意识目标追求相关的认知结构(如自我效能)。目前研究中,也均采用问卷法来测量熟虑系统。

熟虑、冲动的行为决策成分需采取不同的测量方法。

五、熟虑和冲动系统冲突条件下对行为的作用

冲动系统诱发的行为与熟虑系统激活的合理行为之间存在两种关系:①两者是相容的。如渴了喝水,没有自我控制冲突。②对许多健康行为而言,两种系统的行为含义是不相容的。如节食者被邀请参加享受高热量的大餐,既体验到诱惑刺激的冲动,同时又需要克制冲动;知道身体锻炼的益处,但是冲动系统中疲劳、单调等的情感联结(affect association)又激活规避身体锻炼的行为图式。

RIM 假设两个系统接受同一个行为执行的最终机制,即行为图式的激活,哪种行为图式胜出依赖于竞争图式激活的强度。因为两个系统遵循不同的执行特点,特定情境或特质的边界条件会改变图式激活的优势。例如,与自我控制资源相关的情境因素,如自我损耗、认知负荷、酗酒,会通过降低语义表征或限定标准的能力而损害熟虑系统。如果个体特质自控能力低,会产生同样的结果。如果熟虑系统不能进行有效自我调节,激活禁止或控制行为的图式,冲动系统引发的行为图式会胜出。相反,在自我控制资源充足的条件下,熟虑系统占上风。当然也有例外,例如利用这些资源进行控制的动机较低。

六、健康相关行为的预测

一个更完整的健康行为模型不仅要关注合理态度,还需要整合特定冲动对行为的影响。原因如下:①尽管大多数模型对健康决策和行为的决定因素有明确假设,但是这些模型中的合理态度等是高级的心理推理和意图过程,这与在特定情境下诱惑刺激引发冲动行为倾向的过程不同。②尽管在有些研究中,自我控制和它的边界条件已得到检验,但是这些研究中得出的仅是冲动与熟虑对行为不同影响的间接证据。如从观察行为结果的群体差异中进行推论,喝酒的人比不喝酒的人表现出更强的攻击性,所以他们受冲动影响更大;或者从限定规则对行为调节效应的分析来进行推论,在特定条件下,冲动对健康行为的影响较大。需要更直接的研究来得出结论,冲动前因对行为产生了更大的影响,熟虑前因的影响降低。③有些人格相关的自我控制和冲动性特质在激发或保持健康行

为能力方面表现出重要差异,但这些研究结果无法解释决定成功或失败的内在过程,并且在解释受情境影响较大的健康行为时不敏感。因此,研究行为产生的过程有助于了解个体健康行为受冲动和熟虑影响的机制。

根据RIM,健康行为是熟虑加工、冲动加工和边界条件交互作用的结果,个体可能不仅在理论态度和限定非健康行为的标准上不同,还可能在对诱惑刺激的冲动反应上不同。因此,熟虑系统与冲动系统都应作为前因变量纳入已有的健康行为模型中。

健康行为模型需要包括:①熟虑前因;②冲动前因;③改变一个或另一个前因权重的情境及特质变量,如图 4-5 所示。

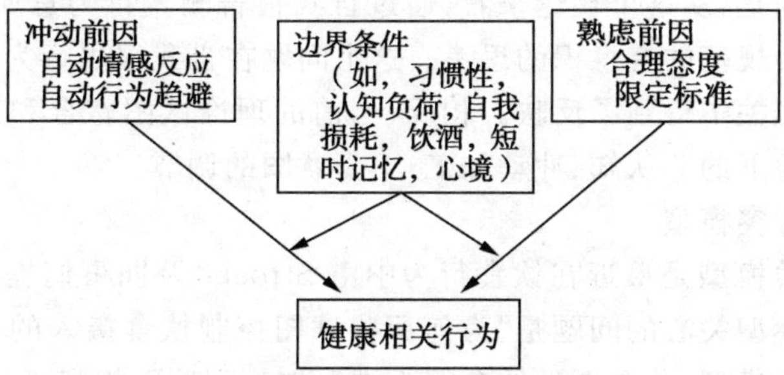

图 4-5 冲动前因与熟虑前因及相关边界条件(调节变量)对健康行为的预测

依赖于个体所处的特定情境,健康相关行为能更好地被熟虑前因(合理态度,限制标准)或冲动前因(自动情感反应,自动趋避行为趋势)预测。与控制资源充足的条件相比,在低自控资源的条件下,对诱惑刺激的自动情感反应会对健康行为产生更大的影响。相反,在充足控制资源的条件下,合理观点或控制标准会提高熟虑控制。三方面因素的综合考虑,比起单独考虑某一方面或许能对健康行为作出更精确的预测。

总之,有关自我控制和健康行为的模型和研究主要关注:①模型描述,通过个体采取理性行动来参与健康相关行为的决定因素和过程;②影响自我控制、条件和策略的能力;③与健康行为成功调节有关的个性因素。

七、在健康领域 RIM 与相关模型的异同点

(一)社会反应模型(social reaction model)

健康行为不仅是设想和计划合理过程结果的观点,还拓展了合理行动理论。可争论的是,最著名的修改是 Gibbons 及同事们将合理行动理论拓展到健康风险行为的社会反应模型。这个理论部分由个体参与健康相关行为的意图和后续

的实际行为之间的矛盾激发,也通过观察期望价值理论预测自我报告行为优于实际观察的行为。对这些差异的一种解释是,合理行动理论或许在解释非理性或冲动行为方面缺少效力。为了提高这些模型的预测效度,社会反应模型将一种对健康风险行为的直接预测纳入模型,超过或高于行为意图的,称作"行为意愿"(behavioral willingness)。行为意愿的测量不同于行为意图,个体被要求思考风险诱惑情境(如性诱惑),并要指出在某些情境下,他或她是否会从事这些风险行为(如不戴避孕套),尽管他或她最初并不想进行这项行为。

社会反应模型与双系统概念相似,它明确承认健康行为通常不是像合理行动理论中的计划那样,而是由情感负荷、情境中有说服力的特征所驱动。与当前理论最大的区别是,从这个理论来看,通过自我报告测量行为意愿,不能阻止对风险情境和社会规范的有意识的思考。这个问题在自我报告行为意愿和行为意图之间的大量相关中得到了反映。相反,当前的理论试图整合和直接测量对诱惑情境吸引体验下的非认知、冲动加工,不受意图的调节。

(二)目标冲突模型

第二个相关模型是最近在饮食行为中由 Stroebe 及同事们提出来的目标冲突模型。这一模型关心的问题是"为何那些试图控制饮食摄入的人们节食经常失败?"根据这个模型,节食者的饮食行为被看作是两种不相容目标之间的冲突:吃的快乐和控制体重。

饮食行为的目标冲突模型基本上可以扩展到其他健康行为中,在这其中,人们要面对诱惑刺激和他们的目标之间的冲突。这一模型和当前的双加工模型有许多共同之处:①明确考虑了外在刺激对自我调节的影响;②假设行为倾向和享乐原则不相容。这两个理论的不同之处在于,目标冲突理论假设饮食和解释行为背后加工过程操作的对称性,因为两种行为都被看作接受相同加工和相同的调节机制。两种影响相同的结果就是,目标冲突理论需要另外的假设来解释为何一个目标(如控制体重)比另一个目标更焦点,为何这个目标在特定因素下(如资源损耗)更容易妥协。相反,双加工理论假定不对称操作,一方面是冲动系统的短时享乐行为,另一方面是高秩序的、能力消耗的合理行动过程和长期目标。

第二节　冲动系统和熟虑系统对健康行为影响的实证研究

已有研究考察了 RIM 在饮食行为、酗酒行为、药物滥用和性行为等方面的应用,也有研究者在身体锻炼中检验了冲动系统的作用(史伟锋,毛志雄,2011;Bluemke et al.,2010)。

饮食行为、酗酒行为、药物滥用和性行为等领域的研究结果表明,熟虑系统与冲动系统都对健康行为产生影响,两者对健康行为的作用受一些变量的调节。调节变量可以分为三大类:①与控制资源有关的调节变量,如特质自我控制能力、工作记忆能力、认知负荷、自我损耗、饮酒;②影响行为对冲动的依赖性以及自控能力的调节变量,如行为的习惯性、心境、情感焦点;③控制行为的动机、态度及注意偏向。根据调节变量的分类,研究结果综述如下。

一、与控制资源有关的调节变量

Tangney、Baumeister 和 Boone(2004)对自我控制的界定:自我控制是个体克服或改变内在反应,改变不必要的行为倾向(如冲动)及控制行动的能力。基于有限自制力理论(Baumeister, 1994),自我控制包括思维控制、情绪控制、冲动控制、行为表现四个领域,如控制欲望,节食,遵守诺言,克制饮酒,节约钱,在工作中坚持不懈,保守秘密等等。特质自我控制能力与许多行为相关。

在一般情境中,合理态度或行为规范是健康相关行为很好的预测指标。但在降低能力的条件下,熟虑加工降低,冲动加工获得对行为影响更多的权重(Strack & Deutsch, 2004),一些研究检验了这些假设。自我控制能力包括特质性的(特质自我控制、工作记忆能力),也包括情境性的(认知负荷、自我损耗、饮酒)。

(一)特质自我控制能力

根据自我控制的定义,低特质自我控制能力的个体更易于受冲动影响,即不能控制或限制行为倾向。有研究检验了这个假设(Friese & Hofmann, 2008),研究参与者先完成自我控制量表,然后用单类别内隐联想测验法(Single Category Implicit Association Test, SC-IAT; Karpinski & Steinman, 2006)测量研究参与者对薯片的自动情感反应。研究结果显示,SC-IAT 对低自我控制者品尝-评价任务中的薯片消耗行为的预测,优于高自我控制能力者。

已有关于自我控制和健康行为之间关系的研究和模型,主要集中于:①个体在健康相关行为中采取合理行动的决定因素和过程;②自我控制能力和影响它的条件及策略;③某些人格特质与调节健康行为能力的相关。冲动对健康行为影响的决定因素和过程关注较少。当整体动机遇到环境中特定刺激的激活时产生冲动(impulse),所以冲动是特定的。冲动性(impulsivity)指的是冲动作用的长期的和一般性的倾向。冲动具有强的刺激作用,由原始的享乐成分组成。冲动包含动作的行为倾向,个体迫切地趋近或想要消耗当前的诱惑。

(二)工作记忆能力

工作记忆能力(working memory capacity,WMC)是与自我控制能力有关的特质结构(Barrett,Tugade & Engle,2004)。WMC 高的研究参与者能更成功地朝着目标加工,避免目标受到来自于冲动系统的干扰。有研究表明,比起低

WMC的研究参与者，高WMC研究参与者健康行为的熟虑前因能更好地预测健康行为（Hofmann et al.，2008；Thush et al.，2008；Wiers et al.，2008）。

（三）认知负荷

Friese、Hofmann和Wanke（2008）检验了认知负荷（cognitive load）在水果和巧克力两种食物选择情境中的调节作用。研究参与者先完成IAT测试，然后再测量对水果和巧克力的自动情感反应，接着报告合理态度、完成选择任务。一半研究参与者在完成食物选择任务时几乎是全部认知能力，在脑中保持1位数字，另一半研究参与者在脑中保持8位数字。结果显示，认知负荷条件下的研究参与者的IAT能预测选择行为，而无认知负荷的不能预测。这表明，人们在认知负荷条件下作健康行为相关选择时，更容易追随冲动。

（四）自我损耗

Baumeister等（1998）在自我调节模型中假设，自我控制能力依赖于有限资源，任何自我控制的努力都损耗这些资源，导致人们自我控制能力下降。许多研究已表明自我损耗（ego depletion）降低行为规范对健康相关行为的影响（Baumeister et al.，2006；Gailliot & Baumeister，2006；Muraven et al.，2000）。在这些研究中，有一些研究者测量了熟虑前因，研究显示，自我损耗会提高冲动前因对健康相关行为的影响。

Hofmann、Rauch和Gawronski（2007）通过SC-IAT测量的自动情感联结反应，能预测自我损耗研究参与者的糖果消耗，但对没有自我损耗的研究参与者不能预测。相反，自控研究参与者的糖果消耗能被有效调节至与节食标准相一致（高节食标准导致低糖果消耗）。这一结果在薯片食用的研究中再次得到检验，研究将合理态度作为熟虑前因，而非限制标准（Friese，Hofmann & Schmitt，2008）。将何时思考死亡作为可操作的自我调节资源，在巧克力消耗试验中也获得了相似的结果（Gailliot，Schmeichel & Baumeister，2006；Greenberg，Solomon & Pyszczynski，1997）。

合理态度和限定标准均属于熟虑加工，但两者存在区别。限定标准不需要在实际中评估，如可能喜欢啤酒，但同时有强制标准限制不能过量饮用。为了检验合理态度和限定标准对行为的影响分别受自我损耗的调节，Friese（2009）研究显示，自动情感反应能预测自控损耗研究参与者的啤酒消耗，并且自控消耗降低了合理态度和限定标准的共同影响。

总之，以上研究结果支持自控消耗提高冲动对健康行为影响，降低熟虑决定因素如合理态度、限定标准对健康行为的影响。

（五）饮酒

酒精会降低自我控制的能力（Easdon & Vogel-Sprott，2000）。Hofmann和

Friese(2004)的研究显示,饮酒增加冲动系统对饮食行为的影响。

(六)冲动性人格特质

冲动性人格特质与饮酒和吸毒呈现高相关,但在食物成瘾领域却关注很少。有研究选择了 233 名被试,通过耶鲁食物成瘾量表(YFAS)测量食物成瘾。UPPS-P 冲动性量表测量冲动性人格特质,检验冲动性人格、食物成瘾和 BMI 之间的关系,以及间接的影响路径。研究结果显示,冲动性和 BMI 之间呈显著正相关。冲动性和 BMI 之间通过食物成瘾消耗呈间接相关。消极心境状态下的非理性行为偏好与和任务坚持水平(缺少坚持性)和食物成瘾正相关,并且这一关系能解释和 BMI 的关系。由此可得出结论,与高风险行为(包括饮酒、吸毒等)高相关的特质冲动性,可能是食物成瘾的重要的风险因素。早期管理食物成瘾症状或许能帮助降低强制食物消耗导致的体重增加和肥胖。

二、影响行为对冲动的依赖性以及自控能力的调节变量

(一)行为的习惯性

许多健康行为都有很强的习惯成分,行为的习惯性越强,需要的控制越少,对冲动过程依靠更强。对于高习惯性研究参与者,冲动可能会更好地预测健康相关行为,饮食领域的研究结果(Conner et al.,2007)检验了这一假设。将自我报告法测量的吃甜食的习惯性作为调节变量,研究显示,比起低习惯性被试,高习惯性研究参与者的外在情感性西蒙任务(EAST)能更好地预测自我报告的饮食行为;对于高习惯性的研究参与者,IAT 评价的对巧克力的喜欢程度能更好地预测自我报告的甜食消耗;高习惯性研究参与者中,IAT 更好地预测选择任务试验中与水果相比喜欢巧克力的程度。

强制的习惯与实际的成瘾行为不同。在成瘾早期阶段,有一些关于享乐本能重要性的争论,但是当今神经生理学模型相对于由物质滥用扩大到依赖性的成瘾不同。Everitt 和 Robbins(2005)声称,强制习惯是区别使用和依赖的主要特征;Koob 和 Le Moal(2005)认为,强制的习惯实际是负强化加工;Robinson 和 Berridge(1993,2003)认为,需要分离了享乐的愉悦。健康行为双加工模型中的冲动加工,与成瘾行为的早期阶段相似,但在成瘾的后期阶段,更多享乐的习惯反应在起作用。因此,与趋避反应测量相比(如需要),药物刺激自动情感反应(如享乐的愉悦)的测量效度可能在成瘾的后期阶段出现分离。

(二)心境

积极心境的个体比消极心境的个体容易接受更多的浅层信息加工,积极心境的个体会依赖信息加工的联结网络。因此可以假设,冲动对积极心境个体比消极心境个体的健康行为影响更多。Hermsen、Holland 和 van Knippenberg

(2006)在健康行为相关研究中检验了这一假设。采用IAT测量的自动情感反应预测了积极心境的研究参与者是选择苹果还是巧克力棒,但对于消极心境的研究参与者却不能预测;对献血的自动情感反应预测了积极心境的研究参与者对成为献血者的兴趣、在表格中提供的信息量,但对于消极心境的研究参与者却不能预测;献血的合理态度预测了消极心境个体提供的信息,但对于积极心境的研究参与者却不能预测。

(三)情感焦点(affective focus)

有研究(Scarabis, Florack & Gosejohann, 2006)通过操纵研究参与者对目标的情感或认知反应的可得性显示,当研究参与者关注对目标的情感反应时,冲动感加工会在对行为的影响中占优势。

三、控制行为的动机、态度及注意偏向

(一)动机

冲动反应可以在行为的不同阶段改变:①自动注意偏见;②自动情感反应;③自动趋避倾向。

(二)态度

态度及相关结构是理解健康相关行为动机的一个重要方面。相关研究主要关注精细和理性决策,如用问卷测量的态度,这需要控制(有意识)加工。然而,态度也可能是自动的,包括与健康相关的行为。个体或许意识不到自己的态度,或者他们的态度是无意识的、不受控制的。自动或内隐态度是态度目标(如饮食)和对它的评价(积极或消极)之间主要的心理联结。心理联结的强度反映了态度的可实现性(即恢复的容易性)。目标如果可实现性高,将吸引个体的注意力,也容易产生行为决策,态度与行为的一致性也更高。

当前健康领域态度的研究主要基于功能模型,这些模型将有效系统看作是对外界信息进行的简化,以享乐主义为基础来选择注意的刺激,并为趋近或规避反应提供启发式搜索。

对态度目标的直接经验影响态度的形成和强化。根据Fazio(1995)的观点,态度(记忆中的目标-评价联结)的形成和强化主要通过重复态度目标的表征与目标评价之间的心理匹配。这些联结学习的形成,在有关态度的试验中已得到检验。因此,个体将之前行为和当前态度形成联结,这也表明健康行为的动机有两个意义:一是注意将直接指向有着较强可实现态度的健康行为线索,二是态度将通过对健康行为早期经验而形成。

(三)注意偏向

注意偏向即在刺激中对态度相关线索优先分配的注意。有研究表明,内隐

态度和注意偏向在健康相关特定行为的保持中是重要变量。研究强调，相对非吸烟者，吸烟者对吸烟线索存在注意偏向，有饮食障碍者比饮食健康的控制组，对事物和身体意向相关的刺激有注意偏向。与不吸烟者相比，吸烟者对吸烟有着更积极的内隐态度；与健康的控制者相比，肥胖儿童对事物有着更积极的内隐态度。

研究还发现，在内隐态度和注意与健康之间相关。例如，有研究者在视觉探查任务中发现，对吸烟线索的自动评估和对这些线索的注意偏向之间有正相关。内隐态度一般由刺激反应兼容性(stimulus response compatibility，SRC)任务来评估。小人任务能捕捉象征性符号的趋避趋势，来测定趋近或规避吸烟相关刺激。趋避反应任务的内在逻辑是通过对特定自动激活评价的快速移动，趋近和规避分别代表积极和消极的评价。当小人移动与对刺激的自动评估相一致时，反应时缩短，不一致的评估反应限制了小人移动的趋势。SRC 任务被看作是对内隐态度的替代测量，研究表明自动激活的态度能引导注意分配，而健康行为研究领域的注意分配主要由视觉探查任务来测量。

四、小结

综上所述，理性系统类似于在各理论中提出的理性行为和相关方法，行为决策建立在有关实际效用和有价值的知识之上。冲动系统通过联结和动机定向引发行为，无论是个体间还是个体内，两个系统的影响因素均不同。

熟虑系统能力低，易受某些生理心理因素如疲劳、情绪，以及一些物质如酒精等的影响。这可以解释为何人们知道吸烟、酗酒、暴食等的危害，但在疲劳、抑郁或喝醉的情况下仍去这么做。

健康行为至少受两种主要因素影响，相关冲动过程的强度和相关熟虑过程的强度，两个过程中影响因素各不相同。熟虑系统中，影响因素包括运用控制冲动的能力、运用控制的动机以及相关信念或期望的结果等。冲动系统中，影响因素包括注意过程的差异(如吸烟者经常对吸烟有关的线索有注意偏向)、记忆联结、自动评估、自动引发的行为趋势(如酗酒者趋近酒的趋势)等。两个过程的预测力依赖于个人和情景因素，包括边界条件，如疲劳、心境、饮酒等。

不同个体之间存在差异，个体对认知过程的控制能力(执行控制功能，工作记忆是核心)能调节冲动系统和熟虑系统对健康行为的影响。联结加工(记忆联结或自动评估)与低执行控制个体的健康行为相关性更强。信念、期望、外显态度与高控制个体的健康行为相关性更强。这一领域的研究结果较为一致，用不同的测量方式(相关联结加工和相关执行控制加工)测量熟虑系统与冲动系统，测量的领域包括酗酒、吸烟、攻击、性行为、饮食行为、酒后攻击等。研究结果显示,自动引发的联结能有效预测酗酒和低执行控制能力青少年的问题行为。在高执行控制能力少年中,期望结果和态度能有效预测酗酒和问题行为。这些青少年被试既有低教育水平的,也有大学生。

除了个体间的差异,还有来自个体内的差异跨情境影响冲动系统与熟虑系统的作用。研究显示,熟虑系统易受疲劳、自我损耗、酒精等的影响。大量研究表明,酒精损害执行控制功能和熟虑系统对健康行为的影响。

目前促进健康行为的干预措施主要是基于熟虑系统的视角,如提供健康行为转变的信息或提高动机。基于熟虑-冲动理论,可以提出新的干预措施,既能提高熟虑系统的作用,也能降低或调整冲动系统的作用。以后的干预工作可以从以下两个方面入手:①开发新技术,直接干涉熟虑系统,对酗酒者实施训练能改变注意焦点,有效减少大众的酗酒问题。同样,对严重酗酒者实施注意偏向训练也能降低酒精的滥用。②促进个体形成积极的连接加工,促进健康行为,即让积极的连接加工引导我们选择健康行为。例如,形成意向和行为之间的连接,采用"如果—那么"的形式。如果侍者让我点酒,我将点无醇啤酒,或者如果我喝有醇啤酒,我将接着要一杯水。

熟虑系统中,除了传统的干预措施,也可以训练执行控制功能,以提高熟虑系统、控制冲动系统。可以在现场实施训练执行控制能力,也可在网上实施 e-健康干预。

第三节　身体锻炼领域熟虑系统与冲动系统的研究现状

每周累积达到至少 150 分钟中到高强度的身体锻炼,每次 10 分钟以上,对许多慢性疾病的预防有效。许多研究得出结论,为了促进人们进行有规律的身体锻炼,需要为人们提供充足的身体锻炼指导信息。这些研究同时建议,基于身体锻炼理论可以确定身体锻炼中介变量和过程的改变。

目前的身体锻炼干预都基于健康行为理论,但这些干预手段主要关注行为的熟虑(也称外显的)前因。这些理论假设,改变个体有意识的认知,能产生大量的行为改变。元分析结果显示,这些干预对改变行为的意图非常有效($d=0.66$),但是改变行为的效果小到中等($d=0.36$)。因此,改变熟虑过程不能完全保证健康行为的改变。

一、身体锻炼领域熟虑系统与冲动系统的作用

RIM 假定信息在两个分离的系统中并行加工,而这两个系统经过多种渠道相互联系。根据 RIM,只有熟虑过程权衡知识,包括个人的价值观或行为可能

导致的后果。熟虑过程是一个加工速度相对慢的过程，按照熟虑过程，要先进行行为选择，然后形成行为意图，之后启动行为计划并由行为意图来帮助实施。而冲动系统是将相联结的语义网络中的并行加工考虑在内，仅知觉到刺激就有可能激发冲动系统网络中的更多成分，行为图式也经由非熟虑的、自动的路线被激活。网络成分之间的联结被看作是学习的结果，并且可能很难去压制。

环境频繁地与情感反应相联系会导致条件效应，而这种条件效应在熟虑系统中不能被表征，但是会存在于自动水平上。例如，那些把身体锻炼知觉为不快乐的人，会将身体锻炼与负性情感相联结，一旦这种联结在冲动系统中建立，会影响后续行为的执行。积极的联结会增加个体实施这种行为的倾向，反之，消极的联结会降低这种倾向。

为什么身体锻炼心理学家关注冲动系统中的联结呢？Hofmann、Friese 和 Wiers (2009)的研究结果显示，冲动加工和熟虑加工在与一些健康行为的联系上有差别，如吃喝、吸毒、性兴趣。当人们有机会并且有精细加工的动机时，熟虑系统将会对行为起作用。另一方面，当动机较低以及精细加工的时间和能力少时，冲动系统将会变得更加重要（Friese，Hofmann & Schmitt，2008；Friese，Hofmann & Wänke，2008）。因此，根据不同情况，这两种系统可能会引发行为冲突倾向：一方面，外显精细加工会产生参与身体锻炼的意图，这在 TPB 和 HA 身体锻炼中得到了很好的解释。另一方面，身体锻炼可能会在自动水平上与负性效价的情感相联结，而使个体不愿意参加身体锻炼。把两个加工系统和对行为产生影响的潜在因素考虑在内，自动水平上的内隐联结可以解释在没有时间或空间去思考计划或意图时，个体如何选择身体锻炼或不身体锻炼。已经有研究验证了身体锻炼领域中的自动加工和其他领域中的自动加工是相关的（Hofmann et al.，2009； Strack & Deutsch，2004）。

身体锻炼情境中，熟虑系统包括个人标准、对身体锻炼利弊的理性评估，熟虑系统中的身体锻炼计划是理性的、有意识的、有意图的，这些计划和决策激活相应的行为图式。身体锻炼情境中，冲动系统主要是与身体锻炼相关的联结线索，这些线索主要由时空相近的身体锻炼情感联结或身体锻炼相关刺激、对身体锻炼的情感反应、联结的身体锻炼行为倾向来形成或得到强化。一旦带有效价的身体锻炼联结在冲动系统中形成，一个小的知觉输入能自动激发情感评价，从而导致对身体锻炼的冲动趋近趋势或规避趋势。

RIM 认为，熟虑和冲动加工通过多种方式共同决定行为，目前引起广泛关注的有两种预测模式：相继模式和交互模式。相继模式假设：行为要么是受纯粹的熟虑决定，要么受纯粹的冲动决定。例如，一些俱乐部中的身体锻炼和运动，主要是熟虑过程，与日常生活有关的身体锻炼，组织性或形式化更弱，这些受冲动过程影

响更大。交互模式认为,熟虑过程和冲动过程交互控制行为。(见图 4-6)

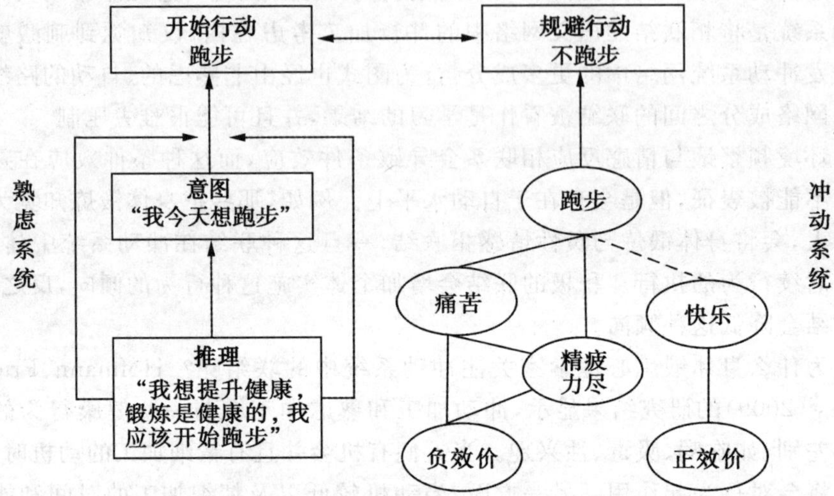

图 4-6　竞争的行为趋势(熟虑系统倾向于激发身体锻炼,而冲动系统倾向于规避身体锻炼)

二、身体锻炼领域 RIM 研究现状

Bluemke 等(2010)的研究结果显示,身体锻炼者将身体锻炼与积极情感产生更多联结,非身体锻炼者将身体锻炼与消极情感产生更多联结。史伟锋和毛志雄(2011)的研究显示,经常参加身体锻炼的人比不参加身体锻炼的人,在以往运动过程中体验到更多的运动积极情感,并建立了身体锻炼与情感体验的自动联结。这种联结是自发的、无意识的,并且可以通过启动效应(priming effect)来激发。

以上研究均采用 IAT 对内隐联结进行测量,由于 IAT 是一种相对测量,使用概念和属性的互补对,考察一目标对象相对于另一目标对象而言与某一属性的联结程度(张珂,张大均,2010),如考察身体锻炼相对于看书、写字、吃饭等与积极情感或消极情感的联结程度。试验的结果并不能说明人们对于身体锻炼积极,对看书消极,或者对看书积极,对身体锻炼消极,只能说相对于看书、写字来说,人们对身体锻炼更为积极或者更为消极。

关于身体锻炼的几项研究主要集中于身体锻炼和冲动加工的关系。研究结果表明,与不身体锻炼的人群相比,大运动量人群的身体锻炼冲动倾向也更高。仅有一项研究评价了冲动加工对身体锻炼的预测,该研究为相继加工模式提供了证据。该研究实施了 7 天的监测,研究结果显示,冲动前因对日常生活步数的预测超过了熟虑前因，如行为意图。然而该研究中未检验交互模型，也没关注其他一些伴随行为的冲动机制，如可能阻碍身体锻炼的久坐行为等。

身体锻炼和久坐行为被看作两个不同的结构，随着技术的不断发展，人们有越来越多的时间久坐，如看电视、手机、电脑等。大被试的调查和相关研究表明，对久坐行为的喜爱与身体锻炼时间成反比。然而，这些研究仅用行为的熟虑前因来测量久坐行为。根据 RIM 为基础，由冲动机制引发的久坐行为可能会与身体锻炼存在竞争。

分析身体锻炼和久坐行为的冲动加工，有助于理解身体锻炼促进信息如何、对哪部分群体能通过改变身体锻炼意图来改变身体锻炼行为。如果冲动加工与由身体锻炼促进信息激发的身体锻炼意图相冲突，这些信息会降低效力。

已有文献中，身体锻炼促进信息对中到高等强度身体锻炼干预的研究结果纷繁复杂，有研究考察了身体锻炼促进信息是否通过干预后的身体锻炼意图对中到高等强度身体锻炼发挥间接效应，这种效应是否依赖于第三变量，如基线意图和对身体锻炼和久坐行为的冲动加工等。研究将被试随机分试验组和控制组。试验组发放健康宣传手册，内容为身体锻炼促进信息，每天通过手机为被试发送促进身体锻炼的信息。控制组发放健康宣传手册，内容为健康饮食信息，每天为被试通过手机发送健康饮食信息，干预持续 1 周。研究结果显示，身体锻炼促进信息能有效提高个体的身体锻炼意图并能促进身体锻炼，身体锻炼促进信息对身体锻炼意图与身体锻炼趋近趋势，即熟虑系统与冲动系统均低的个体更为有效(魏平，许昭，2015)。

身体锻炼有关的热量消耗分为有意图的运动性热量消耗(volitional exercise thermogenesis，VET)和非运动性热量消耗(non-exercise activity thermogenesis，NEAT)。NEAT 活动是指除了身体锻炼、睡觉、吃饭外其他消耗能量的活动，如走路去上班、打字、做家务、做农活、站立等。NEAT 虽然主要由低强度活动组成，但是它是基础能量代谢的主要来源，在新陈代谢和心血管健康方面起着重要作用。

如果人们试图全身心地作决策，他们有限的自我调节资源很快会耗尽。因此，身体锻炼、运动等组织性、结构性强的活动主要由熟虑过程管理。NEAT 活动主要由冲动系统来管理。在之前的走楼梯等活动中，可能形成线索如楼梯的概念，行为执行中的积极或消极情感、行为图式与走楼梯相连，形成趋近或回避楼梯的行为趋势。一旦在冲动系统中建立联结线索，可以通过输入的知觉概念迅速激活，并影响注意和信息加工。

三、身体锻炼中调节变量的选择

当前研究发现，不论态度还是注意加工，与之前的身体锻炼有关。前一周的身体锻炼量与对身体锻炼线索的评价、对这些线索的注意偏向相关。

有研究使用修订的 Stroop 任务，试图探索身体锻炼的注意偏向和内隐态度，结果显示，身体锻炼和非身体锻炼被试在对身体锻炼线索的注意偏向上有差别。与识别控制词汇的颜色相比，身体锻炼人群识别身体锻炼词汇的颜色所用时间更长，非身体锻炼者呈现的结果相反。另有研究表明，注意指向的是词汇内容而非颜色。

但这些研究仍不能确定修订的 Stroop 任务测量结果的特异性如何，它可能仅反映了对情感相关词汇识别的速度减慢，而非选择性注意的机制。点探测任务为视觉注意中的注意偏向提供了更明确的测量。用点代替 Stroop 任务中成对出现的词汇后，让被试辨别点的位置。如果注意一开始就被替换的点的词汇吸引，反应会变快。如果点出现在非注意词汇的位置，被试需要朝着点的方向转移注意力，反应会变慢。当前研究使用点探测任务测量注意偏向。

目前常用外部情感性西蒙任务(extrirtsic affect Simon task，EAST)测量身体锻炼的内隐态度。被试根据呈现在电脑屏幕上词汇的颜色(蓝、绿)或者效价(好、坏)作出反应，并按下相应的键。区别效价的键与区别颜色的键相同。研究的主要词汇仅用颜色键呈现。用 EAST 实施测试表明，当外部任务是通过颜色来分类时，阅读和评价词汇(积极、消极)产生自动偏见。当效价与颜色反应键相匹配时，反应变快；当效价和颜色反应键不匹配时，反应变慢。与颜色键和“坏”键相同时的反应时相比，对身体锻炼有积极内隐态度的被试对颜色键和“好”键相同时，对活动词汇的反应时变短，反之亦然。

EAST 是广泛应用的 IAT 的一种形式。尽管 IAT 已被广泛应用，信效度得到了反复验证，但是 IAT 往往不是测量最好的选择。IAT 依赖于比较两种概念，因此需要合适的比较种类。身体锻炼没有合适的配对概念。因此，IAT 测量不适合。与 SC-IAT 相类似，EAST 允许测量单类别目标概念，在当前研究中也常被当作是内隐态度的测量。

在快速环境中对竞争线索的注意偏向可能受态度控制，态度与相一致的行为趋势(趋近、规避)相关。对身体锻炼弱的或者消极的内隐态度，对身体锻炼线索的非分配注意，在身体锻炼中起阻碍作用。如果人们在他们的环境中意识不到身体锻炼线索，他们可能不采取行为趋近并引发身体锻炼。例如，当个体离开地铁站，会面临乘电梯还是走楼梯的选择，哪个线索会吸引注意力，取决于产生的态度。如果走楼梯的积极正向态度更易产生(被之前走楼梯的行为强化)，个体更有可能会走楼梯。如果消极态度更容易产生，个体会避免走楼梯而选择乘坐电梯。日常生活中相似的情景有很多。了解态度、注意和身体锻炼之间的关系将为促进身体锻炼提供干预措施。

研究结果显示，内隐态度(EAST 测试结果)和之前身体锻炼之间呈正相关，对身体锻炼词汇(点探测测试结果)的注意偏向和之前身体锻炼呈正相关，即高水平的身体锻炼与正向内隐态度和对身体锻炼线索的注意偏向相关，内隐态度和对身体锻炼词汇的注意偏向呈正相关，身体锻炼线索也有可能更容易被高积极或高消极的被试识别。因此，内隐态度和注意偏向之间也可能是倒“U”形关系：个体对身体锻炼的内隐态度越高，他们对身体锻炼线索的注意偏向越大。进一步而言，外显态度调节注意偏向和身体锻炼之间的关系：对于高正向内隐态度的被试，对身体锻炼线索的注意偏向与高的身体锻炼水平相关。结果表明，内隐认知与之前的身体锻炼相连。

外显加工也可能与身体锻炼动机相关，需要检验身体锻炼的外显态度和意图是否独立于内隐态度和视觉注意。以后的研究应多考虑强化积极内隐和外显态度，以及探索指导注意偏向健康行为信号线索的策略。

第五章　身体锻炼熟虑-冲动双系统模型的构建与检验

第一节　问题的提出

身体锻炼(physical activity)是指能导致能量消耗高于休息时的新陈代谢水平的人类身体运动。它既包括身体锻炼，也包括身体锻炼之外的活动(如慢步走、吃东西、做家务、工作、看书、学习等)。它可以消耗身体的能量，并对个体的体质有积极的影响。身体锻炼严重不足带来了一系列公共卫生问题，如肥胖、糖尿病、心脑血管疾病，以及所引起的其他疾病负担、健康和寿命损失等。世界卫生组织(WHO,2012)的报告中指出，身体锻炼不足或久坐少动的生活方式已成为全世界引起死亡、疾病和残疾的前10项原因之一，每年造成200多万人死亡，可以增加几乎所有疾病的死亡率。身体锻炼对于人们身心健康的效益已经得到大量试验研究的支持，研究表明，身体锻炼有助于提高人们的身体素质、身心健康水平和生活质量(Landers & Arent,2006)。与诸多身体锻炼效益相比，参与规律身体锻炼的人数却不能令人满意，在很多国家都是如此。美国约49%的人口达到每周5次、每次30分钟中等强度的有氧活动，或每周3次、每次20分钟剧烈有氧身体锻炼的标准(Haskel et al.,2007)；在欧盟国家，不到1/3的人口参与规律身体锻炼(Sjotrom et al.,2006)。《2007年中国城乡居民参加体育锻炼现状调查公报》显示，全国经常身体锻炼的人数比例仅为28.2%(含在校学生)。

健康行为促进领域的专家在考察健康行为的决定因素方面取得了很大进展。该领域从社会心理学中获得启发，提出许多健康行为改变的理论模型，如认知冲突理论(the cognitive dissonance theory,CDT)、逆反理论(the reactance theory,RT)、自我效能理论(the self-efficacy theory,ST)、社会认知理论(the social-cognitive theory)、合理行动理论(the theory of reasoned action,TRA)、计划行为理论(the theory of planned behavior,TPB)，及关注健康相关的决策和行为的理论,如保护动机理论(the protection motivation theory)、健康信念模型(the health-belief model,HBM),以及其他一些阶段理论,如转换理论模型(the trans-theoretical model, TTM)、健康行动过程取向理论(the health action process approach,HAPA)等。

身体锻炼心理学领域的学者将这些理论引入身体锻炼领域,用来解释人们不参与身体锻炼或退出身体锻炼的原因。但是,这些理论对于人们参与身体锻炼的解释率都不理想。元分析结果显示,建立在这些理论上的身体锻炼干预方法,能很好地解释人们的身体锻炼意图方差($d=0.66$,95%CI=0.51～0.82),但却不能很好地解释人们的身体锻炼行为方差($d=0.36$,95%CI=0.22～0.50)。以计划行为理论为例,能够解释45%的身体锻炼意图,但只能解释27%的身体锻炼行为(Webb & Sheeran,2006)。

Schwarzer(2008)认为,通过两条路径可以提高对身体锻炼的解释率:一是加强对意志决断(volitation)的研究;二是将情感的作用引入,例如,研究态度的情感成分。研究者在这两方面也都做过尝试,HAPA中增加了意志决断过程,但解释力仍不理想。French等(2005)的研究显示,情感态度能够提高对意向方差11%的解释率,但对身体锻炼行为方差解释率的影响不明确。

因此,有必要对身体锻炼理论进行研究,寻求提高对身体锻炼解释率的途径。

一、身体锻炼理论研究现状

对身体锻炼行为研究的目的是预测、干预,进而促进身体锻炼行为。毛志雄(2009)认为,可以通过两条途径提高身体锻炼行为的预测力:一条途径是在旧理论基础上进行修补和完善(胡艳,毛志雄,2008);另一条途径是重新构建新模型。

目前身体锻炼理论的研究主要集中于对已有理论进行修补和完善,研究者做了许多工作。

胡艳和毛志雄(2008)将计划作为身体锻炼意向与身体锻炼行为之间的中介变量、障碍自我效能作为身体锻炼意向到身体锻炼行为之间的调节变量,能较好地解释和预测身体锻炼,并检验了以计划和障碍自我效能作为干预手段,对身体锻炼的干预效果。

李业敏、毛志雄和高峰(2009)的研究提出,对TPB的完善主要有两种范式:一种是对原有的概念进行细分来增加模型的解释力;另一种是加入新变量来增加模型的预测力,如过去行为、计划、自我效能、自我认同、社会影响。并将计划、身体锻炼自我效能、身体锻炼社会支持引入TPB中,对身体锻炼行为的解释力提高了13.1%。

沈梦英(2011)将连续模型 TPB 与阶段模型 HAPA 理论进行整合,建立了身体锻炼行为整合模型,对身体锻炼行为的预测力提高了 19%,且简洁性优于 HAPA 理论。

综观已有的身体锻炼行为理论,其共同点是假设健康行为是对行为价值期望和可能的应激反应进行认知评价的结果,在评价过程中,形成了以减轻健康损害为目的的行为决策。最关键的就是,这些决策和目标定向的行为被看作是理性的、有意识的,需要个体的意志控制和意志力(willpower)去执行。

Strack 和 Detuck(2004)将双加工模型的本质内容整合在一起,针对社会行为提出了熟虑-冲动模型(reflective-implusive model,RIM)。

与有些双加工模型相似(Kahneman & Frederick,2002),RIM 认为,双加工的两个过程并列进行,而不是相继被唤醒。该理论假设这两个系统同时激活并且竞相控制一个行为反应。与其他双加工模型不同之处在于,RIM 是一个针对社会行为提出的双系统模型。

为了进一步解释社会行为的产生,熟虑-冲动模型将动机科学(motivational science)纳入双加工观点,在模型中加入了动机成分,认为行为是图式的功能,由环境输入和高级注意共同控制,动机定向是行为趋避的刺激因素。

RIM 在其各成分上不是新理论,它整合了已有理论的因素,并且对这些因素在加工的不同阶段如何相互作用作了描述。RIM 还将心理过程与社会行为相连接,假设行为不是必然由决策产生,因此不一定需要注意。RIM 认为,行为由几个因素共同决定,这些因素在执行时相互一致或产生冲突。

Bluemke 等(2010)的研究结果显示,身体锻炼者将身体锻炼与积极情感产生更多联结,非身体锻炼者将身体锻炼与消极情感产生更多联结。史伟锋和毛志雄(2011)研究显示,经常参加身体锻炼的人比不参加身体锻炼的人,在以往运动过程中体验到更多的运动积极情感,并建立了身体锻炼与情感体验的自动联结。这种联结是自发的、无意识的,并且可以通过启动效应(priming effect)来激发。

以上研究均采用 IAT 对内隐联结进行测量,由于 IAT 是一种相对测量,使用概念和属性的互补对,考察一目标对象相对于另一目标对象而言与某一属性的联结程度(张珂,张大均,2010),如考察身体锻炼相对于看书、写字、吃饭等与积极情感或消极情感的联结程度。试验的结果并不能说明人们对于身体锻炼积极,对看书消极,或者对看书积极,对身体锻炼消极,只能说相对于看书、写字来说,人们对身体锻炼更为积极或者更为消极。

以上研究初步检验了积极情感联结与更多身体锻炼相关。根据 RIM,健康行为是熟虑加工、冲动加工和边界条件交互作用的结果,三个方面因素的综合考虑,比起单独考虑某一方面或许能对健康行为作出更精确的预测。但是已有研究未检验熟虑系统、冲动系统、边界条件如何影响身体锻炼。因此，有必要构建包括熟虑前因、冲动前因、边界条件的身体锻炼双系统模型，来预测、解释身体锻炼，并以此为依据实施干预，促进身体锻炼。

二、身体锻炼中调节变量的选择

饮食、吸烟、酗酒、性行为等风险行为的研究中，调节变量分为三类：①与控制资源有关的调节变量，如特质自我控制能力、工作记忆能力、认知负荷、自我损耗、饮酒；②影响行为对冲动的依赖性以及自控能力的调节变量，如行为的习惯性、心境、情感焦点；③控制行为的动机。

风险行为研究领域调节变量的共同特征是加强对冲动系统的控制。而身体锻炼研究领域，选择的调节变量需要克服冲动系统的影响，增加对熟虑系统的执行。身体锻炼领域调节变量的主要特征为：①执行熟虑系统；②行为的习惯性；③执行行为的动机。因此，身体锻炼领域可以选择以下变量为调节变量：①意志品质；②有无运动训练经历；③执行行为的动机。

本研究中，拟选择意志品质、有无运动训练经历为调节变量。

第二节 身体锻炼熟虑与冲动双系统模型的构建与检验

一、身体锻炼双系统模型的设计

（一）研究意义

本研究的理论意义：将身体锻炼影响因素的考察，从熟虑系统扩展到双加工系统（熟虑系统和冲动系统），丰富身体锻炼研究的理论。

本研究的实践意义：从冲动系统的角度，提出新的身体锻炼的干预措施，促进人们身体锻炼的参与。

（二）研究假设

研究的假设一：身体锻炼由熟虑系统与冲动系统共同决定，增加冲动系统路径，能提高对身体锻炼的预测力。

研究的假设二：冲动系统与熟虑系统对身体锻炼的影响，受意志品质的调节。即：意志品质高的被试，熟虑系统对身体锻炼影响更大；意志品质低的被试，冲动系统（身体锻炼-情感联结）起作用更大。

（三）研究设计

本节将通过两个递进的研究检验以上研究假设。

研究一：构建身体锻炼熟虑与冲动双系统模型，并选择被试实施测验检验模型。

研究二:通过多群组结构方程模型检验意志品质对熟虑系统、冲动系统与身体锻炼关系的调节作用。

二、身体锻炼双系统模型的构建

(一)研究目的

通过整合身体锻炼心理学、认知神经科学等领域的研究成果,从理论上构建身体锻炼领域熟虑与冲动双系统模型,并通过分析综合身体锻炼领域已有的理性决策理论,如计划行为理论、健康行动过程取向理论、跨理论模型、自我效能理论、自我决定理论等,从理论上筛选熟虑系统的前因变量。

(二)身体锻炼双系统模型的框架

根据 RIM,健康行为是熟虑加工、冲动加工和边界条件交互作用的结果,个体可能不仅在理论态度和限定非健康行为的标准上不同,还可能在对诱惑刺激的冲动反应上不同。因此,熟虑系统与冲动系统都应作为前因变量纳入已有的健康行为模型中。

构建的身体锻炼双系统模型包括:①熟虑前因;②冲动前因;③改变一个或另一个前因权重的情境及特质变量。身体锻炼双系统模型的框架如图 5-1 所示。

如前所述,身体锻炼领域选择意志品质作为改变熟虑、冲动前因权重的特质变量。

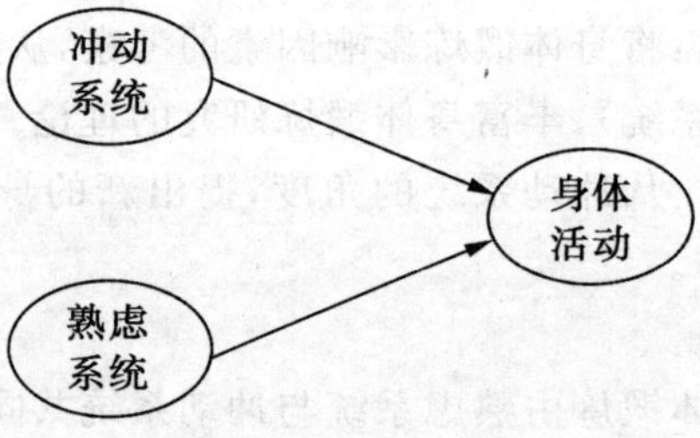

图 5-1 身体锻炼双系统模型的框架

(三)身体锻炼领域熟虑前因的筛选

熟虑系统认为行为是推理的结果,并产生了对特定行为的可行性和需求性的理性决策,一旦行为的执行被认为是可行的,结果是积极的,行为决策将把自身与行为结果相联系。熟虑系统前因包括合理态度、限定标准等。

综述目前身体锻炼研究领域应用较广泛的身体锻炼理论及各理论中推动身

体锻炼的前因,如表 5-1 所示。

表 5-1　各理论中推动身体锻炼的前因

身体锻炼理论	推动身体锻炼的前因
HBM	风险知觉
SCT	自我效能
TPB	行为态度、主观规范、主观行为控制感
HAPA	结果期待(积极结果期待、消极结果期待)、行动自我效能、应对自我效能、恢复自我效能
SDT	身体锻炼基本需要(自主需要、能力需要、关系需要)、身体锻炼气氛、身体锻炼动机(无动机、外部动机、内部动机)
TTM	自我效能、决策均衡

以上前因中有许多相似或相近变量,如 SCT 和 TTM 中均包含自我效能,HAPA 中的结果期待与 TTM 中的决策均衡相近;有的变量起调节作用,调节行为的信息加工和执行,但不属于熟虑系统,如身体锻炼动机;有的变量被其他变量涵盖,如身体锻炼基本需要。

经筛选,身体锻炼的熟虑系统包括如下 10 个变量:身体锻炼态度,风险知觉,社会支持,主观规范,主观行为控制感,身体锻炼自我效能,应对自我效能,恢复自我效能,积极结果期待,消极结果期待。

Scharwzer 和 Renner(2000)研究发现,风险知觉对健康行为的预测价值不大。Schwarzer(2008)的研究还发现,消极结果期待不能提高行为意向的预测方差。为了进一步确认研究风险知觉与消极结果期待是否对身体锻炼起作用,本研究仍将风险知觉与消极结果期待纳入,待进一步研究再做筛选。

(四)身体锻炼领域冲动前因的筛选

冲动前因指在时空上接近的外界刺激、情感反应、联结行为共同激活而建立强化形成的联结线索。冲动前因主要包括自动情感反应、自动趋避行为趋势。

在饮食、吸烟、酗酒等领域的研究中,由于存在明确的目标刺激,如薯片、巧克力、烟、酒精饮料等,所以自动趋避行为趋势容易测量。在身体锻炼的研究中,身体锻炼目标刺激涵盖的内容范围太广,所以针对某一特定目标测定的自动趋避行为趋势不能代表对身体锻炼的自动趋避行为趋势。

本研究中以自动情感反应,即身体锻炼情感联结来反映冲动系统。

综上所述,身体锻炼领域初步构建的双系统模型如图 5-2 所示。

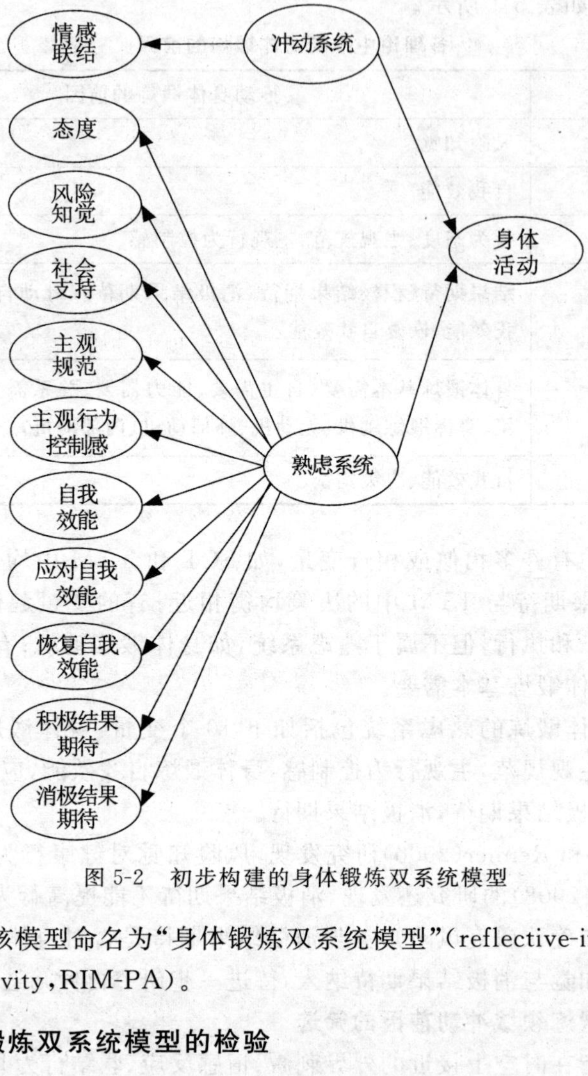

图 5-2　初步构建的身体锻炼双系统模型

本研究将该模型命名为“身体锻炼双系统模型”(reflective-impulsive model in physical activity,RIM-PA)。

三、身体锻炼双系统模型的检验

(一)研究目的

检验初步构建的身体锻炼双系统模型,考察熟虑系统与冲动系统对身体锻炼的作用。

(二)研究方法

1.被试

在某体育学院、某建筑大学、某师范大学、某理工大学四所院校,共选取1519 名大学生被试,年龄 18～23 岁,有运动训练经历(规律参与运动训练半年以上)的被试 647 名,无运动训练经历的被试 872 名。

2.测量工具

(1)熟虑系统问卷:使用胡艳(2008)、李业敏(2010)、沈梦英(2011)翻译修订的量表,包括身体锻炼态度量表、风险知觉量表、社会支持量表、主观规范量表、主观行为控制感量表、自我效能量表、应对自我效能量表、恢复自我效能量表、积极结果期待量表、消极结果期待量表。本研究中,10 个量表内部一致性信度分别为 0.839,0.845,0.756,0.825,0.728,0.787,0.829,0.834,0.868,0.406。

(2)社会赞许量表:社会赞许反应倾向(social desired reaction tendency, SDRT)使用 Reynolds 制定的 13 题马洛-克罗恩社会赞许性量表(M-C S-D13)测量。为了保证数据质量,严格执行“得分过半,即行删除”的标准,删除得分大于 7 分的被试(毛志雄,2001)。

(3)意志品质量表:使用李佑发(2009)编制的 BTL-L-YZ 1.0 意志品质量表。本研究中,该量表内部一致性信度为 0.631。

(4)国际身体锻炼量表(international physical activity questionnaire, IPAQ)最近 7 天回忆量表简版。

IPAQ 由国际身体锻炼测量工作组(intenational consensus group on physical activity measurement)2001 年编制,已在多国进行了信效度检验,包括希腊、巴基斯坦、韩国、伊朗,结果表明,重测信度在 0.80 左右,以加速度计测得的能量消耗为效标,效标效度在 0.30 左右。

屈宁宁和李可基(2004)以 97 名大学生为被试,结果显示,间隔 3 天的重测信度为:总分 0.779,剧烈身体锻炼 0.626,中等活动 0.657,步行 0.831,静坐 0.887。以加速度计 1 天记录的能量消耗为效标的效度为 0.600。因此,IPAQ 具有可接受的信效度,适合大样本监测。

身体锻炼分数计算方法:剧烈身体锻炼分数=8×(剧烈活动天数)×(每天剧烈活动时间);中等身体锻炼分数=6×(中等活动天数)×(每天中等活动时间);走路活动分数=3.3×(走路天数)×(每天走路时间);总的身体锻炼分数=(剧烈身体锻炼分数)+(中等身体锻炼分数)+(走路活动分数)。单位:MET·分钟/周。身体锻炼划分标准如下:

低身体锻炼:总的身体锻炼分数小于 600 MET·分钟/周;中等身体锻炼:剧烈身体锻炼分数小于 480 MET·分钟/周,或总的身体锻炼分数小于 600 MET·分钟/周;高身体锻炼:剧烈身体锻炼分数小于 1500 MET·分钟/周,或总的身体锻炼分数小于 3000 MET·分钟/周。

(5)SC-IAT 测试程序:采用 E-prime 2.0 编制 SC-IAT 测试程序。

3. SC-IAT 测试程序编制

使用 SC-IAT 试验程序测量被试的冲动系统,即身体锻炼情感联结。

(1)SC-IAT 测验词汇筛选:根据前人研究(史伟锋,2012;Bluemke et al.,2010),结合访谈等,初步选定 SC-IAT 测验中身体锻炼、积极情感、消极情感词汇。

采用 9 级评定量表,让 27 名被试标出积极词汇、消极词汇与身体锻炼的相关程度,1 表示完全不相关,5 表示一般,9 表示完全相关。根据评定相关的等级大小,计算排序,删除部分评定等级小的词汇。筛选前后词汇及词汇数量如表 5-2 所示。

表 5-2　SC-IAT 测验词汇及数量

	初选		筛选后	
	数量	词汇	数量	词汇
身体锻炼词汇	16	步行 踢球 打球 瑜伽 做操 打台球 跳舞 骑车 跑步 游泳 跳绳 俯卧撑 轮滑 仰卧起坐 踢毽子 爬楼梯	10	步行 踢球 打球 瑜伽 做操 跳舞 骑车 跑步 游泳 爬楼梯
积极情感词汇	30	健壮 强健 强壮 有力 激情 敏捷 轻巧 畅快 灵活 健美 流畅 振奋 精神 活力 匀称 健康 快乐 高兴 放松 愉悦 成就感 义气 合作 享受 充实 勇敢 坚持 专注 舒缓 开心	20	健壮 强健 强壮 有力 激情 敏捷 轻巧 畅快 灵活 健美 流畅 振奋 精神 活力 匀称 健康 快乐 高兴 放松 愉悦
消极情感词汇	26	酸痛 虚脱 无力 枯燥 乏味 单调 无趣 疲惫 耗竭 损伤 劳累 伤病 枯燥 疼痛 肿胀 骨折 劳损 野蛮 暴力 受挫 失败 委屈 遗憾 冲突 挫伤 痛苦	20	酸痛 虚脱 无力 枯燥 乏味 单调 无趣 疲惫 耗竭 损伤 劳累 伤病 枯燥 疼痛 肿胀 骨折 劳损 野蛮 暴力 受挫

(2)SC-IAT 测试流程(见图 5-3)。

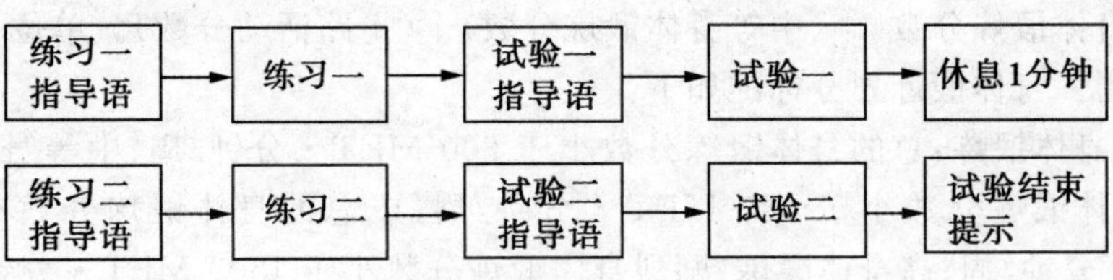

图 5-3　身体锻炼情感联结 SC-IAT 测试试验流程

测试程序试验次数及反应键如表 5-3 所示。

表 5-3 身体锻炼情感联结的 SC-IAT 测验程序模式

步骤	试验次数	功能	反应键	
			按左键的词汇(S)	按右键的词汇(K)
1	24	练习	积极情感+身体锻炼	消极情感
2	72	测验	积极情感+身体锻炼	消极情感
3	24	练习	积极情感	消极情感+身体锻炼
4	72	测验	积极情感	消极情感+身体锻炼

练习阶段的试验结果不予采用,只分析测验阶段的数据。有的研究试验次数为 48 次(艾传国,佐斌,2011),但 Karpinski 和 Steinman(2006)研究显示,低于 72 次的测验结果信度不高。本研究练习次数设置为 24 次,测验次数设置为 72 次。

本研究中,设定"积极情感+身体锻炼"为相容任务,"消极情感+身体锻炼"为不相容任务。为了防止反应偏差,相容任务(步骤 1、步骤 2)中,"身体锻炼"词汇、"积极情感"词汇和"消极情感"词汇按照 7∶7∶10 的频率呈现,因此 58%的正确反应在左键上,42%的正确反应在右键上。不相容任务(步骤 3、步骤 4)中,"身体锻炼"词汇、"积极情感"词汇和"消极情感"词汇按照 7∶10∶7 的频率呈现,因此 42%的正确反应在左键上,58%的正确反应在右键上。

练习阶段,被试在反应完之后会给予即时反馈,反应正确时在屏幕中央呈现蓝色的"YES",持续 150 ms;反应错误时在屏幕中央呈现红色的"NO",持续 150 ms。

试验中,靶词在被试作出反应之前一直呈现在屏幕上,如果被试在 1500 ms 内不能作出反应,一个红色"请尽快回答"的提醒将呈现 500 ms,字体大于靶词的字体,让被试产生紧迫感,有助于减少被试在作反应过程中进行控制加工。

(3)SC-IAT 数据处理方法:SC-IAT 的测验结果采用 D 分数来表示。计算程序如下:①将错误率小于 20%的被试的数据删除。②反应时高于 10000 ms、低于 350 ms 的试验(trial)删除。③修改错误反应的反应时,将其替换成其所属组块的正确反应的平均反应时加上 400 ms 的惩罚。④计算不相容任务与相容任务的平均反应时之差,再除以所有正确反应(不包含原先错误反应)的反应时的标准差,所得数值即 D 分数(艾传国,佐斌,2011;Karpinski & Steinman,2006),用 D 分数表示情感联结。

4. 试验程序

(1)签订个人信息保密协议书。

(2)实施冲动系统测试。由主试介绍试验及试验注意事项,引导试验参与者认真完成试验。

(3)实施熟虑系统、身体锻炼测量。

(4)发放礼品。

5.采用 Excel 2007、Spss 15.0、Amos 7.0 对数据进行统计处理

(三)结果分析

1.研究数据筛选

本研究数据主要分为两部分:一部分为熟虑系统、身体锻炼、意志品质测量数据,另一部分为 SC-IAT 测试数据。

熟虑系统、身体锻炼、意志品质测量数据筛选执行以下标准:①手动筛选,删除个人主要信息填写不全、多题漏答、"Z"字形作答、同一选项作答及其他有规律作答者;②删除社会赞许量表得分过半,即 M-C S-D13 得分大于 7 分的被试。

SC-IAT 测试筛选数据执行以下标准:①删除错误率小于 20%的被试;②由于测验过程中电脑程序出错,部分被试的 ID 重复,删除所有相同 ID 的数据;③数据丢失(电脑程序没记录)。

各筛选流程删除数据数量如表 5-4 所示。

表 5-4　研究数据筛选

熟虑系统、身体锻炼测量数据筛选		SC-IAT 测试数据筛选	
总数量	1519	总数量	1519
信息不全、漏答、"Z"字形或同一选项作答等	46	数据丢失	34
M-C S-D13 得分大于 7 分	416	电脑程序出错	97
有效数据	1057	错误率小于 20%	63
		有效数据	1325
两者皆有效数据	955		

2.被试基本情况分析

被试人口统计学信息如表 5-5 所示。

表 5-5　被试人口统计学信息(n=955)

	有运动训练经历	无运动训练经历	合计
男	303	324	627
女	130	198	328
年龄	19.85(0.95)	20.01(1.07)	
合计	433	522	955

3. SC-IAT 测验信度分析

根据 Karpinski、Steinman(2006)计算 SC-IAT 内部一致性系数的方法,将每位被试的测试数据按奇偶分成两部分,分别计算相容任务与不相容任务的平均反应时,再分别计算 D 分数。如此一来,每位被试有两个 D 分数。计算所有被试两个 D 分数的相关系数。本研究中,955 名被试的相关系数 $r=0.76$,$p<0.01$。

4. 熟虑与冲动双加工模型中各变量的描述性统计分析(见表 5-6)

表 5-6　　各变量描述性统计结果($n=955$)

	身体锻炼	情感联结	意志品质	态度	风险知觉	社会支持	主观规范
M	2071.18	−0.26	171.56	30.09	8.04	13.26	16.15
SD	(1758.10)	(0.36)	(25.89)	(5.03)	(3.27)	(4.35)	(4.31)
	控制感	自我效能	应对自我效能	恢复自我效能	积极结果期待	消极结果期待	
M	18.06	13.43	28.93	7.98	37.92	11.54	
SD	(3.58)	(3.60)	(8.11)	(3.32)	(7.76)	(2.19)	

由表 5-6 可知,整体样本的身体锻炼量较高,达到中等活动水平(中等活动水平:1500~3000 MET·分钟/周);意志品质水平较高(李佑发,2007),熟虑系统各变量得分也较高(沈梦英,2011)。

身体锻炼、冲动系统、熟虑系统各变量相关矩阵如表 5-7 所示。

表 5-7　　身体锻炼、冲动系统、熟虑系统各变量相关矩阵($n=955$)

	1	2	3	4	5	6	7	8	9	10	11
1 身体锻炼	1.00										
2 情感联结	0.10 **	1.00									
3 态度	0.24 **	−0.04	1.00								
4 风险知觉	0.05	−0.03	−0.15 **	1.00							
5 社会支持	0.22 **	−0.01	0.30 **	0.05	1.00 **						
6 主观规范	0.17 **	0.06	0.30 **	0.00	0.38 **	1.00					
7 控制感	0.22 **	0.04	0.54 **	0.11 **	0.24 **	0.28 **	1.00				
8 自我效能	0.25 **	0.02	0.44 **	0.09 **	0.27 **	0.34 **	0.42 **	1.00			
9 应对自我效能	0.06	−0.04	0.08 **	−0.16 **	0.11 **	0.13 **	0.04	0.26 **	1.00		
10 恢复自我效能	−0.03	−0.01	0.02	−0.10 **	0.04	0.04	−0.01	0.14 **	0.41 **	1.00	
11 积极结果期待	0.20 **	0.00	0.35 **	0.04	0.24 **	0.27 **	0.25 **	0.40 **	0.27 **	0.14 **	1.00
12 消极结果期待	0.03	0.04	0.09 **	0.14 **	−0.01	0.06 *	0.10 **	−0.13 **	−0.17 **	0.00	−0.11 **

* 表示 $p<0.05$,** 表示 $p<0.01$,下同。

由表 5-7 可知，情感联结和熟虑系统各因素相关低（最高为 0.062）且不显著；风险知觉、应对自我效能、恢复自我效能、消极结果期待与身体锻炼相关低（最高为 0.057）且不显著；身体锻炼与其他各因素相关低但显著。

对不同性别被试的身体锻炼、情感联结、意志品质得分进行独立样本 t 检验，结果如表 5-8 所示。

表 5-8　不同性别被试各变量差异（$n=955$）

	总分	男	女	t	p
身体锻炼	2071.18 (1758.10)	2191.29 (1797.61)	1841.57 (1658.59)	2.93	0.003
情感联结	−0.26(0.36)	−0.26(0.36)	−0.25(0.35)	−0.007	0.995
意志品质	171.56(25.89)	171.74(26.13)	171.21(25.45)	0.30	0.762

由表 5-8 可知，男生的身体锻炼量显著高于女生，$t(955)=2.93$，$p=0.003$。不同性别的情感联结、意志品质不存在显著差异。

对有无运动训练被试的身体锻炼、情感联结、意志品质得分进行独立样本 t 检验，结果如表 5-9 所示。

表 5-9　有无运动训练经历被试各变量差异（$n=955$）

	有运动训练经历	无运动训练经历	t	p
身体锻炼	2609.41(2172.24)	1624.71(1143.13)	8.51	0.00
情感联结	−0.27(0.35)	−0.25(0.36)	−0.59	0.56
意志品质	175.28(25.71)	168.47(25.65)	4.08	0.00

由表 5-9 可知，有运动训练经历被试的身体锻炼量显著高于无运动训练经历的被试，$t(626)=8.51$，$p<0.001$。有运动训练经历被试的意志品质显著高于无运动训练经历的被试，$t(955)=4.08$，$p<0.001$。有无运动训练经历被试的情感联结不存在显著差异。

5. 身体锻炼-情感联结描述

955 名被试的身体锻炼-情感联结描述如图 5-4 所示。

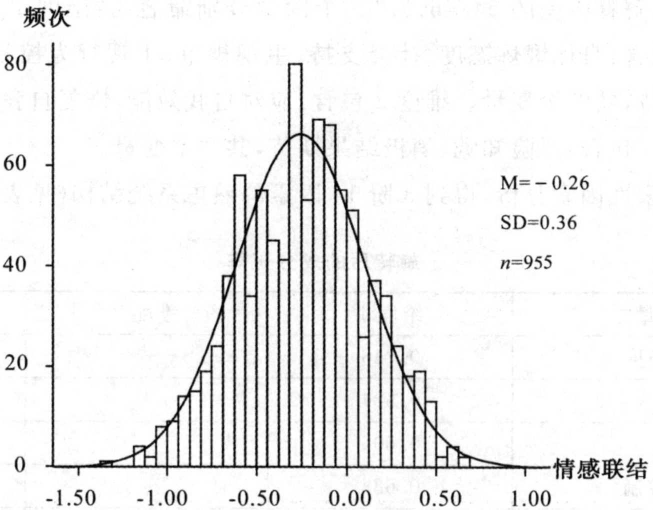

图 5-4　身体锻炼-情感联结描述(n=955)

由图 5-4 可以看出,被试的身体-锻炼情感联结呈正态分布。对正向情感联结、负向情感联结的人数进行统计,结果如表 5-10 所示。

表 5-10　总体及各亚群体正向、负向情感联结人数及比例(n=955)

		总人数	正向情感联结人数	比例(%)	负向情感联结人数	比例(%)
性别	男	627	154	24.56	473	75.44
	女	328	76	23.17	252	76.83
运动训练经历	有	433	102	23.56	331	76.44
	无	522	128	24.52	394	75.48
	总体	955	230	24.08	725	75.92

由表 5-10 可知,被试无论性别、有无运动训练经历,正向情感联结的人数比例非常相近,均不到 1/4。

6. 熟虑系统检验

(1)探索性因素分析:对熟虑结构包含的 10 个变量进行探索性因素分析,结果显示,KMO 值为 0.747,Bartlett 球形检验卡方值为 1635.388(df＝45,$p<0.001$),说明各题项之间有共同性因素存在,适合作因素分析。

对 10 个变量进行探索性因素分析,采用正交旋转,获得特征值大于 1 的因素有三个，共解释方差的54.46%。三个因素分别命名为：维度1、维度2、维度3。维度1包含：身体锻炼态度、社会支持、主观规范、主观行为控制、自我效能、积极结果期待，共6个变量。维度2包含：应对自我效能、恢复自我效能，共2个变量。维度3包含：风险知觉、消极结果期待，共2个变量。

通过探索性因素分析，得到3阶14因素的熟虑系统结构(见表5-11)。

表5-11　旋转后的成分矩阵

变量	维度1	维度2	维度3
身体锻炼态度	0.746		
社会支持	0.584		
主观规范	0.605		
主观行为控制	0.688		
自我效能	0.734		
积极结果期待	0.610		
应对自我效能		0.743	
恢复自我效能		0.868	
风险知觉			−0.461
消极结果期待			0.887

(2)验证性因素分析：在使用SEM检验潜变量时，如果观测变量过多，可能会增大测量误差，对模型的拟合不利。因此，本研究考虑使用条目打包(item parceling)的方式，以简化测量模型。

本研究采用主成分分析法进行单维潜变量合并。按照毛志雄(2001)，卞冉、车宏生、阳辉等(2007)的做法，先对每个分量表中的所有条目进行因素分析，并强制单因素解，然后将每个分量表中因子载荷按照由高到低进行螺旋式排列，每一列的条目组合为1个条目，最终所有条目组合到3～4个组合条目中。

对多维潜变量进行合并时，采用领域代表法，能得到较为良好、稳定的因素负荷(卞冉，车宏生，阳辉，2007)。

本研究中行为态度、风险知觉、社会支持分别为5个条目，进行打包。主观规范、主观行为控制感、行动自我效能、恢复自我效能均为3～4个条目，无须打包。身体锻炼量也直接用于结构方程模型分析。意志品质只计算总分，无须打包。

各变量信度、打包后的结果如表5-12所示。

表 5-12　　各变量信度及因子分析结果

变量	原始条目	提取因素	解释方差(%)	KMO	p	打包后条目
锻炼态度	5	1	61.03	0.765	0.000	3
风险知觉	5	1	62.30	0.850	0.000	3
社会支持	5	1	58.48	0.822	0.000	3
主观规范	3	1	74.17	0.699	0.000	3
主观行为控制	3	1	64.99	0.650	0.000	3
自我效能	4	1	61.13	0.750	0.000	4
应对自我效能	11	3	61.82	0.837	0.000	3
恢复自我效能	3	1	71.81	0.706	0.000	3
积极结果期待	10	2	57.71	0.874	0.000	3
消极结果期待	3	1	47.13	0.535	0.000	3

根据 t 法则(吴明隆,2009),经探索性因素分析得出的 3 阶 14 因素的熟虑系统结构无法识别。该熟虑系统主要用于预测身体锻炼,根据 Scharwzer(1992,2008)的研究结果,风险知觉、消极结果期待对健康行为的预测价值不大。由相关矩阵亦可知,这两个变量与身体锻炼相关低且不显著。此外,考虑到本研究的被试均身体健康,不担心疾病等问题,所以风险知觉、消极结果期待涉及较少。因此,删除维度 3,即风险知觉与消极结果期待,熟虑系统结构变为 3 阶 11 因素。

根据 t 法则(吴明隆,2009),3 阶 11 因素的熟虑系统结构仍然无法识别。根据各变量相关矩阵,应对自我效能、恢复自我效能与身体锻炼相关低(最高为 0.057)且不显著。此外,该研究的被试非从事专业训练,身体锻炼中面对的压力或困难较少,应对的问题涉及较少。因此删除维度 2,即应对自我效能、恢复自我效能。熟虑系统结构变为 2 阶 7 因素结构,如图 5-5 所示。

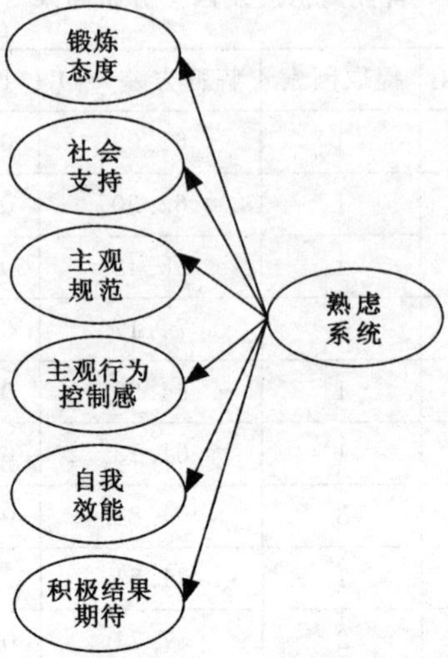

图 5-5　2 阶 7 因素熟虑系统结构

模型检验的方法选择最大似然法(maximum likelihood)。选择χ^2、χ^2/df 和 RMSEA 作为绝对拟合指标(absolute fit index),选用 TLI、IFI、CFI、NFI 作为相对拟合指标(comparative fit index)。按照一般要求,若χ^2/df 小于 5,RMSEA 小于 0.08,则模型与数据拟合较好;RMSEA 小于 0.10,模型可以接受。若 TLI、IFI、NFI 和 CFI 大于 0.90,则说明模型与数据拟合较好;如在 0.80 与 0.90 之间,模型可以接受(沈梦英,2011)。

对 2 阶 7 因素熟虑结构进行结构方程模型检验,结果如表 5-13、图 5-6 所示。

表 5-13　　2 阶 7 因素熟虑系统结构方程模型拟合指标($n=955$)

χ^2	df	p	χ^2/df	TLI	IFI	CFI	NFI	RMSEA
730.284	146	0.000	5.002	0.918	0.930	0.930	0.914	0.065

从拟合指数来看,$\chi^2/df=5.002$,接近 5.0,RMSEA=0.065<0.08,2 项绝对拟合指标达到了拟合要求;TLI=0.918,IFI=0.930,CFI=0.930,NFI=0.914,有 4 项相对拟合指标均在 0.90 以上,模型的拟合度可以接受。模型的路径系数如图 5-6 所示。

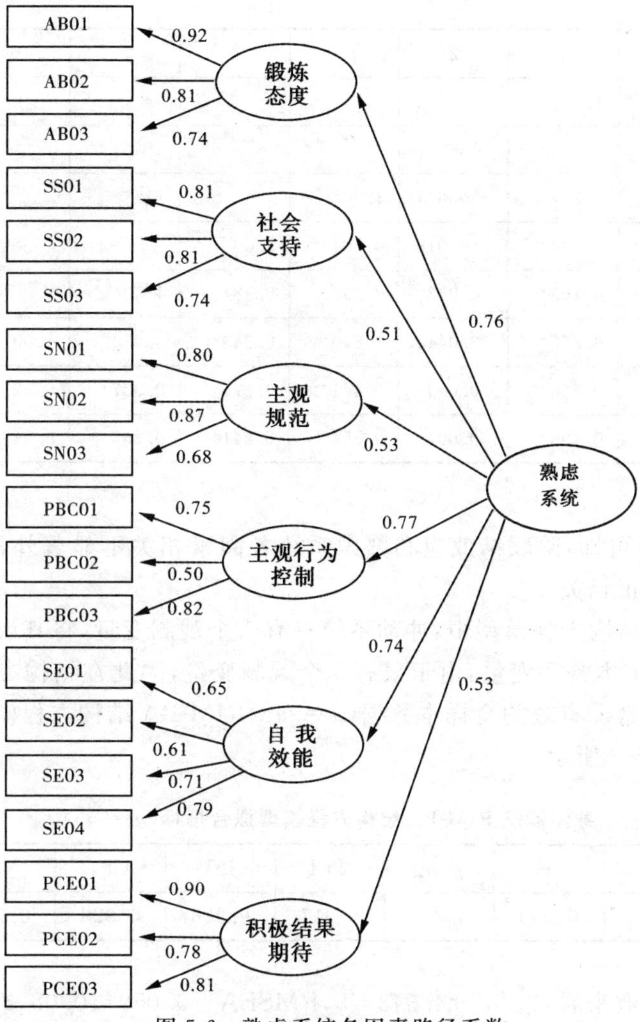

图 5-6　熟虑系统各因素路径系数

由验证性因素分析结果可知，熟虑系统的 2 阶 7 因素结构可以接受。

7. 身体锻炼熟虑与冲动双加工模型检验

(1)有效的全样本数据(n=955)RIM-PA 结构方程模型检验：有效全样本数据(n=955)的各变量相关矩阵如表 5-14 所示。

表 5-14　有效全样本数据身体锻炼、冲动系统、熟虑系统的相关矩阵(n=955)

	1	2	3	4	5	6	7
1 身体锻炼	1.00						
2 情感联结	0.099**	1.00					
3 态度	0.237**	−0.044	1.00				
4 社会支持	0.224**	−0.013	0.304**	1.00			
5 主观规范	0.165**	0.062	0.295**	0.381**	1.00		
6 主观行为控制	0.220**	0.044	0.540**	0.243**	0.280**	1.00	
7 自我效能	0.245**	0.019	0.441**	0.274**	0.337**	0.421**	1.00
8 积极结果期待	0.196**	0.004	0.354**	0.241**	0.268**	0.248**	0.398**

由表 5-14 可知，除联结效应和熟虑系统各因素相关不显著外，其他变量之间都有显著的正相关。

RIM-PA 结构方程模型中，冲动系统只有 1 个观测变量，将其误差项方差设为 1。身体锻炼本是潜变量，由于只有 1 个观测变量，因此在结构方程模型中将其看作观测变量。有效的全样本数据(n=955)RIM-PA 结构方程模型检验结果如表 5-15、图 5-7 所示。

表 5-15　身体锻炼 RIM-PA 结构方程模型拟合指标(n=955)

χ^2	df	p	χ^2/df	TLI	IFI	CFI	NFI	RMSEA
794.766	183	0.000	4.343	0.917	0.928	0.928	0.909	0.059

从拟合指数来看，χ^2/df=4.343<5，RMSEA=0.059<0.08，2 项绝对拟合指标达到了拟合要求；TLI=0.917，IFI=0.928，CFI=0.928，NFI=0.909，4 项相对拟合指标均在 0.90 以上，因此模型的拟合度较好。模型的路径系数如图 5-7所示。

从图 5-7 可知，模型解释了 14.5%的身体锻炼的方差，其中冲动系统解释了 0.81%的身体锻炼的方差，熟虑系统解释了 13.69%的身体锻炼的方差，路径系数均显著。

冲动系统路径系数虽显著，但解释率并不理想。结合“熟虑与冲动双加工模型中各变量的描述性统计分析”结果，有必要在各亚群体中检验 RIM-PA。

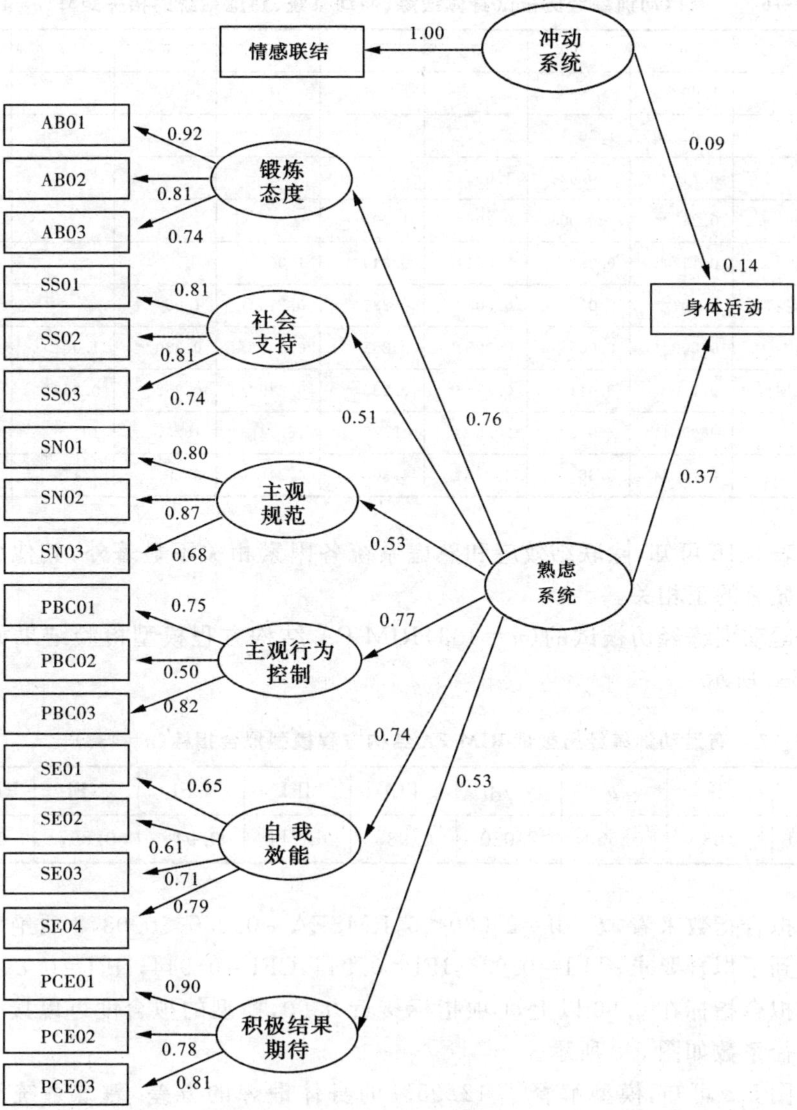

图 5-7 RIM-PA 路径系数

(2)有运动训练经历被试数据(n=433)RIM-PA 结构方程模型检验:有运动训练经历被试(n=433)的各变量相关矩阵如表 5-16 所示。

表 5-16 有运动训练经历被试身体锻炼、冲动系统、熟虑系统的相关矩阵($n=433$)

	1	2	3	4	5	6	7	8
1 身体锻炼	1.00							
2 情感联结	−0.020	1.00						
3 态度	0.210**	−0.024	1.00					
4 社会支持	0.287**	−0.008	0.308**	1.00				
5 主观规范	0.122*	0.086	0.264**	0.349**	1.00			
6 主观行为控制	0.187**	0.050	0.505**	0.236**	0.273**	1.00		
7 自我效能	0.202**	0.065	0.397**	0.258**	0.305**	0.380**	1.00	
8 积极结果期待	0.160**	0.011	0.334**	0.233**	0.249**	0.252**	0.366**	
M	2609.41	−0.27	30.3	13.29	16.14	18.37	13.56	38.11
SD	2172.24	0.36	4.82	4.30	4.24	3.29	3.47	7.68

由表 5-16 可知，除联结效应和熟虑系统各因素相关不显著外，其他变量之间都有显著的正相关。

有运动训练经历被试的($n=433$)RIM-PA 结构方程模型检验结果如表 5-17、图 5-8 所示。

表 5-17 有运动训练经历被试 RIM-PA 结构方程模型拟合指标($n=433$)

χ^2	df	p	χ^2/df	TLI	IFI	CFI	NFI	RMSEA
380.581	183	0.000	2.080	0.935	0.944	0.944	0.897	0.050

从拟合指数来看，$\chi^2/df=2.080<5$，RMSEA$=0.050<0.08$，2 项绝对拟合指标达到了拟合要求；TLI＝0.935，IFI＝0.944，CFI＝0.944，NFI＝0.897，有 3 项相对拟合指标在 0.90 以上，1 项指标接近 0.90，模型的拟合度可以接受。模型的路径系数如图 5-8 所示。

从图 5-8 可知，模型解释了 12.25％的身体锻炼的方差，熟虑系统解释了 12.25％的身体锻炼的方差，冲动系统的路径系数不显著。

(3)无运动训练被试数据($n=522$)RIM-PA 结构方程模型检验：无运动训练经历被试($n=522$)的各变量相关矩阵如表 5-18 所示。

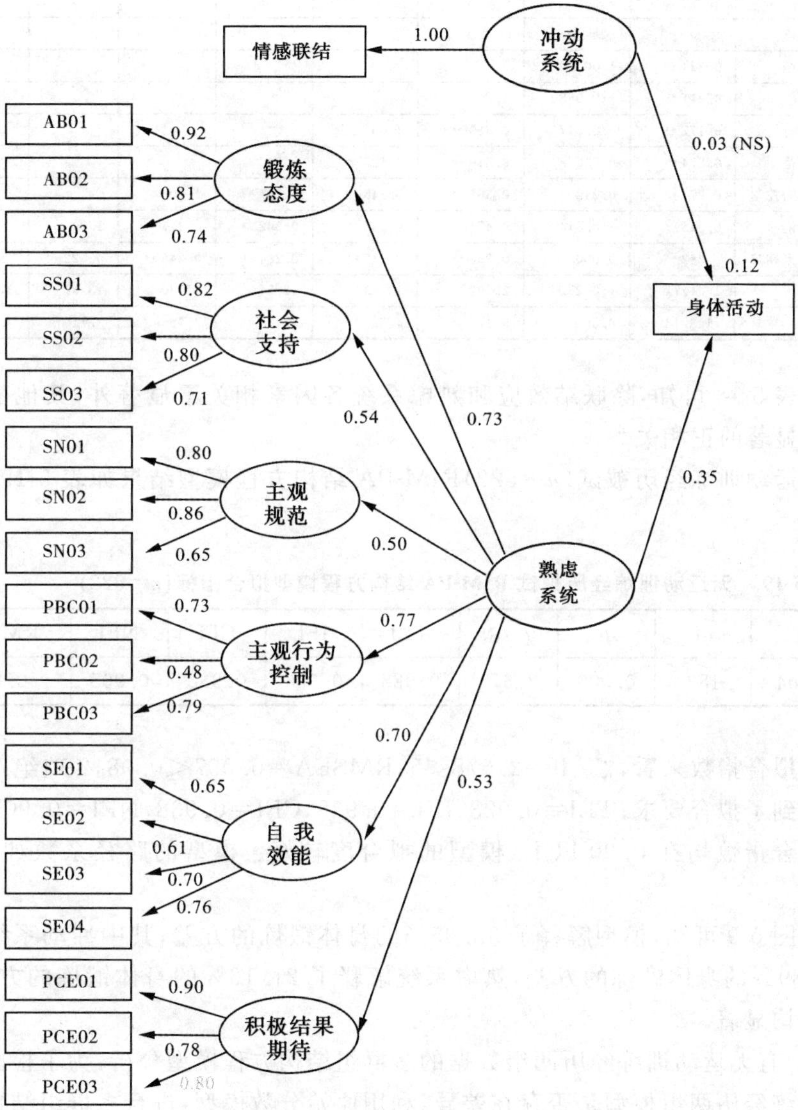

图 5-8 有运动训练经历被试 RIM-PA 路径系数

表 5-18　无运动训练经历被试身体锻炼、冲动系统、熟虑系统的相关矩阵(n=522)

	1	2	3	4	5	6	7	8
1 身体锻炼	1.00							
2 情感联结	0.324 **	1.00						
3 态度	0.311 **	−0.058	1.00					
4 社会支持	0.177 **	−0.017	0.300 **	1.00				
5 主观规范	0.274 **	0.043	0.319 **	0.405 **	1.00			
6 主观行为控制	0.271 **	0.042	0.561 **	0.248 **	0.287 **	1.00		
7 自我效能	0.345 **	−0.014	0.471 **	0.285 **	0.362 **	0.447 **	1.00	
8 积极结果期待	0.282 **	0.000	0.369 **	0.247 **	0.284 **	0.245 **	0.422 **	
M	1624.71	−0.25	29.92	13.23	13.56	17.80	13.31	37.76
SD	1143.13	0.36	5.12	4.39	3.47	3.79	3.71	7.83

由表 5-18 可知，除联结效应和熟虑系统各因素相关不显著外，其他变量之间都有显著的正相关。

无运动训练经历被试(n=522)RIM-PA 结构方程模型结果如表 5-19、图 5-9 所示。

表 5-19　无运动训练经历被试 RIM-PA 结构方程模型拟合指标(n=522)

χ^2	df	p	χ^2/df	TLI	IFI	CFI	NFI	RMSEA
490.104	183	0.000	2.678	0.928	0.938	0.938	0.905	0.057

从拟合指数来看，$\chi^2/df=2.678<5$，RMSEA=0.057<0.08，2 项绝对拟合指标达到了拟合要求；TLI=0.928，IFI=0.938，CFI=0.938，NFI=0.905，4 项指标拟合指数均在 0.90 以上，模型的拟合度较好。模型的路径系数如图 5-9 所示。

从图 5-9 可知，模型解释了 32.05%的身体锻炼的方差，其中冲动系统解释了 10.89%的身体锻炼的方差，熟虑系统解释了 21.16%的身体锻炼的方差，路径系数均显著。

(4)有无运动训练经历两组数据的多群组结构方程模型分析：为了检验有无运动训练经历两组模型是否存在差异，利用原始分数模型，进行多群组结构方程分析。

首先，利用多群组功能设定有运动训练经历与无运动训练经历两个组别。然后进行参数等同设定：设定两个组中冲动系统与身体锻炼之间的路径系数、熟虑系统与身体锻炼之间的路径系数分别相等。

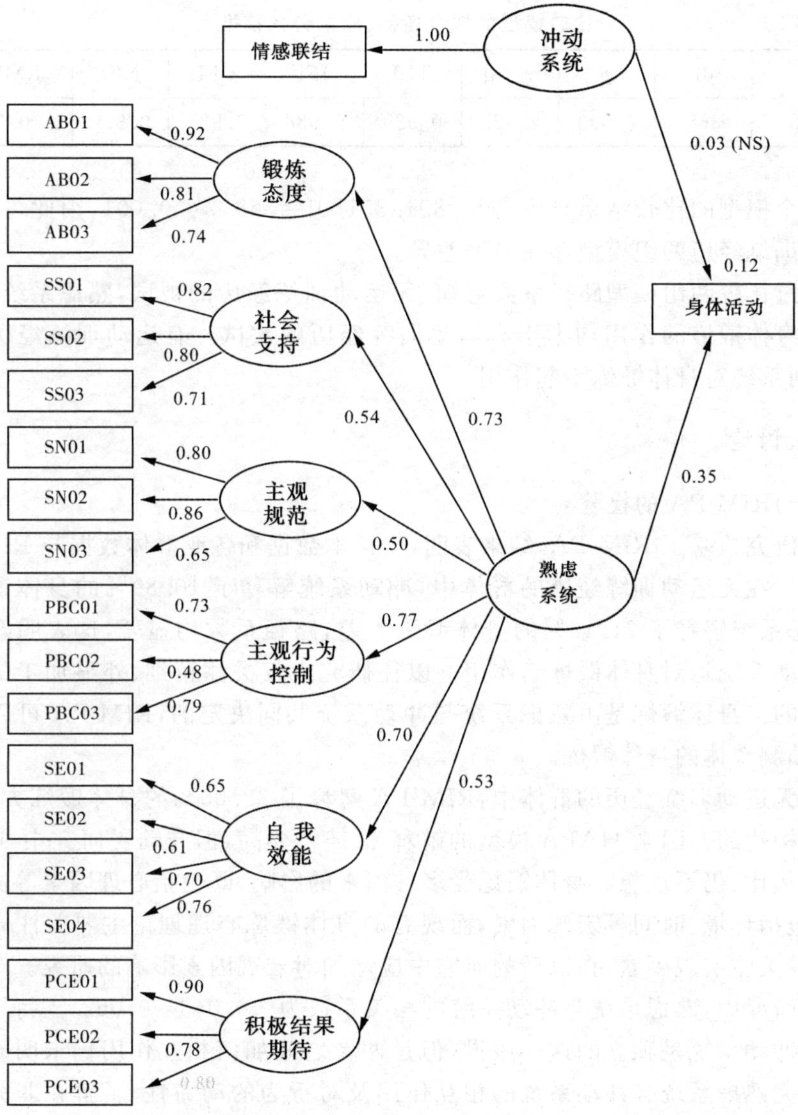

图 5-9　无运动训练经历被试 RIM-PA 路径系数

利用原始分数计算的两个模型的比较结果如表 5-20 所示。

表 5-20　　比较模型的拟合指标:原始分数模型

χ^2	df	p	χ^2/df	TLI	IFI	CFI	NFI	RMSEA
891.351	368	0.000	2.422	0.929	0.938	0.938	0.899	0.039

两个模型的比较结果显示,$\chi^2=891.351$,df=368,$p<0.001$,因此可知,有无运动训练经历两组模型存在显著差异。

通过比较两组模型路径系数可知,无运动训练经历的被试,熟虑系统、冲动系统对身体锻炼的作用均大于有运动训练经历的被试。有运动训练经历的被试,冲动系统对身体锻炼不起作用。

四、讨论

(一)RIM-PA 的检验

本研究检验了 RIM-PA,结果表明,全样本数据和各亚群体数据与 RIM-PA 均拟合。在无运动训练经历的群体中,冲动系统解释了 10.89%的身体锻炼方差,熟虑系统解释了 21.16%的身体锻炼方差,路径系数均显著,这表明熟虑系统与冲动系统均对身体锻炼起作用。以往研究中仅关注精细、外显加工的态度是不够的。身体锻炼是由熟虑系统与冲动系统共同决定的,RIM-PA 可以用来解释、预测个体的身体锻炼。

在无运动训练经历的群体中,RIM-PA 解释了 32.05%的身体锻炼方差,比沈梦英构建的 9 因素 HAPA 模型的解释率 16%要高,但与陆雯研究中 69%的解释率相比,仍不理想。身体锻炼受多种因素的影响,既包括心理因素等微观因素,又包括环境、时间等宏观因素,而现有的身体锻炼心理理论主要关注微观因素,很少关注宏观因素,在以后的研究中应增加对宏观因素影响的研究。

本研究中,熟虑系统与冲动系统的相关系数为$-0.043\sim0.062$,支持了熟虑系统与冲动系统是独立的这一假设,但是两者之间如何相互作用仍未明确。有必要研究熟虑系统与冲动系统的相互作用及对行为的动力性,了解在非完美情境下的引导行为的应用价值。

本研究整体考察了熟虑系统、冲动系统对身体锻炼的预测性,结果显示,除低意志品质群体,全样本和各亚群体熟虑系统的预测力均高于冲动系统的预测力。心理学领域的很多研究都试图探寻态度与行为之间的关系,但研究结果纷繁复杂。刘俊升、桑标(2010)的研究结果显示,内隐态度和外显态度均可以影响个体的行为,在不同领域,内隐与外显态度的预测力不同。在社会敏感行为、意识难以控制的行为方面,内隐态度的预测力要高于外显态度,且当内隐和外显态度相关较高的时候,对行为的预测力会增加。总体来看,本研究支持了以上研究结果。

冲动系统对身体锻炼的作用是客观存在的,研究冲动系统的目的并非过分宣扬人行为的“非理性”成分,而是了解其对行为的作用机制,在吸烟、饮食等风险行为中对其实施控制,在身体锻炼等健康行为中对其实施控制或者合理利用。身体锻炼理论的评价标准,除了对行为的解释率外,能为行为提供更多元化的干预方法更为重要。

(二)SC-IAT 的应用

史伟锋、毛志雄(2011),Bluemke 等(2010)的研究中使用 IAT 测量情感联结。IAT 是一种相对测量,考察的是身体锻炼相对于看书、写字、吃饭等与积极情感或消极情感的联结程度。试验的结果并不能说明人们对于身体锻炼积极,对看书消极,或者对看书积极,对身体锻炼消极,只能说相对于看书、写字来说,人们对身体锻炼更为积极或者更为消极。

本研究中选用 SC-IAT 测量情感联结,不设对比活动,考察的是被试的单一态度,用 D 分数表示情感联结。实质而言,测得的 D 分数只表示相对情感联结,而非绝对情感联结。SC-IAT 测验实施的原理认为,个体对某一刺激既存在积极内隐情感,又存在消极内隐情感,不相容任务与相容任务的平均反应时之差表示积极情感与消极情感的差异。

在本试验中,个体身体锻炼积极情感联结与消极情感联结同时存在,不相容任务与相容任务的平均反应时之差表示积极情感联结与消极情感联结的差异。正值表示积极情感联结强度大于消极情感联结,负值表示消极情感联结强度大于积极情感联结。D 分数绝对值不能表示情感联结的强烈,只表示积极情感联结与消极情感联结强度的差异大小。

积极情感和消极情感是两个独立的维度,积极情感高并不意味着消极情感低,也可能个体的积极情感联结很高,消极情感联结也很高。如果两者绝对值相等,计算出的 D 分数则为 0,但不能说明个体不存在身体锻炼情感联结。

IAT 与 SC-IAT 均存在一定缺陷,IAT 测量的是身体锻炼与另一种活动相比较的情感联结,SC-IAT 测量的是积极情感联结与消极情感联结的差异。但相比而言,SC-IAT 比 IAT 测量更进一步。

冲动系统既包括刺激联结,又包括对诱惑刺激的趋近-规避反应,已有研究均只考察了刺激联结,未考察对冲动系统的的行为成分,即对身体锻炼的趋近-规避反应,在以后的研究中应设法测量对身体锻炼的趋近-规避反应,两者综合考虑可能会提高冲动系统对行为的预测力。

(三)熟虑系统、冲动系统对身体锻炼行为的预测

本研究中整体考察了熟虑系统、冲动系统对身体锻炼行为的预测性,结果显示,对于无运动训练经历的被试,熟虑系统的预测力(0.46)高于冲动系统的预测力(0.33)。

在健康行为领域,冲动系统诱发的行为和合理行为可能是相容的。例如,当渴的时候,服从冲动喝一杯水而不会产生自我控制冲突(除了情境需要定量配给水)。然而,对许多健康行为而言,两种系统诱发的行为是不相容的。例如,节食者被邀请参加享受高热量的大餐,体验到诱惑刺激产生的冲动的同时又需要克制冲动,在这种情况下,哪一种系统会胜出,RIM 未给出明确的答案。两种系统的最终机制均是行为的执行,即行为图式的激活,而哪种行为图式会胜出依赖于两种竞争图式激活的强度。此外,由于两个系统激活行为遵循不同的执行特点,因此特定情境或特质的边界条件会改变图式激活的优势。与自我控制资源有关的情境因素,如自我损耗、认知负荷、酗酒,会通过降低语义表征观点或减弱控制能力来损害熟虑系统。如果个体特质自控能力低,也不利于熟虑系统的执行。如果熟虑系统不能激活进行有效自我调节或控制冲动的行为图式,那么冲动系统会胜出,并激活冲动系统引发的行为图式。如果个体自我控制资源充足,除非心境状态不佳,或者个体刻意不去利用这些资源进行控制,那么熟虑系统会占上风。

在身体锻炼领域,如果熟虑系统和冲动系统激活的是相一致的行为图式,那么会增强对身体锻炼行为的激活,增加对行为的执行。如果熟虑系统和冲动系统激活的是相反的行为图式,何者更占优势,取决于个体对冲动系统的自我控制能力、熟虑系统的执行能力等。

本文将在研究二中探讨对熟虑系统的不同执行能力,即意志品质对两个系统与身体锻炼行为之间关系的影响。

(四)身体锻炼-情感联结的形成

本研究结果显示,被试无论性别、有无运动训练经历,正向情感联结的人数比例非常相近,均不到 1/4。

Bluemke 等(2010)的研究结果显示,身体锻炼者将身体锻炼与积极情感产生更多联结,非身体锻炼者将身体锻炼与消极情感产生更多联结。史伟锋和毛志雄(2011)的研究显示,经常参加身体锻炼的人比不参加身体锻炼的人,在以往运动过程中体验到更多的运动积极情感,并建立了身体锻炼与情感体验的自动联结。本研究也表明,身体锻炼-情感联结越高,身体锻炼量也越多。因此,可以通过提高身体锻炼-情感联结,来促进身体锻炼。

若对被试实施干预,可以通过两条途径:改变情感联结的方向,即由负向转变为正向，或增加正向情感联结的强度。但应如何实施干预呢？有必要先分析身体锻炼-情感联结的形成原因。

Kahneman 等(1993)研究发现，个体在一项行为中体验到的情感会影响他决策是否会去重复这项行为。还有研究显示，个体对一项行为或某段经历所期望的情感反应，会决定个体是否会去重复这项行为或某段经历(Kahneman,1999;Kirsch,1990;Mellers,2004)。根据学习理论，身体锻炼过程中的瞬时情感反应比身体锻炼后的情感反应更能有效预测以后的身体锻炼(Hall,Ekkekakis & Petruzzello,2002)。因为在身体锻炼中体验到的情感会进入人的记忆，产生身体锻炼-情感联结或对已有联结产生影响，而这种联结在后续行为的执行中起到重要作用。

由前文可知，联结的形成满足效果律、练习律，因此，改变情感联结可以通过如下措施：①在运动中实施干预，让被试体验身体锻炼带来的积极情感。有研究结果显示，身体锻炼强度影响身体锻炼的情感体验(Ekkekakis,2003)，因此，如果采用在运动中对被试实施身体锻炼干预，需要考虑强度的选择。②实施内隐干预，帮助被试将身体锻炼与相近时间、空间的积极情感建立联结。

(五)熟虑系统与冲动系统的关系

Greenwald 和 Banaji(1995)提出一个新的研究领域：内隐社会认知(implicit social cognition)的研究。该领域的研究表明，个体的社会认知加工既有意识的一面，也有无意识的一面，即外显与内隐的区分。外显社会认知采用直接测量即主观报告的方法，内隐社会认知采用间接测量，如 IAT 等方式。

内隐社会认知的提出为理解社会认知加工提供了全新的视角，但是内隐社会认知与外显社会认知之间有什么不同，又有着怎样的联系呢？对于这一问题，学者们众说纷纭。有研究者提出，两者属于相同的心理结构，即外显-内隐社会认知同一论。也有研究表明，两者是相互独立的不同心理结构，即外显-内隐社会认知分离论。在同一论学者们看来，内隐态度才是真实态度，而外显态度受很多因素的影响，包括个体动机、社会期许等。另外一些领域，如 Banaji 和 Hadin(1996)对性别的态度研究结果显示，内隐和外显是两种不同的内在心理结构，具有不同的心理加工机制(刘俊升，桑标，2010)。

本研究中提出的 RIM-PA 与外显-内隐理论在两个概念上有着很多相似之处，两个理论都区分出两种不同的加工机制。然而，在某些方面，RIM-PA 与外显-内隐理论存在差异。

首先，RIM-PA 认为两个系统对身体锻炼行为产生作用的机制是并行加工，且两个系统之间是相互作用。相反，大多数内隐-外显理论认为两种加工是连续模式。

其次，由于人类不能明确地觉知如何产生心理过程，因此，RIM-PA 中两个系统的划分不是建立在有无意识的基础上，不是将是否伴随着心理加工能觉知到的体验(phenomenal experience)作为区分标准。外显-内隐理论根据有无意识来区分加工，并没有明确如何实施操作。因此，RIM-PA 不使用内隐态度、内隐刻板印象、内隐目标或内隐自尊等概念。

内隐社会认知领域的一些理论家开始将更多内隐现象的独特特征细化。例如，Wilson、Lindsey 和 Schooler(2000)提出，内隐态度比外显态度变化更慢，易于影响自动的行为。Greenwald 等(2002)的研究纳入了认知平衡原则，表明内隐联结机制的存在。

Strack 和 Deutch(2004)提出需在操作特征上探寻内隐与外显的区别，将内隐加工对比冲动系统，而将外显加工对比熟虑系统，将心理加工而非心理内容看作是内隐、外显，态度也被定义为由评估决策产生的信念，评估决策是由关于"什么是好或坏"的熟虑。同时，熟虑-冲动理论关注如何测量冲动系统中概念和评估反应联结。

尽管内隐测量的方法广为人知，但是它们评估的心理状态仍不明确。一些学者认为，内隐测量识别了内隐态度或内隐刻板印象，另一些人喜欢将测量本身看作内隐的，但不是态度(或者无论其他概念)。从熟虑-冲动理论的视角来看，外显测量考察了人们的知识或信念等，内隐测量考察了联结结构。

除了重新定义内隐-外显二分法，RIM-PA 有助于理解外显-内隐机制如何影响行为。尽管已有人提出，内隐和外显对行为的影响路线不同，但是许多模型对于这种影响的认知或动机结构不能作出解释。RIM-PA 能通过概念和行为表征之间的内在联系以及它的动机定向来解释对行为的影响。

本研究中，熟虑系统与冲动系统的相关系数为－0.043～0.062，支持了熟虑系统与冲动系统是独立的这一假设，但是两者之间如何相互作用有待进一步检验。

(六)运动训练经历

史伟锋、毛志雄(2011)，Bluemke 等(2010)的研究结果显示，有运动训练经历和无运动训练经历研究参与者的情感联结不存在差异。基于此，本研究在选择研究参与者时，两个亚群体均选择在内。

本研究也表明，有运动训练经历和无运动训练经历的研究参与者，情感联结不存在差异，但是情感联结与身体锻炼之间的作用却存在显著差异。运动训练经历即行为的习惯性调节情感联结与身体锻炼之间的关系，行为的习惯性越强，冲动系统作用越不明显，甚至不起作用。分析其原因，对于规律的身体锻炼者，身体锻炼的习惯性越强，需要的控制越少，行为调节需要少的努力，冲动系统的阻碍作用越不明显，因此冲动系统不起作用，熟虑系统起作用更大，增加对行为的执行。

饮食领域的研究结果与此相反，Conner 等（2007）在饮食领域的研究结果显示，对于高习惯性个体，冲动系统能更好地预测健康相关行为。分析其原因，个体饮食行为习惯性越强，需要的控制越少，行为调节需要少的努力，熟虑系统的阻碍作用越不明显，因此冲动系统作用更大，增加对行为的执行。

综合身体锻炼领域和饮食领域的研究结果来看，行为的习惯性越强，越有利于增加行为的执行。

五、小结

（1）身体锻炼领域熟虑系统与冲动系统是两个独立的加工过程，身体锻炼由两个系统共同决定，RIM-PA 可以用来解释、预测个体的身体锻炼。

（2）对于有运动训练经历的被试，冲动系统作用不显著，可能由于其情感联结的形成过程较复杂，或者还存在其他第三变量，如行为的习惯性。

（3）身体锻炼中的体验影响情感联结的形成，为了促进积极情感联结的形成，身体锻炼尽量避免高强度。

第三节　意志品质调节作用的检验

一、研究目的

意志品质作为对熟虑系统的执行能力，可能会影响熟虑系统与行为、冲动系统与行为之间的关系。本研究采用结构方程模型，分别检验高意志品质被试、低意志品质被试，熟虑系统与冲动系统对行为的预测，以及两组路径系数的差异，考察意志品质是否是对冲动系统与身体锻炼、熟虑系统与身体锻炼起调节作用的特质变量。本研究的实施，将为针对不同个体实施有针对性的有效干预措施提供理论依据。

二、研究方法

被试、测量工具同研究一。

采用 Amos 7.0 对数据进行结构方程模型检验。

三、结果分析

将研究一中无运动训练经历的被试 522 人分为 2 组，分别为高意志品质组、低意志品质组。高意志品质组：WP＞168，共 276 名被试；低意志品质组：WP＜

168,共 246 名被试。

(一)两组被试各变量的描述性统计

两组被试各变量的描述性统计如表 5-21 所示。

表 5-21　高、低意志品质组参与者各变量描述性统计($n=522$)

变量	总分	高意志品质组($n=276$)	低意志品质组($n=246$)
身体锻炼量	1624.71(1143.13)	1847.92(1213.95)	1374.28(1002.80)
情感联结	−0.25(0.36)	−0.24(0.34)	−0.27(0.38)
熟虑得分	128.19(19.89)	134.30(18.95)	121.35(18.70)
意志品质	168.47(25.65)	187.93(14.57)	146.63(15.98)

(二)高意志品质被试 RIM-PA 结构方程模型检验

表 5-22 为高意志品质被试的身体锻炼、冲动系统、熟虑系统的相关矩阵。

表 5-22　高意志品质被试的身体锻炼、冲动系统、熟虑系统相关矩阵($n=276$)

	1	2	3	4	5	6	7
1 身体锻炼	1.00						
2 情感联结	0.241**	1.00					
3 态度	0.333**	−0.064	1.00				
4 社会支持	0.156**	−0.003	0.291**	1.00			
5 主观规范	0.244**	−0.023	0.267**	0.463**	1.00		
6 主观行为控制	0.333**	0.041	0.541**	0.202**	0.199**	1.00	
7 自我效能	0.390**	−0.001	0.443**	0.258**	0.267**	0.402**	1.00
8 积极结果期待	0.263**	−0.059	0.439**	0.301**	0.276**	0.234**	0.420**

由表 5-22 可知,除联结效应和熟虑系统各因素相关不显著外,其他变量之间都有显著的正相关。

高意志品质被试的 RIM-PA 结构方程模型检验结果如表 5-23、图 5-10 所示。

表 5-23　高意志品质被试 RIM-PA 结构方程模型拟合指数($n=276$)

χ^2	df	p	χ^2/df	TLI	IFI	CFI	NFI	RMSEA
361.898	183	0.000	1.978	0.917	0.928	0.927	0.865	0.060

从拟合指数来看,$\chi^2/df=1.978<5$,RMSEA$=0.060<0.08$,2 项绝对拟合

指标达到了拟合要求；TLI＝0.917，IFI＝0.928，CFI＝0.927，NFI＝0.865，有3项相对拟合指标在0.90以上，1项在0.85以上，模型的拟合度可以接受。模型的路径系数如图5-10所示。

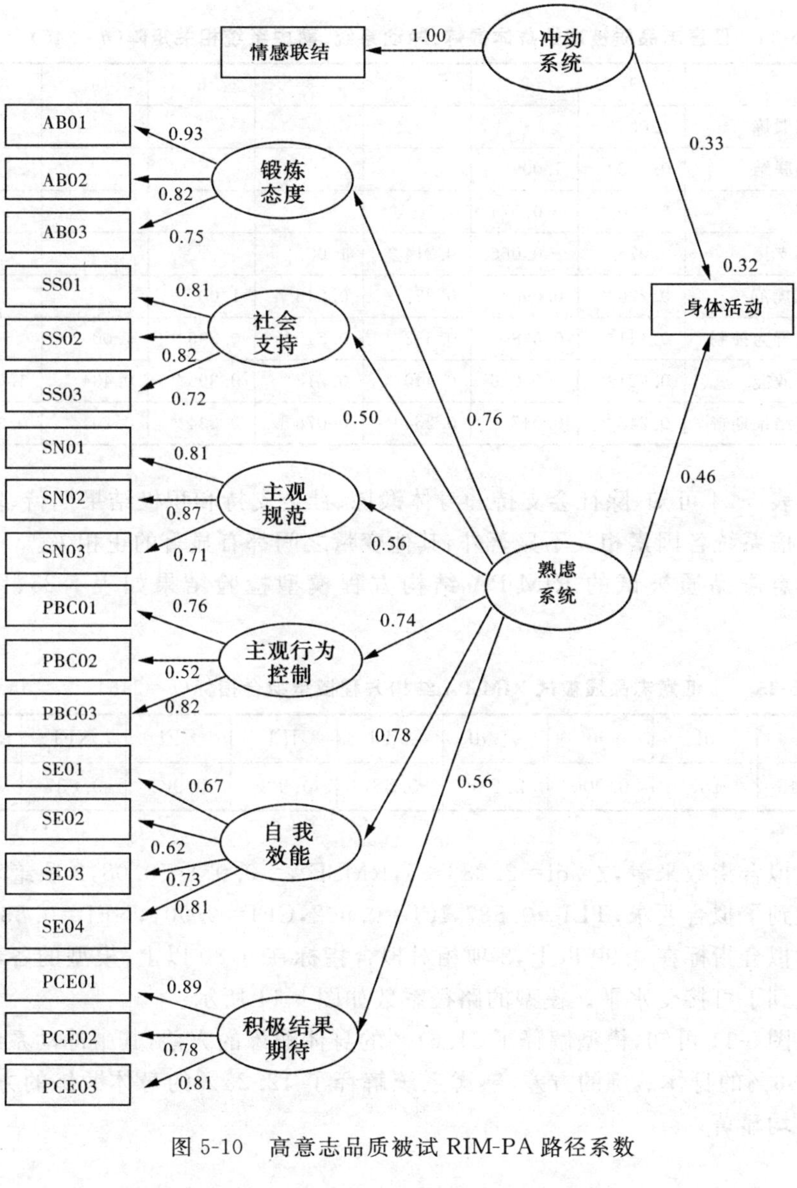

图5-10　高意志品质被试RIM-PA路径系数

从图5-10可知，模型解释了32.26％的身体锻炼的方差，其中冲动系统解释了6.25％的身体锻炼的方差，熟虑系统解释了26.01％的身体锻炼的方差，路径系数均显著。

(三)低意志品质被试 RIM-PA 结构方程模型检验

表 5-24 为低意志品质被试的身体锻炼、冲动系统、熟虑系统的相关矩阵。

表 5-24　低意志品质被试的身体锻炼、冲动系统、熟虑系统相关矩阵($n=246$)

	1	2	3	4	5	6	7
1 身体锻炼	1.00						
2 情感联结	0.432**	1.00					
3 态度	0.220**	−0.074	1.00				
4 社会支持	0.076	−0.066	0.214**	1.00			
5 主观规范	0.236**	0.090	0.292**	0.246**	1.00		
6 主观行为控制	0.141*	0.028	0.533**	0.210**	0.296**	1.00	
7 自我效能	0.221**	−0.046	0.440**	0.218**	0.390**	0.434**	1.00
8 积极结果期待	0.248**	0.047	0.254**	0.078	0.234**	0.201**	0.379**

由表 5-24 可知,除社会支持和身体锻炼、社会支持和积极结果期待、联结效应和熟虑系统各因素相关不显著外,其他变量之间都有显著的正相关。

低意志品质被试的 RIM-PA 结构方程模型检验结果如表 5-25、图 5-11 所示。

表 5-25　低意志品质被试 RIM-PA 结构方程模型拟合指标($n=246$)

χ^2	df	p	χ^2/df	TLI	IFI	CFI	NFI	RMSEA
409.643	183	0.000	2.238	0.887	0.902	0.901	0.837	0.071

从拟合指数来看,$\chi^2/df=2.238<5$,RMSEA=0.071<0.08,2 项绝对拟合指标达到了拟合要求;TLI=0.887,IFI=0.902,CFI=0.901,NFI=0.837,有 2 项相对拟合指标在 0.90 以上,2 项相对拟合指标在 0.80 以上,模型的各项拟合指数达到了可接受水平。模型的路径系数如图 5-11 所示。

从图 5-11 可知,模型解释了 31.61%的身体锻炼的方差,其中冲动系统解释了 19.36%的身体锻炼的方差,熟虑系统解释了 12.25%的身体锻炼的方差,路径系数均显著。

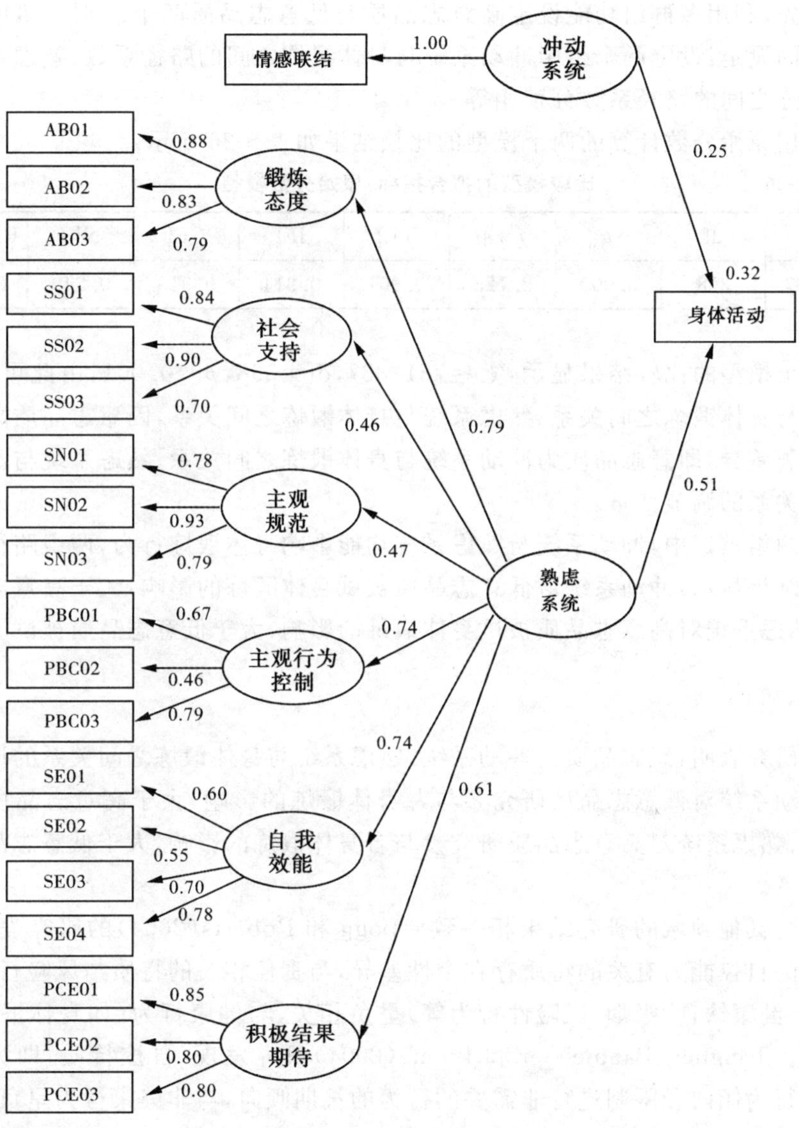

图 5-11 低意志品质被试 RIM-PA 路径系数

(四)两组数据的多群组结构方程模型分析

为了检验意志品质对冲动系统与身体锻炼之间关系、熟虑系统与身体锻炼之间关系的调节作用,利用原始分数模型,进行多群组结构方程分析。

在分析调节作用时,多群组结构方程分析法较具弹性且可避免多元共线性问题及变量须有正态分布的基本假设(李茂能,2011)。

首先,利用多群组功能设定高意志品质与低意志品质两个组别。然后进行参数等同设定:设定两个组中冲动系统与身体锻炼之间的路径系数、熟虑系统与身体锻炼之间的路径系数分别相等。

利用原始分数计算的两个模型的比较结果如表 5-26 所示。

表 5-26　　比较模型的拟合指标:原始分数模型

χ^2	df	p	χ^2/df	TLI	IFI	CFI	NFI	RMSEA
781.837	368	0.000	2.125	0.901	0.914	0.913	0.849	0.047

两个模型的比较结果显示,$\chi^2=781.837$,df=368,$p<0.001$,由此可知,冲动系统与身体锻炼之间关系、熟虑系统与身体锻炼之间关系,因意志品质高低而存在显著差异,即意志品质为冲动系统与身体锻炼之间关系、熟虑系统与身体锻炼之间关系的调节变量。

在两组被试中,冲动系统与熟虑系统均能影响身体锻炼行为,两组路径系数的比较结果显示:冲动系统对低意志品质被试身体锻炼的影响,大于高意志品质被试;熟虑系统对高意志品质被试身体锻炼的影响,大于低意志品质被试。

四、讨论

本研究表明,意志品质为冲动系统、熟虑系统与身体锻炼之间关系的调节变量。冲动系统对低意志品质研究参与者身体锻炼的影响,大于高意志品质研究参与者;熟虑系统对高意志品质研究参与者身体锻炼的影响,大于低意志品质研究参与者。

这与其他领域的研究结果相一致。Bogg 和 Roberts(2004)的研究表明,与健康行为自控能力有关的特质存在个性差异,与责任相关的特质与风险行为(如酗酒、不健康饮食、吸烟、风险性行为等)呈负相关,与健康行为(如身体锻炼)呈正相关。Tangney、Baumeister 和 Boone(2004)研究发现:自控特质,即为控制非需要行为倾向和限制进行非需要的行为的长期倾向,与非健康行为呈负相关;冲动性,即不经深思熟虑行动的一般倾向,与非健康行为呈正相关。在冲动性上的个体差异,主要体现在行为趋近和行为激活系统上。

分析其原因,身体锻炼领域中冲动系统和熟虑系统对行为的作用,与风险行为相比是相反的。在风险行为中,冲动系统以享乐为目的而促进行为的产生,熟虑系统以理性为基础会阻碍行为的产生;在身体锻炼中,冲动系统会避开行为所带来的劳累、痛苦等并规避行为,熟虑系统以促进健康等为目的会驱动行为的产生。风险行为的研究以减少行为为目的,身体锻炼的研究以增加行为为目的。

因此，风险行为的研究中应重视控制冲动性的特质-自我控制，通过控制冲动性来避免行为产生，限制非需要的行为倾向；而在身体锻炼的研究中应重视促进熟虑系统作用的特质-熟虑系统的执行能力，即意志品质，通过增加对熟虑系统的执行来增加行为。

意志力对于健康相关行为自我控制的必要性已被研究者（Baumeister & Heatherton，1996；Baumeister，Heatherton & Tice，1994）在自我损耗的研究中检验。然而，研究同时表明，自我控制资源是有限的，使用自我控制时损耗这些资源，并且需要时间去补偿。例如，在之前的自我控制任务中自我控制资源损耗的被试，比起没损耗的被试食用更多的非健康食品，饮用更多的酒精饮料，更多地参与不克制的性行为。除了自我损耗，大量其他情境变量也会干扰对健康相关行为的自我控制，如认知负担、情感困扰或醉酒。研究表明，酒精除了对自我控制有急性效应，在青少年中，饮酒和药物滥用对自我控制力有长期负效应（Wiers et al.，2007）。

根据RIM，行为受冲动系统和熟虑系统的共同控制，最后对行为影响的结果如何，依赖于两种系统的兼容性。如果冲动系统和熟虑系统激活的是同一个行为图式，那么就会促进行为的产生。此时，控制执行的认知能力会降低，行为的执行会伴随着流畅情感，有着积极的快乐特征，并且与对结果的积极评价相一致。两种系统的合作有着巨大的动机作用。

然而，如果激活的是相矛盾的图式，或熟虑系统抑制冲动系统激活的行为，这两种系统可能会竞争。这种反同激活可能会伴随着冲突或诱惑的感觉。如一个正在节食的人，会受第二块甜食的诱惑，看到甜食后冲动系统激活了直接趋向食用的行为图式。而熟虑系统产生了抑制食用的行为决策。为了能在两种系统的竞争中取得优势，个体启动促进熟虑系统执行的特质。

尽管两种系统都对行为的执行起作用，然而熟虑系统在执行时需要大量认知能力，任何注意力分散以及过高或过低的唤醒水平都将妨碍其执行，而冲动系统最大的一个优点是快速，需要很少或不需要认知努力，有着很低的加工输入信息的阈限。如果熟虑系统的执行条件不充足，那么冲动系统将会起主要作用，最终结果就是与即时联结和结果的快乐特征相比，对行为价值的期望等理性因素对行为的作用会降低。因此，熟虑系统在执行时需要很高的意志品质，相反，冲动系统的执行服从于本能原则，不需要过高意志品质。因为熟虑系统与冲动系统是竞相控制行为，所以，当个体意志品质高时，熟虑系统的执行会占上风，相反，当个体意志品质低时，冲动系统的执行容易占上风。本章第三章中的研究结果验证了这一点。

五、小结

本研究支持了假设二，即冲动系统与熟虑系统对身体锻炼的影响，受意志品质的调节。意志品质高的被试，熟虑系统对身体锻炼的影响更大；意志品质低的被试，冲动系统（身体锻炼-情感联结）的作用更大。

第六章　身体锻炼干预研究

第一节　基于 RIM-PA 的身体锻炼干预研究

一、研究目的

研究一、研究二检验了冲动系统与熟虑系统对身体锻炼的作用，以及意志品质对冲动系统与身体锻炼、熟虑系统与身体锻炼之间关系的调节作用。本研究拟通过实证研究，检验研究一与研究二的研究结果。

本研究中，选取部分低情感联结者，分组实施联结干预和熟虑系统干预，以实现如下目的：检验干预手段的有效性；考察情感联结的提高对身体锻炼的作用；筛选针对不同意志品质个体的有效干预方式；探讨冲动系统与熟虑系统之间的关系。

假设三：对于非活动的低意志品质被试，通过改变身体锻炼中的情绪体验，可以改变身体锻炼-情感联结，从而促进身体锻炼。

二、研究方法

(一)研究设计

采用组间设计，组间变量：干预方式与被试特征的匹配性。分组情况如表6-1所示。

表 6-1　　研究被试分组情况

组别	条件	人数	干预措施
组 1：联结干预匹配组	D＜－0.1，PA＜1000	40	情感联结干预
组 2：熟虑干预匹配组	D＜－0.1，PA＜1000，WP＞171	40	熟虑系统干预
组 3：不匹配组	D＜－0.1，PA＜1000，WP ＜140	40	熟虑系统干预
组 4：对照组	D＜－0.1，PA＜1000	40	无干预

注：D 表示 SC-IAT 分数。

从研究一中选取 160 名无运动训练经历的研究参与者，分为 4 组，每组 40 人。组 1 为联结干预匹配组，低活动、低情感联结，实施情感联结干预；组 2 为熟虑干预匹配组，低活动、低情感联结、高意志品质，实施熟虑系统干预；组 3 为不匹配组，低活动、低情感联结、低意志品质，实施熟虑系统干预；组 4 为对照组，低活动、低情感联结，无干预。

(二)测量工具

1.熟虑系统问卷

包括身体锻炼态度量表、社会支持量表、主观规范量表、主观行为控制感量表、自我效能量表、积极结果期待量表。

2.SC-IAT 测试程序

同研究一。

3.国际身体锻炼量表(IPAQ)

同研究一。

(三)统计方法

采用协方差分析、卡方检验对数据进行分析。

(四)干预设计

身体锻炼干预试验流程如表 6-2 所示。

表 6-2　身体锻炼干预试验流程

程序	试验内容
预备工作	从研究一的参与者中筛选研究三的参与者，筛选条件如表 6-1 所示 征得研究参与者同意 研究参与者分组
实施干预	主试每天使用手机给研究参与者发送 2～3 条短信，发送时间分别为：11:00、16:30、20:00(可选) 干预持续 4 周
实施测试	干预结束，研究参与者在第 5 周的第 1 天、第 2 天的 6 个时间段内任选一时间参加测试 测试指标：熟虑系统(身体锻炼态度、社会支持、主观规范、主观行为控制感、自我效能、积极结果期待)、情感联结、身体锻炼量
试验结束	测试结束，向研究参与者表示感谢，发放礼品

1.熟虑系统干预内容设计

针对熟虑系统实施干预，增加关于身体锻炼的知识，帮助参与者制定合理目标，鼓励参与者寻找身体锻炼社会支持，增加参与者的主观规范，增强主观控制感，通过言语劝说，避免横向比较，自主选择活动方式和强度等方法增强身体锻炼自我效能，通过向研究参与者宣传强化身体锻炼的益处增加参与者的积极结果期待。熟虑系统干预短信举例如下：

身体锻炼是导致能量消耗高于休息时的新陈代谢水平的人类身体运动。它既包括身体锻炼，也包括身体锻炼之外的活动（如慢步走、吃东西、做家务、工作、看书、学习等）。它可以消耗身体的能量并对个体的体质有积极的影响。

规律的身体锻炼可以改善亚健康状况，提高心理健康水平，改善人们的情绪状态，提高人们的认知功能，降低焦虑和抑郁，完善人格，提高社会适应能力。

万事开头难，刚开始运动时，任谁都会被“惰性”战胜，但若你能战胜这种感觉，把开头的那一段日子坚持过去，将做运动融入生活的一部分，那么做运动将能像吃饭睡觉一样自然而简单。建议你不妨采取一种开始仪式，叫来至亲或朋友，向他们宣布，以期得到监督。实在懒惰时，想想会得到他们的嘲笑可能就会对你起到激励作用。

找位“志同道合”的好友一起运动吧！和许多人一起运动，比一个人单独运动更容易让人感觉到轻松和愉快。邀请你的朋友一起出去做运动吧！或者参加运动俱乐部，去多认识些喜欢做运动的朋友。

美国斯坦福大学的一项研究表明，登一级楼梯，可以延长寿命4秒钟，同时，每周登5000级楼梯的人的死亡率比那些不运动的人要少25%～33%。

有氧运动对于脑力劳动者非常有益。加拿大多伦多大学健康学家莱斯通过对800人的长期观察和300多个有关试验发现，当人们的大脑感到疲劳时，室外跑步就可以使大脑的功能恢复到58%。而不做运动改吃药的话，大脑的功能仅能恢复到40%～50%。有人便总结出来，慢跑是最佳有氧运动，对醒脑有奇效。

身体锻炼的合理目标非常重要，合理的目标要具体，并且通过努力能实现，比如1周几天坚持运动30分钟以上，1个月减掉多少体重。

2.情感联结干预内容设计

冲动系统中，信息以联结储存激活的方式被表征，联结主要通过相近或相似原则形成。身体锻炼、情感联结的形成主要来源于观察学习、以往对身体锻炼的体验等。本研究中进行情感联结干预设计时，主要原则、依据如下：

第一，情感联结干预中，建议研究参与者选择中低强度的身体锻炼项目，自主选择身体锻炼的项目，引导研究参与者体会身体锻炼带来的乐趣。

已有研究结果显示，高强度会降低身体锻炼带来的乐趣（Ekkekakis，Hall

& Petruzzello, 2008)，而以往身体锻炼中的情感体验是个体身体锻炼情感联结形成的重要来源。选择中低强度的身体锻炼项目及自主选择身体锻炼项目，有助于增加研究参与者参与身体锻炼的乐趣，并增强情感联结。

第二，干预内容融合实事、当前热点、每天的天气等情况。

冲动系统中形成的联结能反映环境和认知、情绪或动作反应之间的关系，而不对引起这些复合模式关系的原因进行表征。如果刺激的呈现或激活在时空上相近，能促进联结的形成或强化。

在每天发送的干预内容中融合实事、当前热点、每天天气情况等，既能增加干预的趣味性，又能贴近生活，贴合研究参与者当前的心理状态，促进情感联结的形成和强化。

第三，广告效应：许多成功的广告均以强调情感为主，而非强调理性。借用这一研究结果，联结干预短信中使用正强化的手段，宣传身体锻炼与正性情感的关联。

第四，内隐干预：在干预短信中嵌入正性情感词汇，并尽可能增加呈现频率，避免使用负性情感词汇。

第五，权威效应：人们总认为权威人数是正确的楷模，服从他们会使自己具备安全感。此外，人们还认为权威人物的行为往往和社会规范相一致，并很容易进行模仿。在干预中宣传权威人物的身体锻炼经历，增加研究参与者对身体锻炼的认可。

此外，根据情绪加工的一致性，短信的发送时间尽量避开研究参与者睡眠、进餐等时间，尽量选择参与者精神充足的时段，好的心情也会促进积极情感联结的形成。

情感联结干预短信举例如下：

美国大选不仅是一场政治秀，更是一场情感秀。奥巴马在大选中用其个人魅力成功征服了众多女性选民，由于平时积极健身和经常运动，塑造了奥巴马阳光帅气的外形、迷人的微笑、矫健的步伐、挺拔的身姿，时时活力四射。

“童颜熟女”潘迎紫 66 岁仍有着瓷娃娃般的容颜，凹凸有致的身材羡煞旁人——她坦白说：“我的秘诀就是运动永远是最重要的。”身体锻炼能使人保持开朗的心态，心情轻松，增加对生命的热情，永远年轻也就不再是梦。

紧实、匀称的长腿总会引来无数人的艳羡，其实你也可以轻松做到——多走楼梯。走楼梯可以拉动大腿肌肉，促进血液循环、脂肪代谢。想拉伸腿部线条的帅哥、美女们不妨试试，会让你有意想不到的惊喜。

又是一个阳光明媚的好天气，课后或饭后走到阳光下，漫步在干净的校园里，享受身体锻炼带来的轻松、愉悦……午后散步能给大家带来一个好的心情，一个美美的午觉……

暖洋洋的周末，滋生出柔软慵懒的惬意，走到明媚的阳光下，舒展一下筋骨，呼吸清新的空气，将自己融化在温暖的阳光里，舒缓神经，享受一种极致放松……

身体锻炼，从头到尾都是快乐的，放松我们的形体，娱乐我们的精神，舒展我们的四肢，身体锻炼后的感觉轻松愉悦，还会给我们带来舒适的睡眠。

跑步是跟自己的对话，在跑步的过程中，大脑很空，高度集中，思路清晰。这种韵律，只有跑起来才能感受到。跑步能给我们带来流畅、灵活的感觉，帮助我们振奋精神。

身体锻炼无须专门拿出时间，只需每天饭后多站一会、坐久了站起来倒杯水并舒展一下身体，上课坚持爬楼梯……将运动融于生活的点滴，运动的生活方式自然养成，也必将受益终生。

人自出生后，能坐起来时就想走，能走时就想跑。打闹、嬉戏、玩耍、追逐，运动发展着我们的大脑，使我们茁壮成长。运动是人的天性，是人的本能，为我们带来活力、激情。

下雪啦！还保留着儿时的记忆吗？迎着大雪，欢快地跑着、跳着、喊着，与伙伴一起堆雪人、打雪仗，心情像雪花一样愉快地飞舞着！祝同学们在这个下雪的夜晚有个美丽的心情……

（五）干预实施

通过手机短信的方式，由主试每天定时向研究参与者发送 2～3 条短信。

三、结果分析

（一）干预前后各变量描述性统计

研究过程中，研究参与者流失 12 人，1 人由于准备服兵役而退出试验，11 人由于备考未参加测试，有效研究参与者 148 人。干预前后各变量描述性统计如表 6-3 所示。

表 6-3　干预前后各变量描述性统计

组别	n	干预前熟虑得分	干预后熟虑得分	干预前SC-IAT	干预后SC-IAT	干预前身体锻炼量	干预后身体锻炼量
联结干预匹配组	36	115.38	127.46	−0.39	−0.02	534.69	2390.46
		(11.48)	(13.69)	(0.29)	(0.18)	(313.62)	(1630.73)

组别	n	干预前熟虑得分	干预后熟虑得分	干预前SC-IAT	干预后SC-IAT	干预前身体锻炼量	干预后身体锻炼量
熟虑干预	39	126.22	125.33	−0.31	−0.18	496.11	2139.00
匹配组		(18.94)	(15.91)	(0.16)	(0.29)	(235.95)	(1411.86)
不匹配组	35	114.64	120.64	−0.38	−0.25	589.18	1319.00
		(12.65)	(12.71)	(0.23)	(0.21)	(238.26)	(375.56)
对照组	38	114.20	114.20	−0.36	−0.37	549.63	573.70
		(13.20)	(13.20)	(0.24)	(0.24)	(264.35)	(244.72)

干预前，熟虑系统与情感联结的相关系数 $r=0.067$，$p=0.721$；干预后，熟虑系统与情感联结的相关系数 $r=0.198$，$p=0.287$。

干预后 4 个组的正向情感联结比例及人数如表 6-4 所示。

表 6-4　　干预后 4 个组的正向情感联结比例及人数

组别	干预后正向联结比例	人数
组 1：联结干预匹配组	52.78%	19
组 2：熟虑干预匹配组	15.39%	6
组 3：不匹配组	14.29%	5
组 4：对照组	0%	0

测试安排在 4 楼（测试从 2 楼开始，只需走 2 层楼梯）。测试时专门安排 1 名主试以引导为名，暗中记录来测试及返回时走楼梯、坐电梯的研究参与者人数。记录情况如表 6-5 所示。

表 6-5　　测试时走楼梯、乘电梯研究参与者人数

组别	来—走楼梯人数	来—乘电梯人数	回—走楼梯人数	回—乘电梯人数	走楼梯人次	乘电梯人次
组 1	21	15	19	17	40	32
组 2	22	17	20	19	43	36
组 3	14	21	10	25	24	46
组 4	6	32	5	33	22	65

（二）各组干预效果分析

1. 各组研究参与者的情感联结干预效果分析

以后测情感联结为因变量，组别为自变量，前测情感联结为协变量，采用Ⅰ型方差分析模型进行协方差分析。结果显示，前测情感联结组别的交互作用不显著，$F(4,143)=0.175$，$p>0.05$，两组的斜率可认为相同，符合协方差分析的条件。

采用Ⅲ型方差分析模型分析前测情感联结与组别的主效应，并对两组的修正均数进行比较。结果显示，前测情感联结主效应显著，$F(1,143)=26.906$，$p<0.01$；排除前测情感联结协变量的影响后，各组后测情感联结仍存在显著差异，$F(3,143)=43.191$，$p<0.01$。

表 6-6　　主体间效应检验结果

方差来源	总平方和(TypeⅢ)	df	均方值	F	p	偏 η^2
修正模型	4.676	4	1.169	30.088	0.000	0.425
截距	0.101	1	0.101	2.590	0.109	0.016
组别	1.678	3	1.678	43.191	0.000	0.209
前测情感联结	3.136	1	1.045	26.906	0.000	0.331
误差项	6.334	139	0.039			
总方差	16.944	144				
修正总方差	11.010	143				

注：$R^2=0.43$，修正后的 $R^2=0.41$。

采用LSD方法对各组后测情感联结修正均数进行比较，结果如表6-7所示。

表 6-7　　各组后测情感联结修正均数的两两比较结果

组别 I	组别 J	平均差(I－J)	SE	p	95%的平均差置信区间	
					下限值	上限值
组 1	组 2	0.167	0.038	0.000	0.092	0.243
	0.254	组 3	0.195	0.030	0.000	0.136
	0.406	组 4	0.345	0.031	0.000	0.284
组 2	组 3	0.028	0.040	0.481	－0.050	0.107
	0.258	组 4	0.178	0.041	0.000	0.098
组 3	组 4	0.150	0.033	0.000	0.084	0.215

由表 6-7 可知，组 1 的情感联结干预效果优于组 2、组 3、组 4，组 2 和组 3 分别优于组 4。情感联结干预效果的差异主要由所采取的干预方式导致，由此可知，对于低情感联结者，联结干预方式与熟虑干预方式均能提高情感联结，联结干预方式的效果优于熟虑系统干预方式及无干预，熟虑系统干预方式的效果优于无干预。

2. 各组研究参与者的熟虑系统干预效果分析

以后测熟虑系统为因变量，组别为自变量，前测熟虑系统为协变量，采用Ⅰ型方差分析模型进行协方差分析。结果显示，前测熟虑系统与组别的交互作用不显著，$F(4,143)=0.431$，$p>0.05$，两组的斜率可认为相同，符合协方差分析的条件。

采用Ⅲ型方差分析模型分析前测熟虑系统与组别的主效应，并对两组的修正均数进行比较。结果显示，前测熟虑系统主效应显著，$F(1,143)=178.685$，$p<0.01$；排除前测熟虑系统协变量的影响后，各组后测熟虑系统仍存在显著差异，$F(3,143)=11.539$，$p<0.01$。后测熟虑系统修正均数的方差分析结果如表 6-8 所示。

表 6-8　后测熟虑系统修正均数的方差分析结果

方差来源	总平方和（TypeⅢ）	df	均方值	F	p	偏 η^2
修正模型	9324.063	4	2331.016	59.193	0.000	0.586
截距	2450.070	1	2450.070	62.217	0.000	0.271
组别	1363.220	3	454.407	11.539	0.000	0.172
前测熟虑系统	7036.537	1	7036.537	178.685	0.000	0.517
误差项	6576.403	139	39.380			
总方差	839768.000	144				
修正总方差	15900.465	143				

注：$R^2=0.586$，修正后的 $R^2=0.576$。

采用 LSD 方法对各组后测熟虑系统修正均数进行比较，结果如表 6-9 所示。

表 6-9　　　　各组后测熟虑系统修正均数的两两比较结果

组别 I	组别 J	平均差(I－J)	SE	p	95%的平均差置信区间	
					下限值	上限值
组 1	组 2	－2.940	1.379	0.035	－5.664	－0.217
	组 3	－2.387	1.285	0.065	－4.925	0.151
	组 4	4.528	1.320	0.001	1.922	7.134
组 2	组 3	0.553	1.430	0.699	－2.270	3.376
	10.353	组 4	7.468	1.461	0.000	4.584
组 3	组 4	6.915	1.371	0.000	4.209	9.622

由表 6-9 可知，组 2、组 3 熟虑系统的干预效果优于组 1、组 4，组 1 优于组 4。熟虑系统干预效果的差异主要由所采取的干预方式导致，由此可知，联结干预方式与熟虑干预方式均能提高熟虑系统，熟虑系统干预方式的干预效果优于联结干预方式及无干预，联结干预方式对熟虑系统的效果优于无干预。

3. 各组研究参与者的身体锻炼干预效果分析

以后测身体锻炼量为因变量，组别为自变量，以前测身体锻炼量为协变量，采用Ⅰ型方差分析模型进行协方差分析，结果显示，前测身体锻炼量与组别的交互作用不显著，$F(4,143)=0.232$，$p>0.05$，两组的斜率可认为相同，符合协方差分析的条件。

采用Ⅲ型方差分析模型分析前测身体锻炼量与组别的主效应，并对两组的修正均数进行比较。结果显示，前测身体锻炼量主效应显著，$F(1,143)=6.513$，$p<0.01$；在排除前测身体锻炼影响后，各组后测身体锻炼仍存在显著差异，$F(3,143)=22.318$，$p<0.01$。后测身体锻炼量修正均数的方差分析结果如表 6-10 所示。

表 6-10　　　　后测身体锻炼量修正均数的方差分析结果

方差来源	总平方和(TypeⅢ)	df	均方值	F	p	偏 η^2
修正模型	96288662.847	4	24072165.712	19.537	0.000	0.319
截距	134423048.475	1	134423048.475	109.098	0.000	0.395
组别	82497352.852	3	27499117.617	22.318	0.000	0.286
前测身体锻炼量	8025245.472	1	8025245.472	6.513	0.012	0.038

续表

方差来源	总平方和(TypeⅢ)	df	均方值	F	p	偏 η^2
误差项	205765279.851	139	1232127.424			
总方差	765360764.000	144	24072165.712			
修正总方差	302053942.698	143				

注：$R^2=0.319$，修正后的 $R^2=0.302$。

采用 LSD 方法对各组后测身体锻炼量修正均数进行比较，结果如表 6-11 所示。

表 6-11　各组后测身体锻炼量修正均数的两两比较结果

组别 I	组别 J	平均差(I－J)	SE	p	95%的平均差置信区间	
					下限值	上限值
组 1	组 2	283.358	240.991	0.241	－192.424	759.140
	组 3	1026.413	228.055	0.000	576.170	1476.656
	组 4	1784.513	233.790	0.000	1322.948	2246.077
组 2	组 3	743.055	251.272	0.004	246.976	1239.134
	2007.048	组 4	1501.155	256.243	0.000	995.261
组 3	组 4	758.099	242.552	0.002	279.237	1236.962

由表 6-11 可知，组 1、组 2 身体锻炼干预效果分别优于组 3、组 4，组 3 优于组 4，组 1 和组 2 无差别。身体锻炼干预效果的差异主要由两个方面导致：干预、研究参与者意志品质的高低。

组 2 和组 3 情感联结的提高和熟虑系统的提高均不存在差异，但是身体锻炼量的增加存在差异(组 2＞组 3)，这种差异主要由研究参与者意志品质的高低导致，与低意志品质的组 3 相比较，高意志品质的组 2 通过增加对熟虑系统的执行能力，而促进了身体锻炼。由此可知，对于低情感联结者，情感联结干预与熟虑系统干预均能促进身体锻炼，与低意志品质的低情感联结者相比较，熟虑系统干预对高意志品质的低情感联结者更有效。同时可知，组 2 身体锻炼的增加主要来源于熟虑系统的提高。

组 1 和组 2 相比较，情感联结的提高(组 1＞组 2)、熟虑系统的提高(组 2＞组 1)存在差异，但是身体锻炼的增加不存在差异。由以上推断，组 1 身体锻炼的增加主要来源于情感联结的改变。

(三)各组干预后走楼梯、乘电梯结果分析

对各组干预后走楼梯、乘电梯人次进行卡方检验，结果显示各组之间存在显

著差异($\chi^2=22.143$,df $=3$,$p<0.001$)。

将α调整为$\alpha/(4\times3/2)=0.00833$,对 4 组数据进行两两比较。结果如表 6-12所示。

表 6-12　　4 组走楼梯、乘电梯人数两两比较结果

组别	组别	χ^2	p
1	2	0.019	0.890
	3	6.486	0.011
	4	15.173	0.000
2	3	6.086	0.014
	4	14.760	0.000
3	4	1.516	0.218

由表 6-12 可知,在$\chi^2=0.00833$ 的水平上,干预后走楼梯、乘电梯人数,组 1、组 2 与组 4 有显著差异,即 2 个组走楼梯人次均高于组 4,这与身体锻炼量的比较结果相一致。其他各组之间无显著差异。

四、讨论

(一)联结干预方式的干预效果

联结干预不仅通过提高情感联结来促进身体锻炼,也能通过提高熟虑系统来促进身体锻炼。前文已进行分析,组 1 身体锻炼的促进主要来源于情感联结的改变。

从本质上来讲,冲动系统的联结储存类似于一个简单的记忆系统(Johnson & Hirst,1991),通过多次学习形成对环境特征的持久的、非命题的表征(McClelland et al.,1995;Smith & DeCoster,2000)。依据冲动系统,人们无须知道刺激的本质特征,就能体验到区别于现象、本质的情感。例如,一个人对光明或黑暗有视知觉,愉快或不愉快的情感,疼痛或熟悉的体验,而无须了解灯光、愉快、疼痛或熟悉的概念或类型。

在冲动系统中,仅知觉到一个特定的情境就足以激发情绪,而激发的情感并不取决于行为所带来的益处,对一个行为的积极情感可能伴随着对该行为的消极评价。相反,知道一个行为是有益的,反而常伴随着消极情感。例如,尽管身体锻炼有诸多效益,但是一提到或想到体育运动,个体依然会产生消极情感,这种情感与身体锻炼带来的益处并不相匹配。因此,冲动系统可以被看作长时记

忆，以经验为主要的系统，在这其中，情绪和非情绪体验无须演绎推论而迅速产生。冲动系统灵活性低，但是快速且无须注意资源。

本研究表明，虽然情感联结的强度是固定的，但是不断学习、强化等联结干预方式可以使情感联结改变。组 1 研究参与者的情感联结干预后得到显著提高，但是并非全部参与者(52.78%)的情感联结由负向转为正向，究其原因如下：

(1)选取的研究参与者自身情感联结过低，均小于－0.1，平均值为－0.39，小于 0.29，完全转向正值有一定的难度。

(2)前人没有研究表明对参与者实施联结干预的持续时间应多长，本研究选取干预时间为 4 周，主要依据长时记忆形成的特点，以及桑代克关于学习的效果律、准备律、练习律，能使联结发生改变的最佳干预时长仍未探明。

综上所述，采用联结干预方式可以使联结改变，这种改变又能对行为的执行产生影响。但是能使联结发生改变的最佳干预时长仍待进一步研究。

(二)熟虑系统干预方式的干预效果

与联结干预相似，熟虑干预不仅通过提高熟虑系统来促进身体锻炼，也能通过提高情感联结来促进身体锻炼。前文已进行分析，组 2 身体锻炼的促进主要来源于熟虑系统的提高。

冲动系统被看作长时记忆，而熟虑系统是暂时储存。在熟虑系统中，大量信息在有限时间内被表征，如果得不到复述，则表征会消退。熟虑系统能通过将知觉输入分配到某个语义类别而产生陈述性知识。不像简单的联结和结构，熟虑系统中的知识由一个或多个成分组成，在这其中会用到相关图式。因此，熟虑系统由一致性原则驱动，努力避免或修补自身各成分之间的不一致。冲动系统表征的一个重要特点是，它能灵活产生或改变。熟虑系统能解决复杂任务，如推理、计划等，但它比冲动系统慢，需要注意资源，并且熟虑系统更容易受疲劳、自我损耗、酒精等的影响。大量研究表明，酒精损害执行控制功能和熟虑系统对健康行为的影响。

因此，可以从两个方面针对熟虑系统实施干预：一是提高熟虑系统自身，即提高对行为的相关信念和期望结果；二是提高熟虑系统的执行能力和执行动机，以及对冲动系统的控制能力和控制动机，如提高意志品质、自我调控能力、运用控制的动机等。

本研究中，将意志品质作为了分组变量，从第一个方面针对熟虑系统实施了干预。结果表明，熟虑干预能提高研究参与者的熟虑系统，但是对行为的执行结果因意志品质的差异而出现不一致，高意志品质比低意志品质的个体对熟虑系统的执行能力更强。

综上所述，本研究表明，采用熟虑系统干预方式可以提高熟虑系统，但熟虑系统对行为的影响取决于执行能力——意志品质、自我控制能力等，如何通过提高对熟虑系统的执行能力而增加行为，有待进一步研究。

(三)熟虑系统、冲动系统之间的相互作用

由试验结果可知，在身体锻炼中，联结干预与熟虑系统干预均既能促进情感联结，又能提高熟虑系统，因此可以推断，冲动系统和熟虑系统并非两个完全独立的系统，两者之间存在着交互作用。这种交互作用主要体现在两个方面：一是相互激活与促进作用，二是相互竞争作用。

1. 两者之间的相互激活与促进作用

冲动系统中的联结没有任何语义，有别于其他网络模型中的联结。两个或多个因素之间的关联就是相互激活。熟虑系统中的所有命题表征能激活冲动系统中相应的内容，联结可以通过熟虑系统形成。因此，身体锻炼-情感联结的来源除了之前已知的观察学习、自身体验之外，熟虑系统中的理性态度、限定标准等也能激活冲动系统中的情感联结。

一些在熟虑系统中实际没有共同出现的因素，可以在冲动系统中经常相互关联。如熟虑系统的表征-语义概念可以通过频繁的命题表征而在冲动系统中出现，冲动系统可以卷入熟虑系统。尽管在一些情况下，在冲动系统中，仅知觉到一个特定的情境就足以激发情绪，但在另外的情境中，熟虑操作还会调节情绪，大量的推理对推论情绪与情境的相关性是必要的。

2. 对行为控制的相互竞争作用

熟虑系统与冲动系统相互之间除了有促进作用外，还有相互的竞争作用。熟虑系统需要大量认知能力，因此，分心以及极高或极低水平的唤醒将妨碍熟虑系统的执行。而冲动系统需要很少的认知能力，或许会在次最优(最适度)下控制行为。熟虑系统比冲动系统更容易受到干扰。

冲动系统最大的一个优点是快速，需要很少或不需要认知努力，有着很低的加工输入信息的阈限，而熟虑系统相反。这一点与几乎所有双加工理论一样，相关证据已被其他学者阐明(Chaiken & Trope, 1999; Smith & DeCoster, 2000)。然而，RIM 中主要强调唤醒在熟虑系统中的功能，与耶克斯-多得森定律相似，RIM 认为在中间的唤醒水平上，熟虑系统效率最高。一方面来讲，高唤醒有利于熟练的、显性的反应。有研究显示，唤醒影响社会判断和知觉，扩大了刻板印象和联结评估的影响(Bodenhausen, 1993; Paulhus & Lim, 1994)，这一作用被归结于高唤醒对控制或熟虑过程的微弱影响(Baron, 2000; Lambert et al., 2003)。非常低的唤醒，如困倦状态，会导致熟虑作用或自我控制降低(Baumeister & Heatherton, 1996)。

由干预前后熟虑系统与冲动系统的相关系数可以看出，两者的相关很低且不显著，两个系统之间并非完全能进行灵活地转换，各自对行为的作用还是并行运行，但在某些阶段能相互作用。

（四）干预方式的选取

以往身体锻炼的干预策略主要侧重于熟虑系统干预，即提高对行为的相关信念和期望结果，干预结果不甚理想。本研究中，尝试根据不同研究参与者，有针对性地实施联结干预或熟虑干预的方式，取得了不错的效果，为以后的身体锻炼干预提供了理论与实践基础。在以后的干预中，无论是全民健身的宣传，还是实施关于身体锻炼的研究，不单要采用熟虑干预的方式，还需要采用情感联结干预的策略。

针对个体实施干预时，可以先测量情感联结、熟虑系统、意志品质，然后根据表 6-13 提供的干预策略来实施干预。

实施群体干预时，虽无法做到一一测量情感联结、熟虑系统与意志品质，但在原来熟虑干预的基础上，增加提高意志品质-熟虑系统的执行能力、情感联结干预的方式，不失为一项好的策略。

表 6-13　　针对不同个体应分别采取的有效干预措施

熟虑系统	意志品质	情感联结	有效干预措施
低	—	高	熟虑系统干预
高	—	低	情感联结干预
低	高	低	情感联结干预，或熟虑系统干预
低	低	低	情感联结干预，或熟虑系统干预＋意志品质干预

五、小结

(1)采用联结干预方式可以使联结改变，这种改变又能对行为的执行产生影响。但是能使联结发生改变的最佳干预时长仍待进一步研究。

(2)本研究表明，采用熟虑系统干预方式可以提高熟虑系统，但熟虑系统对行为的影响取决于执行能力——意志品质、自我控制能力等，如何通过提高对熟虑系统的执行能力而增加行为，有待进一步研究。

(3)熟虑系统与冲动系统各自对行为的作用是并行运行，两者之间既能相互促进，又存在竞争。

(4)在实施身体锻炼干预时，应针对不同的特征群体采取相应的干预措施。

六、总评

人类是理性动物的观点仅部分成立，行为不仅由它所期望的结果决定，而且由理性控制之外的力量驱动，仅关注任何一方面都不够。如众所周知，人们并不缺乏对体育活动“身心双健”功能的认知，而且对身体锻炼与身体锻炼行为具有积极和正确的态度，然而，“知而不行”的现象普遍存在。依据适当的、合理的理论模型，寻找促进大学生身体锻炼和身体锻炼行为的有效干预策略，更具有重要的意义。

该书以此作为切入点，在前人研究的基础上，检验了熟虑（理性）与冲动（情感）两个系统对身体锻炼行为的共同作用，建立了 RIM-PA 模型，在承认人类非理性特征存在的前提下，考察了情感联结对身体锻炼行为的影响。

冲动系统对行为的作用是客观存在的，研究冲动系统的目的并非过分宣扬人行为的“非理性”成分，而是了解其对行为的作用机制，在吸烟、饮食等风险行为中对其实施控制，在身体锻炼等健康行为中对其实施控制或者合理利用。

因此，有必要研究熟虑系统与冲动系统的相互作用及对行为的动力性，了解在非完美情境下的引导行为的应用价值。同样，身体锻炼领域的研究也应关注两个系统的作用。

与其他理论的研究相比较，RIM-PA 比有的行为对身体锻炼行为的解释率有所提高（沈梦英，2011），但与一些研究相比，解释率仍不理想（陆雯，2012）。身体锻炼行为受多种因素的影响，既包括心理因素等微观因素，又包括环境、时间等宏观因素。身体锻炼理论的评价标准，除了对行为的解释率外，能为行为提供更多元化的干预方法更为重要。

1. 本研究的不足

(1)本研究借助 RIM 理论，初步构建了一个能解释、预测、干预身体锻炼的理论 RIM-PA，各变量之间的相互作用等需进一步检验。

(2)对熟虑系统结构进行验证性因素分析时，未对量表进行修订后再测试，因此，可能会对有关熟虑系统结构的研究结果产生一定影响。

(3)冲动系统只测量了一个变量，对探讨冲动系统和身体锻炼之间的关系有一定的影响。

(4)选择的研究参与者同质性强，需在不同群体中检验该理论。

2. 未来研究方向

(1)研究测量情感联结的新方法。

(2)在以后的研究中测量个体对身体锻炼的趋避趋势。

(3)检验其他调节变量，如行为的习惯性等。

(4)进一步检验熟虑系统结构。

(5)在不同群体中检验 RIM-PA。

第二节 身体锻炼干预手册

一、运动帮助我们重新建立身心连接

运动能让我们身心更健康，但大多数人不知道其中的原因。我们仅仅认为运动强健肌肉，增强身心功能，促进内啡肽的分泌，缓解身心压力，提高生活满意感和主观幸福感。其实运动让我们身心愉悦的真正原因是：运动能改造大脑，让我们的大脑处于最佳状态。

(一)人类天生就要运动

如今，我们生活的世界充满了电子屏幕：手机、电脑、电视……很容易使我们忘记我们的本性——运动。人类大脑负责梦想、计划、创造力的那部分区域，正好也是运动区域。在人类进化的历程中，我们在不断适应外界环境的过程中，我们的大脑也从运动技能的训练中得到进化。我们的祖先为了生存，既要拥有强健的体魄，还要利用高超的智慧寻找、储存食物，运动和学习不断强化，增加了我们大脑各个区域之间的回路。

随着现代文明的发展，我们已无须狩猎，但久坐不动的生活方式正在毁灭我们的本性，并威胁我们的身心健康。越来越多的人超重，并患有与肥胖相关的慢性疾病。缺乏运动也在毁灭我们的大脑——大脑的部分区域因得不到身体锻炼而在逐渐萎缩。

(二)运动让大脑保持最佳状态

为什么我们应该关心自己的大脑如何工作呢？首先，因为它掌握这一切。在你阅读时，你大脑的额叶部位正在发射有关你阅读内容的信号，你对阅读内容的理解，取决于连接神经细胞的神经递质和生长因子之间的平衡。运动能改造这一切，运动能使神经细胞之间的各个回路更加通畅，并促使大脑释放更多有益的递质。运动有助于青少年大脑的生长发育，有助于成年人大脑保持最佳状态，有助于减缓老年人大脑功能的老化。

二、跑赢恐惧和焦虑

运动有助于我们应对日常生活、工作中的各种焦虑，它对身体和大脑发挥着各种有益的功效。

运动有助于分散注意力。当我们运动时，大脑放空，注意力都集中在当前的活动上，身心重新得到平衡。身心的宁静也打破了因焦虑带来的恶性循环，阻断了身体和大脑之间传递的不良信号，对焦虑回路系统中的每个环节都有作用。

运动对抗焦虑的时间也最长久，且有附加效益，但几乎没有副作用。

运动有助于增加大脑资源。运动能增加大脑内的血清素，众所周知，神经递质能让人镇静，帮助减少急躁情绪，促进睡眠，给我们带来快乐。

运动帮助提高自我掌控能力。自我掌控对我们非常重要，能帮助我们有效控制焦虑，预防抑郁，积极应对外界的不良刺激。在运动中体会到的掌控感，能迁移到生活和工作中，并最终切实提高我们的自我掌控能力。

运动让我们身心自由。处于焦虑中的人容易自我束缚，并形成恶性循环。大胆走出去，动起来、跑起来、跳起来，充分体会身心自由带来的愉悦，烦恼的情绪也会一扫而光。

三、运动让生活更幸福

有一位朋友，50 岁时突然发现自己超重了 10 千克，他立志开始运动减肥。度过了"开头难"和"坚持难"，经过 3 个月不懈的努力和坚持后，他的体重逐渐下降，精神也变好了，整个人显得年轻又有活力。他对自己的看法也在不知不觉中发生了改变。这一切，也带来了他对周围人态度的改变，他对妻子的唠叨少了，对工作的埋怨少了，心情愉快了，心态也改善了，觉得生活更有激情了。相应地，周围人对他的态度也发生了改善。他得出结论：运动，让生活更幸福。

四、大脑训练计划塑造你的大脑

（一）步行：从轻度运动开始，养成运动习惯

健身过程也是逐步提高基础有氧能力、代谢能力的过程。快走时，心率保持在最大心率 55%～65%的强度，可以使我们的心肺功能增强，向身体和大脑输送氧气的效率也越高。如果坚持快走，你的体能会越来越好，体型也会逐渐改善，身体也越来越有活力，对自己的身心有越来越多的控制感，会有足够的精力应对日常繁忙的工作，一些疾病也会离你越来越远。如果持续快走 1 小时后，你仍然有精力，你甚至越走越远，可以考虑增加到中等强度的运动了。

（二）慢跑：中等强度的运动，让大脑更强壮

慢跑时，心率保持在最大心率的 65%～75%，即为中等强度的运动了。中等强度的运动能让我们的身体消耗脂肪和葡萄糖，促进我们的能量代谢。中等强度的运动有助于释放脑神经的营养因子 BDNF，帮助我们的脑细胞存活、生长发育，防止我们的脑细胞受损、死亡。中等强度的运动对身体产生压力，让肌肉组织微小损伤，但又能释放有修复作用的化学物质，强化大脑中的神经回路，还调整了 HOA 轴，使身体和大脑的细胞处于不断的损伤和修复中。中等强度的运动促进肾上腺素释放到血液中，此时身体处于高度戒备状态，皮质醇开始弥漫

整个大脑。进行中等强度的运动时，皮质醇让细胞学习机制准备就绪，并随时记忆身体所假设的与生存有关的重要情况。中等强度的运动还能增强我们的免疫系统，为我们的身体竖起屏障，抵抗病毒的入侵。

(三)快跑：强烈运动间隔训练，大幅提高 HGH 浓度

跑步时，心率保持在最大心率的 75%～90%，那么你已经开始高强度运动了，你的身体进入到一个全面展开的应激状态，但这是一个你完全可以承受的反应。中等强度和高等强度运动的一个不同点是，当你接近最大心率，尤其是进入到无氧状态时，脑垂体就会分泌出人体生长激素。人体生长激素是身体精湛的工匠大师，它消耗腹部脂肪，让肌肉纤维有序层叠，同时增强脑垂体的功能。

五、今天开始为健康储值，你准备好了吗？

(一)从"心"开始，从有氧运动开始

WHO 早在 20 多年前就提出口号"你的心脏就是你的健康"，提醒着人们一定要保护好心脏这一人体重要器官。心脏功能能力关系着一个人的生活幸福和生命长短，是健康的第一大指标。过劳死！猝死！近几年屡屡发生。而绝大多数直接死亡原因是心脏性猝死。心脏功能能力的不足使我们面对工作、学习、休闲和突发事件时无能为力，巨大压力，过度疲劳，都有可能让我们的小心脏"罢工"。

如何改善心脏功能能力呢？

首先要改掉一些不良的生活习惯，比如连续加班，暴饮暴食以及情绪波动大等等，这些都会影响心脏健康。而久坐少动是我们心脏健康最大的"杀手"。每天适当做一些运动，不仅可以调节情绪，还可以提高心脏功能，让人有更充沛的精力去工作和生活。中等强度的有氧运动是身体锻炼心脏功能的最佳选择。

健康身体，从"心"开始，从有氧运动开始！

(二)减肥不为流行为健康

减肥为了美，但是科学减肥更为了健康。科学减肥，不仅仅是控制体重，更应该是减少多余的脂肪。

科学理论证明，脂肪过多和寿命及健康之间有着很大的相关性。

超重、体脂肪率过高是引发心血管疾病(高血压、心肌梗死、冠状动脉病症)和早期主动脉硬化的高血脂的主要风险之一。糖尿病、消化道肿瘤和骨关节等疾病也与体重超重有关。

因此，将体脂率控制在合理的范围内，是让你更加健康、美丽的不二选择。

参考表 6-14，看看你的体脂百分比符合标准吗？

表 6-14 男、女体脂百分比范围

类型	男	女
偏瘦	2%～4%	10%～12%
健硕	6%～13%	14%～20%
健康	14%～17%	21%～24%
超重	18%～25%	25%～31%
肥胖	＞25%	＞32%

(三)培养"身体锻炼史",不做失败者体质

自测:你1分钟能做30个仰卧起坐(俯卧撑)吗?

你40分钟内能连续跑完5千米吗?

你每周有3～5次的运动习惯吗?

如果都是否,那么你已经具备了失败者体质的潜力了!

下面教你如何"反转"。反转秘籍=培养运动习惯。

"身体锻炼史"就是将运动视为生活必不可少的一部分,让我们逐渐成为有运动历史记录的人。

坚持身体锻炼,是保证身体健康的最优方式。而快走、慢跑又是几乎适合所有人的最佳运动。

其实运动很简单。健康运动无须用减肥多少斤,健美多少肌肉来衡量,因为每个人的骨骼形体、遗传因子和身高等都不同。因为我们不需要参加奥运会之类的比赛,所以没有非完成不可的训练计划,每一天、每一周、每一个月,人的生物钟都有变化,有起伏,感觉不好就停一下,觉得疲劳就偷懒,我们不需要像专业运动员那样刻苦,更不必与他们比较。如果对自己太狠,运动过度,反倒会因为运动过度造成伤害。

但是生命不能缺少运动,健康运动就是每天有意识地去活动半小时,符合自己的强度,长期坚持,循序渐进,将运动视为生活必不可少的一部分。

六、为什么越忙的人越有时间运动?

人们不去跑步、不去身体锻炼,会有好多的借口——"不是我不想锻炼身体,而是我太忙了,实在没有时间。"

你真有这么忙吗?奥巴马很忙吧,可是他每周至少有6天坚持身体锻炼,每次身体锻炼约45分钟,早上一起来就冲进健身房运动。他的夫人米歇尔也是一名运动爱好者,她接受采访时透漏,每周会有6天做健身,所以她敢频频以无袖装示人,露出一双健美的臂膀、发达的肱二头肌。

"童颜熟女"潘迎紫保持年轻的秘诀就是运动;小布什酷爱跑步,每周要跑6次;王石喜欢登山、航海,且成绩斐然;张朝阳是一名忠实的走路爱好者,每天要走一个多小时;潘石屹和张欣也是运动的爱好者;马云则是个太极爱好者。越忙的人,为什么越有时间运动呢?

首先,他们意识到了健康的重要性。健康是1,名誉、财富等都是1后面的0,没有了1,就什么都没有了。

其次,这群精英们管理时间的效率高。他们分得清轻重缓急,自我控制能力强,不会把时间浪费在不必要的琐事上,比如刷微信、网上闲逛等。

最重要的一点是,他们体验到了运动的乐趣。乐趣是驱动我们行为的最大动力,是真正的内部动力。运动不仅仅是为了减肥,还能体验酣畅淋漓的愉悦感觉!

七、最便宜的防癌处方——滚蛋吧！肿瘤君

每个人身上都有癌细胞,但癌细胞不等于癌症,更不等于恶性肿瘤。从癌细胞到癌症,再到恶性肿瘤之间有一个距离。如果不重视预防癌症的话,这个距离就会缩短,得癌症以及危及生命的风险也会更高。久坐不动就是导致癌症的因素之一。

(一)运动是抗癌的良方

运动抗癌效果丝毫不逊于西兰花、大蒜、黄豆等食物。运动抗癌的原因之一是通过吸入大量氧气来杀死癌细胞。因为癌细胞是低氧细胞,它排斥氧气,在氧气浓度高时就会无法生存。

人体的器官在发挥正常功能的状态下,正常细胞的基因不会受到破坏,即使微损伤,也能依靠人体的自愈能力很快恢复。但如果致癌物质大量侵入或由内部大量产生,人体无法完全分解或抵抗,正常细胞的基因会遭到破坏,从而导致癌症。

体内氧气是否足够并不直接影响癌症的发生与否,而是会影响食物在消化过程中在体内形成的致癌物质。如果人体血液内的氧气不足,那么食物在消化代谢过程中就容易出现代谢不彻底,代谢过程突然中断,那么排泄物就会积累,这些排泄物相结合后,造成的新的排泄物会使正常细胞的基因受到破坏。

如果向体内提供充足的氧气使新陈代谢畅通进行,那么排泄物就可以适时分解并排泄。运动时人体吸收的氧气是平时的几倍甚至几十倍。所以,运动吧!

(二)每次至少30分钟才能达到防癌效果

只有每次30分钟以上,每周至少5次的中等强度以上的有氧运动,或每周

3 次，每次 20 分钟以上的剧烈有氧运动才能产生身心效益。运动量的选择要量力而行，可以循序渐进，由少到多。

(二)跑步等中等强度运动防癌更有效

慢跑或中等强度运动对预防胃癌、肠癌或肺癌更为有效，而散步或钓鱼等低强度运动虽然可以在一定程度上提高身体素质，但却不能起到预防或抗癌的效果。

(三)持之以恒的科学运动好处多

坚持有氧运动，包括快走、慢跑、骑自行车、游泳等运动，可以降低体内胆固醇和体脂百分比，控制体重，更能够提高免疫力，防癌抗老。

体育运动可抗癌，但并非运动量越大越好，还要因人、因病情而异。个体要持之以恒才有效。太过剧烈的运动会使身体释放出大量自由基，降低身体的免疫力，引起人的衰老。

适量运动也是保证健康和快乐的基石，是高生活质量的最佳方式之一。

八、坚持跑步 1 周、1 个月、1 年、5 年后，会怎么样？

(一)跑步 1 周后

最初的 1 周，也是开始改变的 1 周，你的身体正悄悄发生改变，跑步使你的心率加快、血液流动加速、身体多余的脂肪开始燃烧。

虽然身体稍感疲劳，但心情却变得舒畅，因为跑步会使你的脑垂体分泌出快乐激素——内啡肽，会给你带来好心情，让你以积极快乐的态度看待周围的一切，而周围的一切也因你的改变而发生改变。

(二)跑步 1 个月后

跑步 1 个月后，你的心跳变得沉稳有力，你的呼吸也变得均匀平稳。你的身体慢慢变得紧致，你会发现你的体重下降，即使没下降，但你的衣服也越来越宽松。你的精力变得充沛，爬楼梯对你来说毫不费力，你能轻松应对繁忙的工作，作息变得有规律，饮食也越来越清淡。

你发现，你整个的生活也发生了改变，你与周围的关系越来越融洽。为了有时间运动，你要提高工作效率，你管理时间的能力得到了提高。在家人的陪伴下运动，增进了亲人之间的沟通、交流，收获了家庭的和谐、幸福。

(三)跑步 1 年后

你会发现，好久没有去医院了，跑步使你的免疫系统全力运转，为你的身体竖起保卫的屏障。你的体能、耐力大幅提高，心脏负担逐渐减小，心肺功能得到了大幅提高，你的运动能力也远远超过了许多人。

因为你的代谢能力提高，所以你身体的脂肪也不会囤积，之前囤下的脂肪也慢慢燃烧，身体的肌肉线条越来越明显，你的体型与体能已远远超越了普通人。你的衣服要买小一号，同样的衣服穿着更有型。你的气色越来越好，这胜过最好的护肤品、保健品。

或许你也因为跑步结识了更多的朋友，或者你周围的人也被你带进了跑步的大家庭，你的坚持、自制让周围人对你的看法也发生了改变。你和朋友的聚会也改在了健身房、操场，你们的话题中多了关于健身的探讨，你的生活方式彻底发生了改变。

（四）跑步5年后

同龄人的身体状况开始下滑，各种问题接踵而至，但你的身体越来越健壮，容貌也仿佛吃了防腐剂，你看上去比同龄人至少年轻了5岁、10岁。你要做好承受各种羡慕嫉妒恨的准备喽！

长期跑步既铸就了你良好的体魄，更磨炼了你坚持不懈的意志品质，这也是对你孩子最好的身体力行的教育，孩子会以你为榜样，做人、做事坚忍不拔，有始有终。

跑步与不跑步的人，一天看来没有区别，甚至一年看来也没有多大区别，但五年是分水岭，你会把大批人远远甩在身后。

跑步是一场自己与自己的战争，你更多的是不断地战胜自我、铸就自我！

九、世界上最理想的运动，你竟然不知道！

你有可能认为只要运动都是合理的，为什么还有理想与否呢？因为不合理的运动可能对关节、韧带、肌肉产生损伤。只有科学的运动才会对身体有益，而科学的运动必须遵循“适宜、适时、适度”。所以，理想的运动应该是下面这样的。

（一）每次运动的组成

柔韧运动——拉伸；

力量运动——负重；

有氧运动——快走、慢跑等。

这三种运动的组合是最佳运动方式。运动前的柔韧、拉伸运动能有效预防运动损伤，并加强运动能力；有氧运动可以锻炼人的心肺功能，加速血液在全身的流动，增加对各组织的供氧能力；力量训练使肌肉在负重情况下收缩，能有效提高肌肉的力量和耐力。

（二）选择适合的时间

晨起运动：经过一个晚上，体内的糖分代谢得差不多了，运动的话更多代谢的是脂肪。

晚上运动：消耗热量，避免热量过多聚集转化成脂肪。

运动时间没有限定规律，应根据个人喜好、个人情况具体而定。

(三)不间断地运动

最好每周 3～5 次。

体能遵循“用进废退”的原则，如果中止运动，身体各方面机能容易出现下滑。

(四)每次运动时间要适度

每次运动的适宜时间为 30～60 分钟(每 15～30 分钟需饮水 150～200 mL，先喝较好)。

(五)中等强度运动最好

中等强度运动的界定：心率：170－年龄＝目标心率，每日维持目标心率 15～20 分钟。

(六)中等强度运动相结合

快走(每小时 5～6 km)，慢跑(每小时 7～9 km)，擦地、扫地、洗车、做操，游泳(每分钟 25～40 m)，爬楼梯(慢速)，每日 30～60 分钟。

十、运动让你更优秀——健康与聪明兼备

每个人都知道运动有益健康，其实运动的益处远远超出我们的想象。定期运动不仅可以减肥，提高心肺能力，强健肌肉，还可以降低心脏病、骨折、卒中以及糖尿病等风险。据研究表明，爱运动的人更健康、更聪明。一起运动起来吧，成就更优秀的自己。

(一)增强大脑功能

身体锻炼让“脑细胞肥料”(BDNF)变多，BDNF 能增进神经元的功能，促进神经元生长，巩固神经元，预防神经细胞死亡。

身体锻炼能为大脑制造替换零件，诱发神经新生。身体锻炼时我们脑内的 BDNF、胰岛素样生长因子(IGF-1)、血管内皮细胞生长因子(VEGF)会冲过血脑障壁，增强作用促使干细胞分裂，诱发神经新生，帮助学习。

身体锻炼让大脑长大。身体锻炼使神经元冒出新树突、突触，形成更多的联结，髓鞘也会比较厚，神经运作更有效率。

身体锻炼能使我们的心智优化，提高警觉性、注意力和动机，促进神经细胞互相结合，有利于接收新信息，刺激海马回的干细胞，发展出新的神经细胞。

(二)拥有漂亮的腹肌

腹肌是每个健身爱好者的终极梦想！但腹肌练习是一项枯燥、长期的身体锻炼。首先你需要通过有氧运动消除腹肌外面的那些肥肉，为了发达肌肉，有时你还不得不做数百次仰卧起坐和悬垂举腿。你一定要保持热情！如果你对腹肌

练习感到厌倦，千万不能放弃，因为只有意志坚强的人才能练出漂亮的肌肉！

（三）学会专注

跑步期间，大脑排空，注意力集中到呼吸、脚步与地面的摩擦上，抛弃工作中的烦恼、生活中的琐事，活在当下，感知世界。

（四）自律

自由不等于放纵，跑步也应遵守秩序，不能乱了方寸，利用跑步提高自己规划时间的能力，增加自己追求自由的决心。

（五）养成守序美德

无视规则，乱的是自己。遵守规则、懂得礼让，守住自己的道德底线。

（六）发现点子

一个人晨跑的时候，可以沉下心来思考日常生活和工作中一些未曾关注的细节和瑕疵，灵光一现，从而想出一些好点子！

（七）学会转换之道

昨天的训练是间歇跑，今天改成快走，明天计划跑个长距离，用比较轻松的步频。有时候变换一种方法，会让自己更轻松，运动如此，做人亦如此。

（八）新的生活方式

经常有亲友、同事问我："你坚持身体锻炼、控制饮食是为了减肥吗?"开始的时候我会有点不好意思地回应："是啊，为了身材好看嘛！"后来我会自信清晰地回答："不，我是为了身体健康。"再后来，我反而有点不高兴了，因为老是说减肥简直就是肤浅、庸俗，我要很严肃认真地告诉大家，坚持运动和倡导科学的生活方式代表着：坚持，毅力，向上，积极，永不放弃，克制欲望……而绝对不只是为了肤浅的减肥！

附 录

个人信息保密协议

甲方：××体育学院××教研室

乙方：××在校学生

鉴于甲方在锻炼课题中需要乙方的参与，并需要乙方填写相关个人信息，签约双方就甲方在课题研究中保守乙方相关个人信息的有关事项，本着平等、自愿、公平和诚实守信的原则，订立本保密协议。

双方确认在签署本协议前已经详细审阅过协议的内容，并完全了解协议各条款的法律含义。

一、个人信息的含义

第一条　在该研究中，甲方需要乙方提供的个人信息包括乙方的年龄、性别、专业、学号、手机号等五类信息。

二、甲方的保密义务

第二条　甲方只能在研究用途之内使用乙方的个人信息，而且乙方的个人信息原则上只能用于分析数据和向乙方传递研究信息；若甲方出于研究目的而要在上述二用途之外使用乙方的个人信息，则必须要得到乙方的同意。除此之外，甲方不能把乙方的个人信息用作他用。

第三条　甲方有义务为乙方的个人信息严格保密，不能因为甲方的原因而使乙方的个人信息泄露出去，从而让项目课题组之外的人得知。

三、违约责任

第四条　如果甲方在研究用途（分析数据、向乙方传递研究信息、经乙方同意的出于研究目的的其他用途）之外把乙方的个人信息用作他用，或因为甲方的原因而使乙方的个人信息泄露，甲方即算违约。若违约，甲方应向乙方作出书面道歉。

第五条　如果甲方的违约行为给乙方造成了名誉上、精神上或其他方面的损失，甲方应在书面道歉之外赔偿乙方的全部损失。

四、争议的解决方式

第六条　因执行本协议而发生的纠纷，可以由双方协商解决或者共同委托双方信任的第三方调解。协商、调解不成或者一方不愿意协商、调解的，任何一方都有提起诉讼的权利。

五、协议的效力和变更

第七条　本协议自双方签字后生效，甲乙双方各持一份。本协议的任何修改必须经过双方的书面同意，任何一方的单方面修改无效。

第八条　乙方在协议签订之后若有疑问，可联系甲方负责人××老师（电话：××）。

甲方：____________（盖章）　　　　乙方：____________（签字）

20　年　月　日　　　　　　　　20　年　月　日

身体锻炼相关词汇筛选

请标出下词汇与身体锻炼/体育活动的相关程度,1 表示完全不相关,5 表示一般,9 表示完全相关。

酸痛　完全不相关　1　2　3　4　5　6　7　8　9　完全相关
虚脱　完全不相关　1　2　3　4　5　6　7　8　9　完全相关
无力　完全不相关　1　2　3　4　5　6　7　8　9　完全相关
枯燥　完全不相关　1　2　3　4　5　6　7　8　9　完全相关
乏味　完全不相关　1　2　3　4　5　6　7　8　9　完全相关
单调　完全不相关　1　2　3　4　5　6　7　8　9　完全相关
无趣　完全不相关　1　2　3　4　5　6　7　8　9　完全相关
疲惫　完全不相关　1　2　3　4　5　6　7　8　9　完全相关
耗竭　完全不相关　1　2　3　4　5　6　7　8　9　完全相关
损伤　完全不相关　1　2　3　4　5　6　7　8　9　完全相关
劳累　完全不相关　1　2　3　4　5　6　7　8　9　完全相关
伤病　完全不相关　1　2　3　4　5　6　7　8　9　完全相关
痛苦　完全不相关　1　2　3　4　5　6　7　8　9　完全相关
疼痛　完全不相关　1　2　3　4　5　6　7　8　9　完全相关
肿胀　完全不相关　1　2　3　4　5　6　7　8　9　完全相关
骨折　完全不相关　1　2　3　4　5　6　7　8　9　完全相关
劳损　完全不相关　1　2　3　4　5　6　7　8　9　完全相关
野蛮　完全不相关　1　2　3　4　5　6　7　8　9　完全相关
暴力　完全不相关　1　2　3　4　5　6　7　8　9　完全相关
失败　完全不相关　1　2　3　4　5　6　7　8　9　完全相关
受挫　完全不相关　1　2　3　4　5　6　7　8　9　完全相关
委屈　完全不相关　1　2　3　4　5　6　7　8　9　完全相关
遗憾　完全不相关　1　2　3　4　5　6　7　8　9　完全相关
冲突　完全不相关　1　2　3　4　5　6　7　8　9　完全相关
健壮　完全不相关　1　2　3　4　5　6　7　8　9　完全相关
强健　完全不相关　1　2　3　4　5　6　7　8　9　完全相关
强壮　完全不相关　1　2　3　4　5　6　7　8　9　完全相关

有力	完全不相关	1	2	3	4	5	6	7	8	9	完全相关
舒缓	完全不相关	1	2	3	4	5	6	7	8	9	完全相关
敏捷	完全不相关	1	2	3	4	5	6	7	8	9	完全相关
轻巧	完全不相关	1	2	3	4	5	6	7	8	9	完全相关
畅快	完全不相关	1	2	3	4	5	6	7	8	9	完全相关
灵活	完全不相关	1	2	3	4	5	6	7	8	9	完全相关
健美	完全不相关	1	2	3	4	5	6	7	8	9	完全相关
流畅	完全不相关	1	2	3	4	5	6	7	8	9	完全相关
振奋	完全不相关	1	2	3	4	5	6	7	8	9	完全相关
精神	完全不相关	1	2	3	4	5	6	7	8	9	完全相关
活力	完全不相关	1	2	3	4	5	6	7	8	9	完全相关
匀称	完全不相关	1	2	3	4	5	6	7	8	9	完全相关
健康	完全不相关	1	2	3	4	5	6	7	8	9	完全相关
快乐	完全不相关	1	2	3	4	5	6	7	8	9	完全相关
开心	完全不相关	1	2	3	4	5	6	7	8	9	完全相关
放松	完全不相关	1	2	3	4	5	6	7	8	9	完全相关
愉悦	完全不相关	1	2	3	4	5	6	7	8	9	完全相关

您认为还有其他与身体锻炼/体育活动相关的词汇吗？请列出：

____。

谢谢您的参与！

身体锻炼调查问卷

您好！本问卷主要涉及您的身体锻炼现状及对身体锻炼的看法和感受。您填写的内容仅供研究使用,研究结果仅以数据呈现,不会出现您的个人信息,请放心填写。谢谢您的参与！

一、您的基本信息

您的姓名:__________(仅作为编码使用,请放心填写)

性别:①男 ②女　民族:__________　年龄:__________

身高:__________ cm　体重:__________ kg

专业:__________　年级:__________　手机号码:__________

二、您是否同意以下观点或看法?(如果同意就选择①,不同意就选择②)

1.如果不能得到别人的鼓励,有时我便难以再继续进行自己的工作。　①是　②否

2.当我不能随心所欲时,我有时会怨天尤人。　①是　②否

3.有时我会因为觉得自己能力太差而放弃去做某些事情。　①是　②否

4.有时我想反抗那些权威人物,虽然我明明知道他们是对的。　①是　②否

5.不管和谁谈话,我总是一个好听众(即能细心倾听别人的谈话)。　①是　②否

6.我从未有意地用语言去伤害别人。　①是　②否

7.有时我会占别人便宜。　①是　②否

8.当我犯了错误时,我总会勇于认错。　①是　②否

9.有时我宁愿以牙还牙,也不愿宽恕别人。　①是　②否

10.我总是谦恭有礼的,即使对我讨厌的人也不例外。　①是　②否

11.当别人表示的意见与想法跟我不大相同时,我从不感到厌烦。　①是　②否

12.我有时非常嫉妒别人的好运气。　①是　②否

13.有时我会被有求于我的人惹火。　①是　②否

三、这些问题将问您最近 7 天身体锻炼的时间，不包括体育课。请回答每一个问题。

想一下最近 7 天你做的所有剧烈活动。剧烈活动是指需要身体努力，使你的呼吸比平时困难。仅回答每次至少持续 10 分钟的剧烈运动。

1. 在最近 7 天内，你有多少天做剧烈运动，如搬重物、挖掘、有氧运动或快速骑车？________天/周。

如果没有剧烈运动，转第 3 题。

2. 在这些天里，你每天花多长时间做剧烈活动？

________小时/天，________分钟/天。

想一下最近 7 天你做的中等强度的活动。中等强度的活动是指需要中等体力的活动，使你的呼吸比平时稍微困难。仅回答每次至少持续 10 分钟的中等强度活动。

3. 在最近 7 天内，你有多少天做中等强度活动，如提轻的物品、常速骑自行车或双打乒乓球等？不包括走路。________天/周。

如果没有，转第 5 题。

4. 在这些天里，你每天花多长时间做中等强度活动？

________小时/天，________分钟/天。

想一下最近 7 天用在走路上的时间。这包括您从一个地方走向另一个地方，以及你可能仅是为了娱乐、运动、锻炼、休闲的走路。

5. 在最近 7 天内，你有多少天一次至少走 10 分钟？________天/周。

如果没有，跳过第 6 题。

6. 在这些天里，你每天花多长时间走路？

________小时/天，________分钟/天。

7. 在最近 7 天内，你每天花多长时间坐着？

________小时/天，________分钟/天。

四、以下每题有 7 个数字选项，“7”→“1”代表态度的变化程度。如“7”代表“完全符合”，“1”代表“完全不符合”，其他数字代表 1 与 7 之间的不同程度，中间的数字“4”则代表的是“无所谓”，请在最符合您实际情况的一个数字选项上打“√”。

1. 我喜欢挑战自我。

完全不符合　1　2　3　4　5　6　7　完全符合

2. 我经常思考达到目标的具体途径。

完全不符合　1　2　3　4　5　6　7　完全符合

3. 我经常为自己的冲动而后悔。

完全不符合 1 2 3 4 5 6 7 完全符合

4. 即便失败,我也绝不气馁。

完全不符合 1 2 3 4 5 6 7 完全符合

5. 遇到极大的困难时,我会想到:没事,冲过去。

完全不符合 1 2 3 4 5 6 7 完全符合

6. 遭遇突发事件时,我能很快想到解决办法。

完全不符合 1 2 3 4 5 6 7 完全符合

7. 遇到重大事情我能迅速作出决定。

完全不符合 1 2 3 4 5 6 7 完全符合

8. 在成功机会渺茫的时候,我常常会放弃。

完全不符合 1 2 3 4 5 6 7 完全符合

9. 在最苦最累的时候,我也能咬牙顶住。

完全不符合 1 2 3 4 5 6 7 完全符合

10. 我什么事都要做到最好。

完全不符合 1 2 3 4 5 6 7 完全符合

11. 计划不如变化快,计划可有可无。

完全不符合 1 2 3 4 5 6 7 完全符合

12. 使用电脑时,不会因长时间浏览网页而耽误正常工作。

完全不符合 1 2 3 4 5 6 7 完全符合

13. 一遇大的困难,我难免手忙脚乱。

完全不符合 1 2 3 4 5 6 7 完全符合

14. 命运坎坷,我常想:认命吧。

完全不符合 1 2 3 4 5 6 7 完全符合

15. 一旦事情出乎预料,我就会心烦意乱。

完全不符合 1 2 3 4 5 6 7 完全符合

16. 我决定做一件事时,常常说干就干,决不拖拉或让它落空。

完全不符合 1 2 3 4 5 6 7 完全符合

17. 我能长时间坚持做一件重要却枯燥乏味的事情。

完全不符合 1 2 3 4 5 6 7 完全符合

18. 身处逆境时,我常暗示自己:算了,就这样吧。

完全不符合 1 2 3 4 5 6 7 完全符合

19. 我希望通过不断尝试来挖掘自己的潜质。

完全不符合 1 2 3 4 5 6 7 完全符合

20. 我常把大目标分解为小目标。

完全不符合　1　2　3　4　5　6　7　完全符合

21. 不管有多少烦恼，一到该干正事时我就不再想它。

完全不符合　1　2　3　4　5　6　7　完全符合

22. 天生我材必有用。

完全不符合　1　2　3　4　5　6　7　完全符合

23. 在哪里跌倒，在哪里爬起来。

完全不符合　1　2　3　4　5　6　7　完全符合

24. 一遇大事，我很难专注面前的事情。

完全不符合　1　2　3　4　5　6　7　完全符合

25. 我自知有明显缺点，但却很难彻底纠正。

完全不符合　1　2　3　4　5　6　7　完全符合

26. 凡已制定的目标，我都能达到。

完全不符合　1　2　3　4　5　6　7　完全符合

27. 外在的压力常让我想到放弃既定的目标。

完全不符合　1　2　3　4　5　6　7　完全符合

28. 我很少和别人攀比结果。

完全不符合　1　2　3　4　5　6　7　完全符合

29. 学习(工作)中，我经常感到时间过得很慢。

完全不符合　1　2　3　4　5　6　7　完全符合

30. 在日常生活中，我很随性，一切任其自然。

完全不符合　1　2　3　4　5　6　7　完全符合

31. 因为害怕失败，我往往不敢去尝试新的事物。

完全不符合　1　2　3　4　5　6　7　完全符合

32. 工作、学习环境不好，我的积极性就会受影响。

完全不符合　1　2　3　4　5　6　7　完全符合

33. 在紧急情况下，我的大脑变得异常清晰。

完全不符合　1　2　3　4　5　6　7　完全符合

34. 每当事情不顺时，我就想改变计划，可又不能痛下决心。

完全不符合　1　2　3　4　5　6　7　完全符合

35. 枯燥、单调的学习，令人易生厌倦。

完全不符合　1　2　3　4　5　6　7　完全符合

36. 对困难的任务，我会想尽办法完成。

完全不符合　1　2　3　4　5　6　7　完全符合

37.我多数的亲人和好友都希望我每周至少进行3次，每次至少20分钟以上的身体锻炼。

完全不符合　1　2　3　4　5　6　7　完全符合。

38 我多数的亲人和好友都赞同我每周至少进行3次，每次20分钟以上的身体锻炼。

完全不符合　1　2　3　4　5　6　7　完全符合

39.每周至少进行3次，每次20分钟以上的锻炼，让我的亲友很高兴。

完全不符合　1　2　3　4　5　6　7　完全符合

40.对我来说，在未来的2周中，我每周能进行至少3次，每次20分钟以上的锻炼。

完全不符合　1　2　3　4　5　6　7　完全符合

41.我有能力控制自己在接下来的2周中，每周至少进行3次，每次20分钟以上的锻炼。

完全不符合　1　2　3　4　5　6　7　完全符合

42.以下有5个小题，请您依次作答。在接下来的4周中，每周至少进行3次，每次20分钟以上的锻炼对我来说是：

(1)不享受的　1　2　3　4　5　6　7　享受的

(2)不愉快的　1　2　3　4　5　6　7　愉快的

(3)不满意的　1　2　3　4　5　6　7　满意的

(4)无用的　1　2　3　4　5　6　7　有用的

(5)不重要的　1　2　3　4　5　6　7　重要的

43.在未来的4周中，我计划每周至少进行3次，每次20分钟以上的身体锻炼。

非常不同意　1　2　3　4　5　6　7　非常同意

44.我能接受在未来的4周中，每周至少进行3次，每次20分钟以上的身体锻炼。

完全不可以　1　2　3　4　5　6　7　完全可以

45.在未来的4周中，我打算每周至少进行3次，每次20分钟以上的身体锻炼。

非常不同意　1　2　3　4　5　6　7　非常同意

五、下面是一些有关您对身体锻炼的感受和身体健康方面的情况，按照下面的标准，在最符合您情况的一项上打“√”。

(一)我确信我能够立即开始参与规律的身体锻炼……

题目	完全不确信	有点确信	确信	很确信	完全确信
1.即使我必须重新考虑自己对身体锻炼的看法	1	2	3	4	5
2.即使参与身体锻炼是很辛苦的事情	1	2	3	4	5
3.即使我必须强迫自己马上开始身体锻炼	1	2	3	4	5
4.即使我必须督促自己进行身体锻炼	1	2	3	4	5

(二)请思考：如果您经常参加身体锻炼，会有什么样的利弊。如果我经常参加身体锻炼，那么我相信……

题目	完全不同意	有点同意	同意	很同意	完全同意
1.身体锻炼将会使我更健康	1	2	3	4	5
2.参与身体锻炼将不会使我有体重问题	1	2	3	4	5
3.每次身体锻炼我都要为之付出很大的努力	1	2	3	4	5
4.参加身体锻炼会使他人欣赏我的意志力	1	2	3	4	5
5.身体锻炼会使我的胆固醇水平得到改善	1	2	3	4	5
6.身体锻炼会使我看起来更具吸引力	1	2	3	4	5
7.身体锻炼会使我的日常生活更均衡	1	2	3	4	5
8.身体锻炼将会提高我的生活质量	1	2	3	4	5
9.参加身体锻炼将会花费我大量的时间	1	2	3	4	5
10.参加锻炼将会使我得到他人的赞赏	1	2	3	4	5
11.参加身体锻炼将会增加我的经济负担	1	2	3	4	5
12.身体锻炼将会降低我得心脏病的风险	1	2	3	4	5
13.身体锻炼将有利于改善我的血压状况	1	2	3	4	5

续表

(三)请选择在您的一生中,您认为自己出现以下情况的可能性有多大?					
题目	完全不可能	有点可能	可能	很可能	完全可能
1. 高的胆固醇水平	1	2	3	4	5
2. 心脏病	1	2	3	4	5
3. 高血压	1	2	3	4	5
4. 卒中	1	2	3	4	5
5. 心血管疾病	1	2	3	4	5

六、以下是您的家人和朋友,对您在过去3个月内进行规律的身体锻炼的看法或做法。请在最符合您情况的相应数字上打"√"。

(一)在过去的3个月中我的朋友、家人或亲戚(比如同事、好友、熟人、同学、父母、伴侣、兄弟、姐妹、祖父母、外祖父母)等					
题目	一次没有	很少	几次	经常	总是
1. 和我一起锻炼	1	2	3	4	5
2. 鼓励我,让我坚持锻炼计划	1	2	3	4	5
3. 改变他们的日程以便我们可以一起锻炼	1	2	3	4	5
4. 跟我讨论锻炼	1	2	3	4	5
5. 和我一块制订闲暇时间的锻炼计划	1	2	3	4	5

七、下面描述了一些有关您在身体锻炼与身体健康方面的情况,数值越高,代表相应的确信程度越高。按照下面的标准,在最符合您情况的一项上打"√"。

(一) 在以下情况下,我确信我能够保持规律的锻炼……					
题目	完全不确信	有点确信	确信	很确信	完全确信
1. 我需要花费很长的时间形成锻炼习惯	1	2	3	4	5
2. 我感到焦虑	1	2	3	4	5
3. 锻炼效果不能立竿见影	1	2	3	4	5

续表

4. 我感到很疲劳	1	2	3	4	5
5. 我有很大的压力	1	2	3	4	5
6. 我感到精神紧张	1	2	3	4	5
7. 我的血压状况没有马上得到改善	1	2	3	4	5
8. 在身体锻炼初始我没得到大家的支持	1	2	3	4	5
9. 我需要不断地付出努力	1	2	3	4	5
10. 我的同伴和家人都没有积极参与身体锻炼	1	2	3	4	5
11. 我的胆固醇水平没有马上得到改善	1	2	3	4	5

（二）在以下情况下，我确信我能够重新开始身体锻炼……

题目	完全不确信	有点确信	确信	很确信	完全确信
1. 我已经推迟身体锻炼计划多次了	1	2	3	4	5
2. 我的事务太多，难以抽身	1	2	3	4	5
3. 我已经停止身体锻炼好几周了	1	2	3	4	5

八、请回想在过去的4周中，您是否曾经至少以中等强度，进行每周3次，每次30分钟(或每周累计至少1.5个小时)的身体锻炼。请您将最符合您自己情况的选项的字体选中(单选题)。

①没有，且无此打算　②没有，不过我正在考虑

③没有，不过我已经考虑并有详细计划了　④是的，最近刚开始

⑤是的，已有一段时间了

九、此调查表旨在了解您的身体锻炼意向情况，及身体锻炼情况准备程度。

	完全不可能	不太可能	有一点可能	比较可能	完全可能
1. 我打算在闲暇时间进行每周至少3次，每次至少30分钟(或每周累积至少1.5小时)的中等强度的身体锻炼	1	2	3	4	5
2. 我打算在闲暇时间偶尔进行身体锻炼(每月至少一次)	1	2	3	4	5

续表

	完全不可能	不太可能	有一点可能	比较可能	完全可能
3.我打算在闲暇时间积极地进行身体锻炼	1	2	3	4	5
4.我打算在闲暇时间进行促进体质和增强肌肉力量的身体锻炼活动	1	2	3	4	5

一、我已经具体计划了……

	完全不符合	不太符合	有一点符合	很符合	完全符合
1.在什么时间开始身体锻炼	1	2	3	4	5
2.在什么地点进行身体锻炼	1	2	3	4	5
3.怎样进行身体锻炼(包括身体锻炼的项目、身体锻炼次数)	1	2	3	4	5
4.多长时间身体锻炼一次	1	2	3	4	5
5.与谁一起进行身体锻炼	1	2	3	4	5

二、我已经考虑了在身体锻炼中可能出现的下述情况(……),并知道该如何应对

	完全不符合	不太符合	有一点符合	很符合	完全符合
1.可能干扰身体锻炼的情况(如在身体锻炼时间里有吸引人的电影播出或家人、朋友要求一起逛街)	1	2	3	4	5
2.可能错过了身体锻炼计划的情况(如需要临时调课)	1	2	3	4	5
3.可能阻碍身体锻炼的困难情况(如跑步身体锻炼者会遇到天气不好,或者心情不好的时候)	1	2	3	4	5
4.可能中断身体锻炼的情况(如出差)	1	2	3	4	5

干预短信

熟虑组	冲动组
同学你好，我是本校心理老师××，前几天你在1515做过我们的试验。由于试验需求，我们想请你配合我们进行一个试验，试验程序：我们每天给你发送2～3条有关身体锻炼的短信(只接收不用回复)，约1个月后你再配合我们做一个简单的小试验(约10分钟)即可。试验结束，我们会送上一份更精美的礼品。同意请回复“是”，不同意回复“否”。有疑问请拨打本机，或者到1419咨询××老师。感谢你对我们的支持！	
身体锻炼是导致能量消耗高于休息时的新陈代谢水平的人类身体运动。它既包括身体锻炼也包括身体锻炼之外的活动(如慢步走、吃东西、做家务、工作、看书、学习等)。它可以消耗身体的能量并对个体的体质有积极的影响	又是一个阳光明媚的好天气，课后或饭后走到阳光下，漫步在干净的校园里，享受身体锻炼带来的轻松、愉悦……午后散步能给大家带来一个好的心情，一个美美的午觉……
有氧运动是通过一定量的全身运动增加氧的吸入量，是一种积极的恢复方式。可以达到缓解大脑疲劳、改善情绪及恢复体力的功效。采用有氧运动要达到最佳的运动效果，应该每周5天，每天至少30分钟	“童颜熟女”潘迎紫66岁仍有着瓷娃娃般的容颜，凹凸有致的身材羡煞旁人……她坦白说：“我的秘诀就是运动永远是最重要的。”身体锻炼能使人保持开朗的心态，心情轻松，增加对生命的热情，永远年轻也就不再是梦……
有效身体锻炼可以帮助人们降低患心脏病、糖尿病和抑郁症的风险。缺乏身体锻炼是引发早逝的第四大主要风险因素。为了减少患心脏病、糖尿病、抑郁症、结肠癌以及晚年肥胖症的风险，大家应该去多身体锻炼，而不是成天坐在电脑旁	美国大选不仅是一场政治秀，更是一场情感秀。奥巴马在大选中用其个人魅力成功征服了众多女性选民。由于平时积极健身和经常运动，奥巴马塑造了阳光帅气的外形、迷人的微笑、矫健的步伐、挺拔的身姿，时时活力四射
世界卫生组织的报告中明确指出，体力活动不足或久坐少动的生活方式已成为全世界引起死亡、疾病和残疾的重要原因之一，每年造成190多万人死亡，它可以增加几乎所有疾病的死亡率	暖洋洋的周末，滋生出柔软慵懒的惬意，走到明媚的阳光下，舒展一下筋骨，呼吸清新的空气，将自己融化在温暖的阳光里，舒缓神经，享受一种极致放松……

续表

熟虑组	冲动组
万事开头难，刚开始运动时，任谁都会被“惰性”战胜，但若你能战胜这种感觉，把开头的那一段日子坚持过去，将做运动融入生活的一部分，那么做运动将能像吃饭睡觉一样自然而简单。建议您不妨采取一种开始仪式，叫来至亲或朋友，向他们宣布，以期得到监督。实在懒惰时，想想会得到他们的嘲笑可能就会对你起到激励作用	自入住白宫后，米歇尔就频频以无袖装出现在各种公开场合，即使是寒冷的冬季，她也要裸露双臂，露出一双健美的臂膀、发达的肱二头肌。《纽约时报》专栏作家莫琳·多德说：“现在，美国力量的唯一象征是米歇尔·奥巴马那如雕塑一般的肱二头肌。”米歇尔在接受某健康杂志采访时，透露每周会有六天做健身
找位“志同道合”的好友一起运动吧！和许多人一起运动，比一个人单独运动更容易让人感觉到轻松和愉快。邀请你的朋友一起出去做运动吧！或者参加运动俱乐部，去多认识些喜欢做运动的朋友	紧实、匀称的长腿总会引来无数人的艳羡，其实你也可以轻松做到。多走楼梯，走楼梯可以拉动大腿肌肉，促进血液循环、脂肪消耗。想拉伸腿部线条的帅哥、美眉们不妨试试，会让你有意想不到的惊喜
美国斯坦福大学的一项研究表明，登一级楼梯，可以延长寿命4秒钟，同时，每周登5000级楼梯的人的死亡率比那些不运动的人要少25%～33%	在克里姆林宫安德烈耶夫大厅宣读第三届就职总统誓言时，普京已经年届60岁，但依然保持着精力充沛和容光焕发。60岁你能拥有像普京一样的身体吗？当然，他有自己的一套保持身体健康、旺盛精力的秘诀，使他终身受益的是柔道
规律的身体锻炼可以改善亚健康状况，提高心理健康水平，改善人们的情绪状态，提高人们的认知功能，降低焦虑和抑郁，完善人格，提高社会适应能力	给大家讲个小笑话，放松一下心情……甲：你的身材怎么保持得这么好？乙：靠跑步！甲：那么怎样才能保持跑步的习惯呢！乙：靠欠债
有氧运动可使人体吸入比平常多十几倍的氧气。多吸入氧可使体内血红蛋白数量增多，机体营养物质充足，机体免疫细胞防御病原体能力明显增强；有氧运动能明显提高大脑皮层和心肺系统的机能，促进中枢系统保持充沛的活力，并且使体内一些抗衰老作用的物质的数量增多，有助于延缓机体组织衰老和老化的进程	领导干部，除了卓越的管理能力，还要有一个良好的形象：轩昂的气质，旺盛的精力，以及一副健朗的身板。挥洒自如打篮球的美国总统奥巴马，炫耀发达胸肌的俄罗斯总理普京，都为我们所熟知。健身不仅让他们收获健康，更让他们展示了领导人的自信

续表

熟虑组	冲动组
有氧运动对于脑力劳动者非常有益。加拿大多伦多大学健康学家莱斯通过对 800 人的长期观察和 300 多个有关试验发现，当人们的大脑感到疲劳时，室外跑步就可以使大脑的功能恢复到 58%。而不做运动改吃药的话，大脑的功能仅能恢复到 40%～50%。有人便总结出来，慢跑是最佳有氧运动，对醒脑有奇效	王石喜欢登山，这是很多人都知道的事情。他的成绩也很斐然：在第一次登山后的第五年就攀上了珠穆朗玛峰。每次登山后，王石这样来形容自己的感受：刚从山上下来的头几天里，会有一种轻飘飘的感觉，走路的时候一点都不费劲，觉得身体自觉地往前移动，感觉很舒服。即便不如王石那样专业，利用周末的时间去郊外爬爬山，享受登顶后一览风景的乐趣
有氧运动还具备恢复体能的功效。这种积极的恢复方式，加入到一个令人兴奋的健康群体里进行健身运动，对未来情绪及体力的调整最为明显	给大家讲个笑话……三个人坐电梯从一楼到十楼。一个人原地跑步，一个在做俯卧撑，一个用头撞墙。他们都到了十楼，有媒体采访他们，你们是如何到十楼的？一个说，我是跑上来的。一个说，我是俯卧撑上来的。一个说，我是用头撞墙上来的。同学们，多走楼梯吧，拒绝电梯……
有氧运动要达到最佳的运动效果，应该每周 5 天，每天至少 30 分钟。可以因地制宜，量力而行。20～30 岁的人，运动时心率维持在每分钟 140 次左右；40～50 岁的人，心率可以维持在每分钟 120～135 次；60 岁以上的人，心率以每分钟 100～120 次为宜	搜狐首席执行官张朝阳是一名忠实的走路爱好者，每天至少花一个小时在走路上，他觉得："走路的时候，身体处于最佳的协调状态，能很好地放松身心。"多走路是一种生活方式，饭后遛弯、尽量不坐电梯、坐久了站起来倒杯水……每天多走几步，幸福生活一辈子……
运动健身是最佳的一种生活方式，不论是对生活还是对工作、学习，都有非常大的帮助，可以令人增加自信，热爱生活，保持身材并且保持健康。运动锻炼意志，提升品质，使人头脑清醒，精神飒爽。可以说选择健身，就选择了灿烂多彩的人生	一个可乐罐在快乐地走路，走着走着感觉很放松，突然说，我好可乐啊！一个暖气在路上走，走着走着顺手帮助了路人，突然说，我好热心啊！一个钥匙在路上有力地走，走着走着突然说，我是屈原啊，吾将上下而求锁！一个电表轻巧地在路上走，走着走着突然说，我是文人啊，众里寻他千百度！

续表

熟虑组	冲动组
身体锻炼无须专门拿出时间，只需每天饭后多站一会、坐久了站起来倒杯水、尽量不坐电梯而走楼梯。身体锻炼是一种生活方式，养成好的习惯会受益终身	身体锻炼无须专门拿出时间，只需每天饭后多站一会、坐久了站起来倒杯水、尽量不坐电梯而走楼梯。身体锻炼是一种生活方式，养成好的习惯会受益终身
身体锻炼的合理目标非常重要，合理的目标要具体，并且通过努力能实现，比如一周几天坚持运动 30 分钟以上，一个月减掉多少体重	身体锻炼从头到尾都是快乐的，放松我们的形体，娱乐我们的精神，舒展我们的四肢。身体锻炼后的感觉轻松愉悦，还会给我们带来舒适的睡眠
为了减少患心脏病、糖尿病、抑郁症、结肠癌以及肥胖症的风险，大家应该动起来，而不是在那里静坐哦……	跑步是跟自己的对话，在跑步的过程中，大脑很空，高度集中，思路清晰。这种韵律，只有跑起来才能感受到。跑步能给我们带来流畅、灵活的感觉，帮助我们振奋精神
然而除了目标，还有更深层次的东西在起作用。如果我们的工作让人长期久坐，那么运动肯定应该成为我们生活的一部分 如果你一天工作 16 个小时，那么你将没有时间锻炼身体。然而，你却需要坐下来好好地想想，工作与健康，哪个才是你生命中想要的东西？	在山里面跑，更能带动基因中的记忆。那种愉悦，很多种味道在其中，有挑战自然的成就感，也有脚和大自然对比的冲击力。你想山、天空、草原那么广阔，你那么微不足道，可是你在跑，和自然对话。这种亲切感就是你基因本身携带的原始冲动
出现在观众眼里的白岩松，精神饱满，思路敏捷。而这与他良好的健身习惯分不开。白岩松也曾自曝有痛风早期症状。“现在，每周都踢两次球，还有游泳，情况已被控制了，很多疾病是能通过身体锻炼和控制饮食而逆转的。”	出现在观众眼里的白岩松，精神饱满，思路敏捷。而这与他良好的健身习惯分不开。白岩松也曾自曝有痛风早期症状。“现在，每周都踢两次球，还有游泳，情况已被控制了，很多疾病是能通过身体锻炼和控制饮食而逆转的。”
走路、爬楼梯等身体锻炼不需借助任何工具，也不用有太多讲究，就能牵动全身的骨骼和肌肉	话说有一只小白兔在欢快、愉悦地跑步，它跑两步就向右转头，再跑两步又向右转头，又跑两步还向右转头……

续表

熟虑组	冲动组
每周150分钟身体锻炼可帮助成年人降低以下风险：过早死亡、心脏病、中风、高血压、某些癌症、Ⅱ型糖尿病、骨质疏松、超重和肥胖。帮助提升：健康、力量、精神状况	听着欢快的音乐，步伐矫健地奔跑，不由地哼起了歌，心情像迎着海风飞驰的帆船一样轻快
别总是在压力下工作，累坏了自己，特傻！ 别忘了身体是一切，没有了健康，无法享用人生所有的乐趣，特亏！ 别以为能救命的是医生，其实是你自己，身体锻炼重于救命，特对！	散步是身体锻炼形式中最好的一种，不受条件限制，可以自由进行。散步能带来舒缓心情，给身体带来愉悦和放松，让身体变得灵活、敏捷
同学们，每天多花点时间动起来吧！饭后多走几步，坐久了站起来倒杯水并舒展一下身体，上课坚持爬楼梯……将运动融于生活的点滴，运动的生活方式自然养成，也必将受益终生	同学们，每天多花点时间动起来吧！饭后多走几步，坐久了站起来倒杯水并舒展一下身体，上课坚持爬楼梯…将运动融于生活的点滴，运动的生活方式自然养成，也必将受益终生
每运动一次，就如同为自己的身体进行了一次大扫除，不但能消除肩膀和背部的紧张，而且能消除腰腹肌、臀肌、脚部肌肉的紧张，还能增加使人睡得香甜的镇静激素的数量	人自出生后，能坐起来时就想走，能走时就想跑。打闹、嬉戏、玩耍、追逐，运动发展着我们的大脑，使我们茁壮成长。运动是人的天性，是人的本能，为我们带来活力、激情
散步是身体锻炼形式中最好的一种。它是最不受条件限制的运动，大家可以自由进行。晚饭后、清晨这两个时间段都是散步的最好时机，散步还能消除烦躁和郁闷	下雪啦！还保留着儿时的记忆吗，迎着大雪，欢快地跑着、跳着、喊着，与伙伴一起堆雪人、打雪仗，心情像雪花一样愉快地飞舞着！祝同学们在这个下雪的夜晚有个美丽的心情……
第九届大学生运动会新闻发布会传达了一份不容忽视的信息：调查显示，我国大学生的多项健康指标呈下降趋势。2012年8月17日上午，卫生部举办中国卫生论坛，会上发布的《“健康中国2020”战略研究报告》提出，15年来，我国患病人数增加了20%，疾病的经济负担沉重，增速甚至超过了GDP	几百万年前，我们就在草原上奔跑。清晨的露水，初升的朝阳，柔软的小草，绚烂的小花，都是我们的伙伴，见证着我们的故事。风儿吹过我们的长发，月儿听过我们吟唱，山涧笑过我们的舞蹈，鹿儿和我们一起奔跑。我们在跑步中获得食物，也在跑步中获得欢乐。我们在跑步中成长，也在跑步中繁衍，收获着爱情与芬芳

续表

熟虑组	冲动组
你可以:加入一个工作日跑步/步行小组;晚饭后在学校快步走;每天步行或骑自行车上班;重拾以前喜爱的体育运动或尝试一个新项目;下班后参加一个舞蹈课程	凭借超凡的耐力和意志力登临山顶,远离尘世喧嚣,收获的是全身心的放松与亲近自然的质朴体验。体育运动有时不单是对身体机能的身体锻炼与强化,有时也是调整心境,让行动改变思想认识的一种方式,登山便是如此
走路身体锻炼不需借助任何工具,也不用有太多讲究,就能牵动全身的骨骼和肌肉	听着欢快的音乐,步伐矫健地奔跑,不由地哼起了歌,心情像迎着海风飞驰的帆船一样轻快
亲爱的同学们,我们的短信发送已结束,下周我们将进行测验,具体时间我再通知大家。衷心感谢同学们的参与	亲爱的同学们,我们的短信发送已结束,下周我们将进行测验,具体时间我再通知大家。衷心感谢同学们的参与
亲爱的同学,测验定于以下时间段,你任选一个:今晚(周一)18:30～18:50,19:00～19:20,19:30～19:50,20:00～20:20。明晚(周二)18:30～18:50,19:00～19:20,19:30～19:50。地点:1515。我们为每个人准备了一个精美的不锈钢保温杯以表感谢。温馨提示:少乘电梯,多走楼梯,身体更健康……	亲爱的同学,测验定于以下时间段,你任选一个:今晚(周一)18:30～18:50,19:00～19:20,19:30～19:50,20:00～20:20。明晚(周二)18:30～18:50,19:00～19:20,19:30～19:50。地点:1515。我们为每个人准备了一个精美的不锈钢保温杯以表感谢。温馨提示:少乘电梯,多走楼梯,身体更健康……

身体锻炼调查问卷(二次测试)

您好！本问卷主要涉及您的身体锻炼现状及对身体锻炼的看法和感受。您填写的内容仅供研究使用，研究结果仅以数据呈现，不会出现您的个人信息，请放心填写。谢谢您的参与！

一、您的基本信息

您的姓名：__________(仅作为编码使用，请放心填写)

二、这些问题将问您最近7天身体锻炼的时间，不包括体育课、早操。请回答每一个问题。

想一下最近7天你做的所有剧烈活动。剧烈活动是指需要身体努力，使你的呼吸比平时困难。仅回答每次至少持续10分钟的剧烈运动。

1. 在最近7天内，你有多少天做剧烈运动，如搬重物、挖掘、有氧运动或快速骑车？__________天/周。

□如果没有剧烈运动，转第3题。

2. 在这些天里，你每天花多长时间做剧烈活动？

__________小时/天，__________分钟/天。

想一下最近7天你做的中等强度的活动。中等强度的活动是指需要中等体力的活动，使你的呼吸比平时稍微困难。仅回答每次至少持续10分钟的中等强度活动。

3. 在最近7天内，你有多少天做中等强度活动，如提轻的物品、常速骑自行车或打乒乓球等？不包括走路。__________天/周。

□如果没有，转第5题。

4. 在这些天里，你每天花多长时间做中等强度活动？

__________小时/天，__________分钟/天。

想一下最近7天用在走路上的时间。这包括您从一个地方走向另一个地方，以及你可能仅是为了娱乐、运动、身体锻炼、休闲的走路。

5. 在最近7天内，你有多少天一次至少走10分钟？__________天/周。

□如果没有，跳过第6题。

6. 在这些天里，你每天花多长时间走路？

__________小时/天，__________分钟/天。

三、以下每题有7个<u>数字选项</u>，"7"→"1"代表态度的变化程度。如"7"代表"非常同意"，"1"代表"非常不同意"，其他数字代表1与7之间的不同程度，中间的数字"4"则代表的是"无所谓"。请在最符合您实际情况的<u>一个</u>数字选项上打"√"。

1. 我多数的亲人和好友都希望我每周至少进行3次，每次至少20分钟以上的身体锻炼。

非常不赞同　1　2　3　4　5　6　7　非常赞同

2. 我多数的亲人和好友都赞同我每周至少进行3次，每次20分钟以上的身体锻炼。

非常不赞同　1　2　3　4　5　6　7　非常赞同

3. 每周至少进行3次，每次20分钟以上的身体锻炼，让我的亲友很高兴。

非常不赞同　1　2　3　4　5　6　7　非常赞同

4. 对我来说，在未来的2周中，每周至少3次，每次20分钟以上的身体锻炼是：

非常困难　1　2　3　4　5　6　7　非常容易

5. 在未来2周中，每周3次，每次20分钟以上的身体锻炼是否超出我的能力范围：

完全超出　1　2　3　4　5　6　7　完全没有超出

6. 我有能力控制自己在接下来的2周中，每周至少进行3，次每次20分钟以上的身体锻炼。

非常不同意　1　2　3　4　5　6　7　非常同意

以下有5个小题，请您依次作答。在接下来的4周中，每周至少进行3次，每次20分钟以上的身体锻炼对我来说是：

7. 不享受的　1　2　3　4　5　6　7　享受的

8. 不愉快的　1　2　3　4　5　6　7　愉快的

9. 不满意的　1　2　3　4　5　6　7　满意的

10. 无用的　1　2　3　4　5　6　7　有用的

11. 不重要的　1　2　3　4　5　6　7　重要的

12. 在未来的4周中，我计划每周至少进行3次，每次20分钟以上的身体锻炼。

非常不同意　1　2　3　4　5　6　7　非常同意

13. 我能接受在未来的4周中，每周至少进行3次，每次20分钟以上的身体锻炼。

完全不可以　1　2　3　4　5　6　7　完全可以

14. 在未来的4周中，我打算每周至少进行3次，每次20分钟以上的身体锻炼。

非常不同意　1　2　3　4　5　6　7　非常同意

四、下面是一些有关您对身体锻炼的感受和身体健康方面的情况，按照下面的标准，在最符合您情况的一项上打"√"。

(一)我确信我能够立即开始参与规律的身体锻炼……

题目	完全不确信	有点确信	确信	很确信	完全确信
1. 即使我必须重新考虑自己对身体锻炼的看法	1	2	3	4	5
2. 即使参与身体锻炼是很辛苦的事情	1	2	3	4	5
3. 即使我必须强迫自己马上开始身体锻炼	1	2	3	4	5
4. 即使我必须督促自己进行身体锻炼	1	2	3	4	5

(二)请思考L如果您经常参加身体锻炼，会有什么样的利弊。如果我经常参加身体锻炼，那么我相信……

题目	完全不同意	有点同意	同意	很同意	完全同意
1. 身体锻炼将会使我更健康	1	2	3	4	5
2. 参与身体锻炼将不会使我有体重问题	1	2	3	4	5
3. 每次身体锻炼我都要为之付出很大的努力	1	2	3	4	5
4. 参加身体锻炼会使他人欣赏我的意志力	1	2	3	4	5
5. 身体锻炼会使我的胆固醇水平得到改善	1	2	3	4	5
6. 身体锻炼会使我看起来更具吸引力	1	2	3	4	5
7. 身体锻炼会使我的日常生活更均衡	1	2	3	4	5
8. 身体锻炼将会提高我的生活质量	1	2	3	4	5

续表

题目	完全不同意	有点同意	同意	很同意	完全同意
9.参加身体锻炼将会花费我大量的时间	1	2	3	4	5
10.参加身体锻炼将会使我得到他人的赞赏	1	2	3	4	5
11.参加身体锻炼将会增加我的经济负担	1	2	3	4	5
12.身体锻炼将会降低我得心脏病的风险	1	2	3	4	5
13.身体锻炼将有利于改善我的血压状况	1	2	3	4	5

请认真检查,确保没有漏答,祝你身体健康,工作、学习顺利,衷心感谢你的合作!

主要参考文献

一、中文论著

艾传国，佐斌. 单类内隐联想测验 SC-IAT 在群体认同中的初步应用. 中国临床心理学杂志，2011，19(4)：476-478.

陈荔. 四种方法测量的身体意象与整体自尊、生活满意感的关系. 北京：北京体育大学，2005.

陈作松，季浏. 锻炼对高中学生主观幸福感的影响及其心理机制. 心理学报，2006，38：562-575.

方格，田学红. 小学儿童对日常生活事件时间关系推理能力的初探. 心理学报，2002，34(6)：604-610.

冯廷勇，等. 3～5 岁儿童表面与结构相似性类比推理的试验研究. 心理科学，2006，29 (5)：1091-1095.

封丹珺，石林. 应对方式的生态瞬时评估法及其他测量方法简介. 心理科学进展，2004，12：429-434.

付舒. 不同锻炼方式对自我观念、生活满意感和心境的影响. 北京：北京体育大学，2007.

黄飞，等. 环形模型：整合人格研究的一种取向. 心理科学进展，2010，18：132-143.

黄志剑，郭志平. 锻炼与自我概念关系的元分析. 武汉体育学院学报，2008，12：57-60.

蒋碧艳，祝蓓里. 上海市大中学生的心理健康与锻炼的关系. 心理科学，1997，20(3)：235.

李红，冯廷勇. 4～5 岁儿童单双维类比推理能力的发展水平和特点. 心理学报，2002，34(4)：395-399.

李红，郑持军，高雪梅. 推理方向与规则维度对儿童因果的推理影响. 心理学报，2004，36 (5)：550-557.

李佑发.意志品质的质性分析、模型建构与测评.北京:北京体育大学,2007.

刘俊升,桑标.内隐-外显态度的关系及其行为预测性.华东师范大学学报(教育科学版),2010,28(2):59-66.

陆雯.大学生锻炼动机的形成及其对锻炼行为的影响:基于SDT的预测与干预.北京:北京体育大学,2012.

毛荣建,晏宁,毛志雄.国外锻炼行为理论研究综述.北京体育大学学报,2003,26(6):752-755.

毛志雄.我国部分项目运动员对兴奋剂的态度和意向:TRA与TPB两个理论模型的检验.北京:北京体育大学,2001.

亓圣华.锻炼与中学生羞怯、自尊、人格之间的关系.体育科学,2009,29:41-45.

屈宁宁,李可基.国际体力活动问卷中文版的信度和效度研究.中华流行病学杂志,2004,25(3):265-268.

任未多.身体活动与锻炼的心理效应研究综述.体育科学,1997(2):75-81.

沈梦英.中国成年人锻炼行为的干预策略——TPB与HAPA两个理论模型的整合.北京:北京体育大学,2011.

史伟锋.锻炼相关刺激的情感启动效应.北京:北京体育大学,2012.

姒刚彦,黄志剑,余水清.关于老年人参加锻炼的心理前因及心理效益的初步研究.西安体育学院学报,1995(3):69-74.

王雁飞,邱林,郑雪.积极情感消极情感量表(PANAS)的修订.应用心理学,2008,14:249-254.

许昭,等.锻炼情境中情绪效益的研究方法,山东体育科技,2013,35(2):84-87.

许昭,毛志雄.身体活动熟虑-冲动双系统模型的构建与检验.体育科学,2015,35(8):16-23.

许昭,张禹,毛志雄.儿童青少年锻炼自我意识效益指标研究.山东体育科技,2013,35(5):91-95.

余文斌.不同锻炼方式对大学生自尊、焦虑和抑郁的影响.北京:北京体育大学,2006.

张珂,张大均.内隐联想测验研究进展述评.心理学探新,2010,29(4):15-18.

张力为,毛志雄.运动心理学.上海:华东师范大学出版社,2003.

二、英文论著

Aarts H,Dijksterhuis A. Habits as knowledge structures:Automaticity in goal-directed behavior. Journal of Personality and Social Psychology, 2000, 78: 53-63.

Arent S M, et al. The impact of the testing environment on affective changes following acute resistance exercise. Journal of Applied SPORT Psychology, 2007, 19(3): 364-378.

Arent S M, Landers D M, Etnier J L. The effects of exercise on mood in older adults: A meta-analytic review. Journal of Aging and Physical Activity, 2000, 8: 407-430.

Armitage C J, Conner M. Efficacy of the theory of planned behavior: A meta-analytic review. British Journal of Social Psychology, 2001, 40: 471-499.

Asendorpf J B, Banse R, Mücke D. Double dissociation between implicit and explicit personality self-concept: The case of shy behavior. Journal of Personality and Social Psychology, 2002, 83: 380-393.

Backhouse S H, et al. Exercise makes people feel better but people are inactive: paradox or artifact? Journal of Sport & Exercise Psychology, 2007, 29, 498-517.

Bandura A. Social cognitive theory: An agentic perspective. Annual Review of Psychology, 2001, 52: 126.

Bargh J A, et al. The automated will: Nonconscious activation and pursuit of behavioral goals. Journal of Personality and Social Psychology, 2001, 81: 10-14.

Baron R S. Arousal, capacity, and intense indoctrination. Personality and Social Psychology Review, 2000, 4(3): 238-254.

Barrett L F, Tugade M M, Engle R W. Individual differences in working memory capacity and dual-process theories of the mind. Psychological Bulletin, 2004, 130(4): 553-573.

Baumeister R F, et al. Self-regulation and personality: How interventions increase regulatory success, and how depletion moderates the effects of traits on behavior. Journal of Personality, 2006, 74(6): 1773-1801.

Bluemke M, et al. Exercise might be good for me, but I don't feel good about it: do automatic associations predict exercise behavior? Journal of Sport & Exercise Psychology, 2010, 32: 137-153.

Conner M, et al. Relations between implicit and explicit measures of attitudes and measures of behavior: Evidence of moderation by individual difference variables. Personality and Social Psychology Bulletin, 2007, 33: 1727-1740.

Conrey F R, et al. Separating Multiple Processes in Implicit Social Cognition: The Quad Model of Implicit Task Performance. Journal of Personality and Social Psychology, 2005, 89: 469.

Coulter T J, Mallett C J, Gucciardi D F. Understanding mental toughness in Australian soccer: Perceptions of players, parents, and coaches. Journal of Sports Sciences, 2010, 28: 699-718.

Ekkekakis P. Affect circumplex redux: The discussion on its utility as a measurement framework in exercise psychology continues. International Review of Sport and Exercise Psychology, 2008, 1(2): 139-159.

Ekkekakis P. Let them roam free? Physiological and psychological evidence for the potential of self-selected exercise intensity in public health. Sports Medicine, 2009, 39(10): 857-888.

Ekkekakis P. The Dual-Mode Theory of affective responses to exercise in metatheoretical context: Ⅰ. Initial impetus, basic postulates, and philosophical framework. International Review of Sport and Exercise Psychology, 2009, 2(1): 73-94.

Ekkekakis P. The Dual-Mode Theory of affective responses to exercise in metatheoretical context: Ⅱ. Bodiless heads, ethereal cognitive schemata, and other improbable dualistic creatures, exercising. International Review of Sport and Exercise Psychology, 2009, 2(2): 139-160.

Ekkekakis P, et al. The preference for and tolerance of the intensity of exercise questionnaire: A psychometric evaluation among college women. Journal of Sports Sciences, 2008, 26(5): 499-510.

Evans J S B T. Dual-processing accounts of reasoning, judgment, and social cognition. Annual Review of Psychology, 2008, 59: 255-278.

Everitt B J, Robbins T W. Neural systems of reinforcement for drug addiction: from actions to habits to compulsion. Nature Neuroscience, 2005, 8: 1481-1489.

Fadardi J S, Cox W M. Alcohol Attention-Control Training Program. The Addictions Newsletter, 2007, 14: 16-17.

Fadardi J S, Coxa W M. Reversing the sequence: Reducing alcohol consumption by overcoming alcohol attentional bias. Drug and Alcohol Dependence,2009,101:137-145.

Fazio R H, Olson M A. Implicit measures in social cognition research: Their meaning and use. Annual Review of Psychology,2003, 54:297-327.

Fazio R H. Multiple processes by which attitudes guide behavior: The MODE model as an integrative framework. In:Zanna M P,ed. Advances in Experimental Social Psychology. San Diego,CA: Academic Press,1990. 75-109.

Fazio R H. On the automatic activation of associated evaluations: An overview. Cognition and Emotion,2001,15(2):115-141.

Ferguson M J,Bargh J A. Liking is for doing:The effects of goal pursuit on automatic evaluation. Journal of Personality and Social Psychology, 2004, 87:557-572.

Fiedler K,Bluemke M. Faking the IAT: Aided and unaided response control on the Implicit Association Tests. Basic and Applied Social Psychology, 2005,27:307-316.

Field M, et al. Experimental manipulation of attentional biases in heavy drinkers: do the effects generalise? Psychopharmacology,2007, 192:593-608.

Fox K R. The effects of exercise on self-perceptions and self-esteem. In: Biddle S J H, Fox K R, Boutcher S H, ed. Physical activity and psychological well-being. London: Routledge &Kegan Paul,2000. 88-117.

French D R,et al. The importance of affective beliefs and attitudes in the theory of planned behavior: Predicting intention to increase physical activity. Journal of Applied Social Psychology,2005,35(9):1824-1848.

Friese M, Hofmann W. Control me or I will control you: Impulse trait self-control, and the guidance of behavior. Manuscript submitted for publication,2008.

Friese M,Hofmann W. What would you have as a last supper? Thoughts about death influence evaluation and consumption of food products. Journal of Experimental Social Psychology,2008,44:1388-1394.

Friese M, Hofmann W. Control me or I will control you: Impulse trait self-control,and the guidance of behavior. Journal of Research in Personality, 2009,43:795-805.

Friese M, Hofmann W, Schmitt M. When and why do implicit measures predict behaviour? Empirical evidence for the moderating role of opportunity, motivation and process reliance. European Review of Social Psychology,2008,

19：285-338.

Friese M, Hofmann W, Wänke M. When impulses take over：Moderated predictive validity of explicit and implicit attitude measures in predicting food choice and consumption behaviour. The British Journal of Social Psychology, 2008, 47:397-419.

Gailliot M T, Schmeichel B J, Baumeister R F. Self-regulatory processes defend against the threat of death：Effects of self-control depletion and trait self-control on thoughts and fears of dying. Journal of Personality and Social Psychology, 2006, 91:49-62.

Gailliot M T, Baumeister R F. Self-regulation and sexual restraint：Dispositionally and temporarily poor self-regulatory abilities contribute to failures at restraining sexual behavior. Personality and Social Psychology Bulletin, 2006, 33:173-186.

Gailliot M T, et al. Self-control relies on glucose as a limited energy source：Willpower is more than a metaphor. Journal of Personality and Social Psychology, 2007, 92(2):325-336.

Gawronski B, Bodenhausen G V. Associative and Propositional Processes in Evaluation：An Integrative Review of Implicit and Explicit Attitude Change. Psychological Bulletin, 2006, 13(2):692.

Gemar M C, et al. Mood-induced changes on the Implicit Association Test in recovered depressed patients. Journal of Abnormal Psychology, 2001, 110：282-289.

Giacobbi Hardin, Frye. A Multi-Level Examination of Personality, Exercise, and Daily Life Events for Individuals With Physical Disabilities. Adapted Physical Activity Quaterly, 2006, 23:129-147.

Hagger M S, et al. Aspects of identity and their influence on intentional behavior：Comparing effects for three health behaviors. Personality and Individual Differences, 2007, 42:355-367.

Hagger M S, et al. Ego depletion and the strength model of self-control：A meta-analysis. Psychological Bulletin, 2010, 136(4):495-525.

Haidt J. The emotional dog and its rational tail：A social intuitionist approach to moral judgment. Psychological Review, 2001, 108:814-834.

Hall E E, Ekkekakis P, Petruzzello S J. The affective beneficence of vigorous exercise revisited. British Journal of Health Psychology, 2002, 7:47-66.

Haskell W L, et al. Physical activity and public health: Updated recommendation for adults from the American college of sports medicine and the American heart association. Circulation, 2007, 116: 1081-1093.

Hofmann W, Friese M, Strack F. Impulse and self-control from a dual-systems perspective. Perspectives on Psychological Science, 2009, 4: 162-176.

Hofmann W, et al. Implicit and explicit attitudes and interracial interaction: The moderating role of situationally available control resources. Group Processes and Intergroup Relations, 2008, 11(1): 69-87.

Hofmann W, Friese M. Impulses got the better of me: Alcohol moderates the influence of implicit attitudes toward food cues on eating behavior. Journal of Abnormal Psychology, 2008, 117(2): 420-427.

Hofmann W, et al. Evaluative conditioning in humans: A meta-analysis. Psychological Bulletin, 2010, 136(3): 390-421.

Hofmann W, Friese M, Gschwendner T. Men on the "pull": Automatic approach-avoidance tendencies and sexual interest behavior. Social Psychology, 2009, 40(2): 73-78.

Hofmann W, Friese M, Roefs A. Three ways to resist temptation: The independent contributions of executive attention, inhibitory control, and affect regulation to the impulse control of eating behavior. Journal of Experimental Social Psychology, 2009, 45: 431-435.

Hofmann W, Friese M, Wiers R W. Impulsive versus reflective influences on health behavior: A theoretical framework and empirical review. Health Psychology Review, 2009, 1: 1-27.

Hofmann W, et al. Working memory capacity and self-regulation: Toward an individual differences perspective on behavior determination by automatic versus controlled processes. Journal of Personality and Social Psychology, 2008, 95: 962-977.

Hofmann W, Rauch W, Gawronski B. And deplete us not into temptation: Automatic attitudes, dietary restraint, and self-regulatory resources as determinants of eating behavior. Journal of Experimental Social Psychology, 2007, 43: 497-504.

Hofmanna W, Friese M, Wiers R W. Impulsive versus reflective influences on health behavior: A theoretical framework and empirical review. Health Psychology Review, 2008, 2(2): 111-137.

Holmes M E, et al. Physical activity, stress, and metabolic risk score in 8-to 18-year-old boys. Journal of Physical Activity and Health, 2008, 5: 294-307.

Hummel J E, Holyoak K J. A symbolic-connectionist theory of relational inference and generalization. Psychological Review, 2003, 110: 220-264.

Idson L C, Liberman N, Higgins E T. Distinguishing gains from nonlosses and losses from nongains: A regulatory focus perspective on hedonic intensity. Journal of Experimental Social Psychology, 2000, 36: 252-274.

Ingjaldsson J T, Thayer J F, Laberg J C. Craving for alcohol and pre-attentive processing of alcohol stimuli. International Journal of Psychophysiology, 2003, 49: 29-39.

Kahneman D, et al. When more pain is preferred to less: adding a better end. Psychological Science, 1993, 4(6): 401-405.

Kanning M, Schlicht W. Be active and become happy: An Ecological Momentary Assessment of physical activity and mood. Journal of Sport & Exercise Psychology, 2010, 32: 253-261.

Karpinski A, Steinman R B. The single category implicit association test (SC-IAT) as a measure of implicit social cognition. Journal of Personality and Social Psychology, 2006, 91(1): 16-32.

Keel P K, et al. Postremission predictors of relapse in women with eating disorders. American Journal of Psychiatry, 2005, 162: 2263-2268.

Keltner D, Gruenfeld D H, Anderson C. Power, approach, and inhibition. Psychological Review, 2003, 110: 265-284.

Kilpatrick M, et al. Affective responses to exercise are dependent on intensity rather than total work. Medicine and Science in Sports and Exercise, 2007, 39(8): 1417-1422.

Kirsch I. Changing Expectations: A Key to Effective Therapy. Belmont, CA: Wadsworth, 1990.

Kiviniemi M T, Voss-Humke A A, Seifert A L. How do I feel about the behavior? The interplay of affective associations with behaviors and cognitive beliefs as influences on physical activity behavior. Health Psychology, 2007, 26(2): 152-158.

Koob G F, Le Moal M. Plasticity of reward neuro circuitry and the "dark side" of drug addiction. Nature Neuroscience, 2005, 8: 1442-1444.

Kruglanski A W, Thompson E P. Persuasion by a single route: A view from the unimodal. Psychological Inquiry,1999,10:83-109.

Kuennen M R, Waldron J J. Relationships Between Specific Personality Traits, Fat Free Mass Indices,and the Muscle Dysmorphia Inventory. Journal of Sport Behavior,2007,3:453-470.

Lambert A J,et al. Stereotypes as dominant responses: On the "social facilitation" of prejudice in anticipated public contexts. Journal of Personality and Social Psychology,2003,84:277-295.

Landers D M, Arent S M. Exercise and mental health. In: Singer K N, Hausenblas H A,Janelle C M,ed. Handbook of sport psychology. New York: Wiley,2001. 740-765.

Landers D M,Arent S M. Physical activity and mental health. In:Tenenbaum G,Eklund R C,ed. Handbook of Sport Psychology. Hoboken,NJ: John Wiley & Sons,Inc,2006. 469-491.

Landuyt L M V,et al. Throwing the mountains into the lakes: on the perils of nomothetic conceptions of the exercise-affect relationship. Journal of Sport & Exercise Psychology,2000,22:208-234.

Lascelles K R R, Field A P, Davey G C L. Using foods as CSs and body shapes as UCSs: Selective conditioning effects during picture picture evaluative conditioning. Behavior Therapy, 2003,34:213-235.

Lattimore P,Maxwell L. Cognitive load, stress, and disinhibited eating. Eating Behaviors, 2004,5:315-324.

Laura C Carpenter,et al. Affective Response to Physical Activity: Testing for Measurement Invariance of the Physical Activity Affect Scale Across Active and Non-Active Individuals. Physical Education and Exercise Science,2010,14:1-14.

Lee P H,et al. Performance of the international physical activity questionnaire (short form) in subgroups of the Hong Kong chinese population. International Journal of Behavioral Nutrition and Physical Activity,2011,8:81-90.

Lieberman M D,et al. Reflection and reflexion: A social cognitive neuroscience approach to attributional inference. Advances in experimental social psychology,2002,34:199-249.

Lieberman M D. The X-and C-systems: The neural basis of automatic and controlled social cognition. In:Harmon-Jones E,Winkielman P,ed. Fundamentals of Social Neuroscience. New York: Guilford,2007. 290-315.

Lind E,Ekkekakis P,Vazou S. The affective impact of exercise intensity that slightly exceeds the preferred level 'pain' for no additional 'gain'. Journal of Health Psychology,2008,13(4):464-468.

Lind E,Joens-Matre R R,Ekkekakis P. What intensity of physical activity do previously sedentary middle-aged women select? Evidence of a coherent pattern from physiological, perceptual, and affective markers. Preventive Medicine,2005,40:407-419.

Lind E,Welch W S,Ekkekakis P. Do Mind over Muscle strategies work? Examining the effects of attentional association and dissociation on exertional, affective and physiological responses to exercise. Sports Medicine, 2009, 39 (9):743-764.

Loewenstein G, O'Donoghue T. Animal spirits: Affective and deliberative processes in economic behavior. Ssrn Electronic Journal, 2004,4.

Loewenstein G,Lerner J S. The role of affect in decision making. In: Davidson R J, Scherer K R, Goldsmith H H, ed. Handbook of affective science. New York: Oxford University Press,2003. 619-642.

MacDonald T K, et al. Alcohol myopia and condom use: Can alcohol intoxication be associated with more prudent behavior? Journal of Personality and Social Psychology, 2000,78:605-619.

Mack M G, Ragan B G. Mental,Emotional,and Bodily Toughness Inventory,Journal of Athletic Training,2008,43:125-132.

Maria Rendi, Attila Szabo, Tamas Szabo. Relationship between Physical Exercise Workload, Information Processing Speed, and Affect. International Journal of Applied Sports Sciences,2007.

Markowitz S M,Arent S M. The exercise and affect relationship: evidence for the dual-mode model and a modified opponent process theory. Journal of Sport and Exercise Psychology,2010,32:711-730.

Marsh K L, Johnson B T,Scott-Sheldon L A. Heart versus reason in condom use: implicit versus explicit attitudinal predictors of sexual behavior. Zeitschrift fur Experimentelle Psychologue, 2001,48:161-175.

Mellers B A. Choice and the relative pleasure of consequences. Psychological Bulletin,2000,126(6):910-924.

Mellers B A. Pleasure,utility,and choice. In: Manstead A S R,Frijda N, Fischer A, ed. Feelings and emotions: The Amsterdam symposium. Cambridge,United Kingdom: Cambridge University Press, 2004. 282-300.

Michael Reinboth, Joan L. Duda. The Motivational Climate, Perceived Ability, and Athletes' Psychological and Physical Well-Being. The Sport Psychologist, 2004, 18: 237-251.

Mierke J, Klauer K C. Method-specific variance in the Implicit Association Test. Journal of Personality and Social Psychology, 2003, 85: 1180-1192.

Miller B M, Bartholomew J B. Post-exercise affect: The effect of mode preference. Journal of Applied Sport Psychology, 2005, 17: 263-272.

Mogg K, et al. Eye movements to smoking-related pictures in smokers: Relationship between attentional biases and implicit and explicit measures of stimulus valence. Addiction, 2003, 98: 825-836.

Muraven M, Baumeister R F. Self-regulation and depletion of limited resources: Does self-control resemble a muscle? Psychological Bulletin, 2000, 126: 247-259.

Muraven M, Collins R L, Neinhaus K. Self-control and alcohol restraint: An initial application of the self-control strength model. Psychology of Addictive Behavior, 2002, 16: 113-120.

Muraven M, Shmueli D, Burkley E. Conserving self-control strength. Journal of Personality and Social Psychology, 2006, 91: 524-537.

Netz Y. Type of activity and fitness benefits as moderators of the effect of physical activity on affect in advanced age: A review. European Review of Aging Physical Activity, 2009, 6: 19-27.

Neumann R, Strack F. Approach and avoidance: The influence of proprioceptive and exteroceptive cues on encoding of affective information. Journal of Personality and Social Psychology, 2000, 79: 39-48.

Neumann R, Hulsenbeck K, Seibt B. Attitudes toward people with AIDS and avoidance behavior: Automatic and reflective bases of behavior. Journal of Experimental Social Psychology, 2004, 40: 543-550.

Neumann R, Seibt B, Strack F. The influence of mood on the intensity of emotional responses: Disentangling feeling and knowing. Cognition and Emotion, 2001, 15: 725-747.

Oaten M, Cheng K. Improved self-control: The benefits of a regular program of academic study. Basic and Applied Social Psychology, 2006, 28: 116.

Olson M A, Fazio R H. Reducing the influence of extrapersonal associations on the Implicit Association Test: personalizing the IAT. Journal of Personality and Social Psychology, 2004, 86: 653-667.

Opdenacker Joke, Christophe, Boen Filip. The Longitudinal Effects of a Lifestyle Physical Activity Intervention and a Structured Exercise Intervention on Physical Self-Perceptions and Self-Esteem in Older Adults. Journal of Sport & Exercise Psychology, 2009, 31: 743-760.

Ostafin B D, Marlatt G A, Greenwald A G. Drinking without thinking: An implicit measure of alcohol motivation predicts failure to control alcohol use. Behavior Research and Therapy, 2008, 46: 1210-1219.

Papies E, Stroebe W, Aarts H. Pleasure in the mind: restrained eating and spontaneous hedonic thoughts about food. Journal of Experimental Social Psychology, 2007, 43: 810-817.

Paul A. Boelen, Albert Reijntjes. Negative cognitions in emotional problems following romantic relationship break-ups. Stress and Health, 2009.

Raine A, et al. Reduced prefrontal gray matter volume and reduced autonomic activity in antisocialpersonality disorder. Archives of General Psychiatry, 2000, 57: 119-127.

Raynor Douglas A, Levine Heidi. Associations Between the Five-Factor Model of Personality and Health Behaviors Among College Students. Journal of American College Health, 2009, 58: 73-81.

Rhodes Coumeya, Hayduk. Does Personality Moderate the Theory of Planned Behavior in the Exercise Domain. Journal of Sport & Exercise psychology, 2002, 24: 120-132.

Robinson T E, Berridge K C. Addiction. Annual Review of Psychology, 2003, 54: 25-53.

Russell J A. Core affect and the psychological construction of emotion. Psychological Review, 2003, 110: 145-172.

Scarabis M, Florack A, Gosejohann S. When consumers follow their feelings: The impact of affective or cognitive focus on the basis of consumers' choice. Psychology & Marketing, 2006, 23: 1015-1034.

Schmukle S C, Egloff B. Does the Implicit Association Test for assessing anxiety measure trait and state variance? European Journal of Personality, 2004, 18: 483-494.

Schneider M, Dunn A, Cooper D. Affect, Exercise, and Physical Activity Among Healthy Adolescents. Journal of Sport & Exercise Psychology, 2009, 31:

706-723 .

Schreiber C A, Kahneman D. Determinants of the remembered utility of aversive sounds. Journal of Experimental Psychology: General, 2000, 129: 27-42.

Schwarzer R. Modeling health behavior change: how to predict and modify the adoption and maintenance of health behaviors. Applied Psychology: An International Review, 2008, 57(1): 1-29.

Schwarzer R, Renner B. Social-cognitive predictors of health behavior: action self-efficacy and coping self-efficacy. Health Psychology, 2000, 19(5): 487-495.

Schwerdtfeger A, et al. Momentary affect predicts bodily movement in daily life: An ambulatory monitoring study. Journal of Sport and Exercise Psychology, 2010, 32: 674-693.

Scott A. Paluska, Thomas L. Schwenk. Physical Activity and Mental Health: Current Concepts. Sports Medicine, 2000, 29: 167-180.

Seibt B, Häfner M, Deutsch R. Prepared to eat: How immediate affective and motivational responses to food cues are influenced by food deprivation. European Journal of Social Psychology, 2007, 37: 359-379.

Shah J Y, Friedman R S, Kruglanski A W. Forgetting all else: On the antecedents and consequences of goal shielding. Journal of Personality and Social Psychology, 2002, 83: 1261-1280.

Sheeran P, Gollwitzer P M, Bargh J A. Nonconscious processes and health. Health Psychology, 2012, 31(5): 1-14.

Shiv B, Fedorikhin A. Heart and mind in conflict: The interplay of affect and cognition in consumer decision making. Journal of Consumer Research, 1999, 26: 278.

Sjöström M, et al. Health-enhancing physical activity across european union countries: The Eurobarometer study. Journal of Public Health, 2006, 14: 291-300.

Sloman S A. The empirical case for two systems of reasoning. Psychological Bulletin, 1996, 119: 3-22.

Smith E R, DeCoster J. Dual-process models in social and cognitive psychology: conceptual integration and links to underlying memory systems. Personality and Social Psychology Review, 2000, 4(2): 108-131.

Spence J C, McGannon K R, Poon P. The effect of exercise on global self-esteem: A quantitative review. Journal of Sport and Exercise Psychology, 2005, 27:311-334.

Spence J C, Poon P, Dyck P. The effect of physical-activity participation on self-concept: A meta-analysis[Abstract]. Journal of Sport & Exercise Psychology, 1997, 19:109.

Stacy A W. Memory activation and expectancy as prospective predictors of alcohol and marijuana use. Journal of Abnormal Psychology, 1997, 106:61-73.

Stanley D M, Cumming J. Not just how one feels, but what one images? The effects of imagery use on affective responses to moderate exercise. International Journal of Sport and Exercise Psychology, 2010, 8(4):343-359.

Steffens M C. Is the Implicit Association Test immune to faking? Experimental Psychology, 2004, 51:165-179.

Steinman R B, Karpinski A. The Single Category Implicit Association Test (SC-IAT) as a Measure of Implicit Consumer Attitudes. European Journal of Social Sciences, 2008, 7(1):32-42.

Strack F, Neumann R. Furrowing the brow may undermine perceived fame: The role of facial feedback in judgments of celebrity. Personality and Social Psychology Bulletin, 2000, 26:762-768.

Strack F, Deutsch R. Reflective and impulsive determinants of social behavior. Personality and Social Psychology Review, 2004, 8:220-247.

Strauss R S. Childhood obesity and self-esteem. Pediatrics, 2000, 105:e15.

Stroebe W, et al. Why dieters fail: Testing the goal conflict model of eating. Journal of Experimental Social Psychology, 2008, 44:26-36.

Tangney J P, Baumeister R F, Boone A L. High self-control predicts good adjustment, less pathology, better grades, and interpersonal success. Journal of Personality, 2004, 72(2):271-324.

Teachman B A, Gregg A P, Woody S R. Implicit associations for fear-relevant stimuli among individuals with snake and spider fears. Journal of Abnormal Psychology, 2001, 110:226-235.

Thush C, et al. Interactions between implicit and explicit cognition and working memory capacity in the prediction of alcohol use in at-risk adolescents. Drug and Alcohol Dependence, 2008, 94:116-124.

Trope Y, Fishbach A. Counteractive self-control in overcoming tempation.

Journal of Personality and Social Psychology，2000，79：493-506.

Van Landuyt L M，et al. Throwing the mountains into the lakes：On the perils of nomothetic conceptions of the exercise-affect relationship. Journal of Sport & Exercise Psychology，2000，22：208-234.

Verdejo-Garcia A，Lawrence A J，Clark L. Impulsivity as a vulnerability marker for substance-use disorders：Review of findings from high-risk research，problem gamblers and genetic association studies. Neuroscience and Biobehavioral Reviews，2008，32：777-810.

Verplanken B，Orbell S. Reflections on past behavior：A self-report index of habit strength. Journal of Applied Social Psychology，2003，33：1313-1330.

Vohs K D. Self-regulatory resources power the reflective system：Evidence from five domains. Journal of Consumer Psychology，2006，16(3)：215-221.

Vohs K D，Heatherton T F. Self-regulatory failure：A resource-depletion approach. Psychological Science，2000，11：249-254.

Ward A，Mann T. Don't mind if I do：Disinhibited eating under cognitive load. Journal of Personality and Social Psychology，2000，78：753-763.

Webb T L，Sheeran P. Does changing behavioral intentions engender behavior change? A meta-analysis of the experimental evidence. Psychological Bulletin，2006，132：249-268.

Webb T L，Sheeran P. How do implementation intentions promote goal attainment? A test of component processes. Journal of Experimental Social Psychology，2007，43：295-302.

Welch A A，Hulley A，Beauchamp M. Affect and self-efficacy responses during moderate-intensity exercise among low-active women：The effect of cognitive appraisal. Journal of Sport and Exercise Psychology，2010，32：154-175.

Wiers R W，Hofmann W. Implicit cognition and health psychology：Changing perspectives and new interventions. The European Health Psychologist，2010，12(1)：4-6.

Wiers R W，et al. Automatic and controlled processes and the development of addictive behaviors in adolescents：A review and a model. Pharmacology，Biochemistry and Behavior，2007，86：263-283.

Wiers R W，et al. A short fuse after alcohol：Implicit power associations predict aggressiveness after alcohol consumption in young heavy drinkers with limited executive control. Pharmacology, Biochemistry and Behavior, 2008, 93: 300-305.

Wiers R W, et al. Re-training automatic action tendencies to approach alcohol in hazardous drinkers. Addiction, 2010, 105: 279-287.

Wiers R W, et al. Implicit and explicit alcohol-related cognitions in heavy and light drinkers. Journal of Abnormal Psychology, 2002, 111: 648-658.

Williams D M, et al. Acute affective response to a moderate-intensity exercise stimulus predicts physical activity participation 6 and 12 months later. Psychology of Sport and Exercise, 2008, 9: 231-245.

Wilson T D, Lindsey S, Schooler T Y. A model of dual attitudes. Psychological Review, 2000, 107: 101-126.

Winkielman P, Cacioppo J T. Mind at ease puts a smile on the face: Psychophysiological evidence that processing facilitation increases positive affect. Journal of Personality and Social Psychology, 2001, 81: 989-1000.